本书由国家社会科学基金重大项目
"科学实践哲学与地方性知识研究"（13&ZD068）资助出版

◀ 理解科学文丛 ▶

丛书主编｜吴 彤 王 巍

# 科学实践与地方性知识
Scientific Practice and
　　　Local Knowledge

吴 彤 等 ◎ 著

科学出版社

北京

图书在版编目（CIP）数据

科学实践与地方性知识/吴彤等著. —北京：科学出版社，2017.6
（理解科学文丛）
ISBN 978-7-03-052668-7

I.①科… II.①吴… III.①科学哲学–研究②技术哲学–研究 IV.①N02

中国版本图书馆CIP资料核字（2017）第097075号

丛书策划：侯俊琳　邹　聪
责任编辑：邹　聪　刘巧巧 / 责任校对：张小霞
责任印制：赵　博 / 封面设计：有道文化
联系电话：010-64035853
电子邮箱：houjunlin@mail.sciencep.com

科学出版社 出版
北京东黄城根北街16号
邮政编码：100717
http://www.sciencep.com

北京市金木堂数码科技有限公司印刷
科学出版社发行　各地新华书店经销

\*

2017年6月第　一　版　　开本：720×1000 B5
2025年1月第五次印刷　　印张：16 3/4
字数：225 000
定价：95.00元
（如有印装质量问题，我社负责调换）

# 理解科学文丛
# 编委会

**主　编** 吴　彤　王　巍

**顾　问**（以姓氏拼音为序）

曹南燕　胡显章　刘　钝　刘大椿　徐善衍

**编　委**（以姓氏拼音为序）

鲍　鸥　戴吾三　冯立昇　高亮华　洪　伟

蒋劲松　雷　毅　李　平　李正风　刘　兵

刘　立　王程韡　王蒲生　吴金希　肖广岭

杨　舰　杨君游　游战洪　张成岗

# 总 序

当今世界，科学技术的发展突飞猛进，日益成为引领和影响社会文化发展的前端和深层因素。认知科学、人工智能、基因编辑、转基因研究、互联网与社会自动化，以及对于基本粒子和宇宙的探索等，都比以往发展得更加快速、深刻和凸显，人类已经进入一个科技无处不在、无处可须臾离开的社会。很明显，这要求人们要更加全面、深刻地理解科学技术的发展及其对社会的影响。

的确，这是一个要求人们更加自觉地知晓和全面理解科学技术的时代；一个要求人们更加自觉地弘扬科学精神、树立正确的科学观、自觉掌握科学方法与提高全民科学素养的时代；也是一个要求人们以高度反思的精神和眼光审视科学技术的发展，审视科学技术与人文社会科学的关系，审视科学技术与生态文明的关系，促进科学与人文融合的时代。

清华大学科学技术与社会研究团队（The Center of Science, Technology and Society, STS）一直致力于推进更全面、更深刻地理解、运用和反思科学技术的研究。我们的研究获得了学界的高度认可，曾经被评为唯一一个STS交叉门类的北京市重点学科。在前期的研究中，我们推出了"理解科学译丛"，意图通过译介国外著名的科学技术与社会研究著作，推动科学技术的社会与文化研究，以飨有志于推进理解科学的有识之士和关心理解科学的广大爱好者。该译丛包括《表征与干预》《科学实验哲学》《科学的社会史》《伊斯兰技术简史》《理解科学推理》《理工科学生科研指南》等，丰富和推动了国内科学技术的社会与文化研究。现在，我们将在以往研究的基础上，开始推出一系列国内学者特别是我们团队自己的研究成果。由于"理解科学译丛"这一名称不足以涵盖这样的研究，同时，为了延续之前的工作成果，做最小的改动，我们把后续的系列工作的名称改变一个字，即改为"理解科学文丛"。

"理解科学文丛"将继续以往的研究道路，并且不断推陈出新，从科学技术的哲学、历史、传播、政策和社会研究等多个视角展开研究。文丛成果陆续问世时，望学界同仁给予批评和指正。

在我们继续推进"理解科学文丛"研究之际，原"理解科学译丛"第一主编曾国屏教授于2015年6月病逝，使我们失去了一位老领导与好同事。"理解科学文丛"的继续研究与成果出版也是对他的怀念和对他未竟事业的推动。

编　者

2017年5月

# 前言

近年来,在各个领域,地方性知识的研究越来越被人们所重视。

在文化上,重视地方性知识,意味着在文化上更加尊重不同文化,尊重不同族群的知识。

其实,在文化人类学领域,很早就有学者开始研究地方性知识。人类学家发现,在西方国家之外所发现的非西方的族群认知,也是人类的一种区别于西方知识的"知识",不过,在他们看来,这类知识缺乏系统性、逻辑性和可表征性,他们后来把这类知识统统加一词冠"ethno-",当然,西方人进入非西方知识领域后,当他们理解了这类知识时,才会给这类知识冠名以"ethno-"……[如民族植物学(ethnobotany)]。因此,地方性知识的发现和被承认,至少体现出,西方传统开始认可这类知识的价值和意义。当然,这背后仍然或多或少地潜藏着西方中心主义的特征。近代以来,西方对于非西方知识的发掘其实还伴随着帝国殖民色彩。能够成功地把非西方知识所附着的物品(如西方没有的本土民族植物、动物等)运送到西方,并且认知它(如最早的大熊猫就被西方传教士称为"黑白熊"),不论是出于何种目的,或者今日看来是否保护了某种物品和知识,那时都被西方认为是为西方做出了卓越的贡献,这包括人们尊重的中国科技史专家李约瑟。他在中国期间作为英国大使馆的文化官员,曾经在敦煌等地收罗了大量的(数十车)中国古代、近代文物,运往他的国家,这才成就了今日的英国剑桥大学李约瑟研究所。当然,并非所有西方学者都带着殖民倾向研究地方性知识,我们也不应该把所有这类研究都在价值上认为是西方中心主义的。

在学界,地方性知识的研究,不仅涉及知识种类的问题,而且直指知识的属性。但是这样的认识直到20世纪中叶以后才开始明确起来。"人们进一步认识到,所谓'知识',是随着我们的创造性参与而正在形成中的东西,而不再是什么既成的,在任何时间、场合都能拥有并有效的东西。"(盛晓明)20世纪90年代,美国新生代科学哲学家劳斯(J. Rouse)倡导一种提倡实践为基础的科学实践哲学,其中特别研究了知识的本性,他认为,所有知识的本性都是地方性的,所谓的普遍性其实是一种知识呈现的假象,是某种知识社会化过程的结果。科学知识也是地方性知识,只不过它在社会学意义上更为普遍化(注意,这里是"普遍化",而不是"普遍性")一些。近代到现代的科学之所以能够表现得普遍化,就其外部而言,是与资本、权力捆绑的结果,是与资本必须打开世界市场,必须把一切均等化,变成为资本运行的条件相联系着的;就其内部而言,则是与它的反事实条件及其反事实条件的创造——数学化和实验室化相联系着的。

因此,地方性知识研究有两个相互补充、相辅相成的任务,那就是,深入细致地论证和指出现代科学的地方性本性和条件——这种本性和条件一定与其他本土的地方性知识的本性和条件不同;以及寻找各种本土知识,论证本土知识存在的必要性与条件性,发掘其知识价值、文化价值和社会价值。

呈现在本书中的文章,是作为国家社会科学基金重大项目支持的课题组和国内此方面学者对于地方性知识研究的关注和阶段性的一些研究成果。这些成果大致可以分为两个部分：第一，关于地方性知识的理论探讨；第二，关于地方性知识的案例研究（无论理论研究还是案例研究，其实都是一种以哪种研究为主的说法）。

第一部分是关于地方性知识的理论探讨，共收录了九篇文章，其中部分论文在会议讨论阶段尚未发表，在会后沉淀后，经过修改，大部分论文已单篇或结辑发表。

第一篇是浙江大学盛晓明教授的文章《地方性知识的构造》。这篇于2000年发表在《哲学研究》上的文章，是中国大陆第一篇在科学哲学领域引入劳斯的观点，讨论"地方性知识"的论文，对于中国本土关于地方性知识的认知有重要的贡献。

第二篇是清华大学吴彤教授的文章《两种"地方性知识"——兼评吉尔兹和劳斯的观点》。这是一篇关于科学实践哲学的地方性知识观与人类学意义的地方性知识观的一个比较研究的文章。该文的观点是地方性知识不仅是一种知识的类型，而且是知识的本性。该文对于厘清科学实践哲学与人类学的地方性知识认识有重要的意义。

第三篇是清华大学刘兵教授的文章《一种或多种"地方性知识"——关于STS领域中对"地方性知识"理解的再思考》。该文以吴彤教授的观点为靶子，指出人类学意义的地方性知识观也是一种更加平等的、多元主义的知识观，不能认为人类学意义的地方性知识观就比科学实践哲学的地方性知识观低等、不足。这篇论文在一定意义上推动了科学哲学与人类学关于知识观的对话，深化了两者关于地方性知识的研究和认知。

第四篇是清华大学吴彤教授的文章《再论两种地方性知识——现代科学与本土自然知识地方性本性的差异》。该文重点探讨了现代科学为什么也是一种地方性知识。其作为一种特殊的地方性知识种类，它的地方性知识的特性和依赖的条件是什么。实际上，该文是吴彤教授第一篇论文（即《两种"地方性知识"——兼评吉尔兹和劳斯的观点》）的继续深化，而不是对刘兵教授文章（即《一种或多种"地方性知识"——关于STS领域中对"地方性知识"理解的再思考》）的回应。当然，无论从本性上论证所有科学知识都是地方性知识，还是从种类上论证地方性知识的重要意义，其都对地方性知识的理论基础和实践操作有很好的意义。

第五篇是清华大学科学技术与社会研究所博士生曾点的论文《一种地方性知识，抑或两种地方性知识？——兼与吴彤教授及刘兵教授商榷》。他回顾了两位教授在这个问题上的争论，分别再现了双方各自的立场。在此基础上，他详细地分析了科学实践哲学家劳斯和阐释人类学家吉尔兹关于"地方性知识"的具体论述，描画了劳斯和吉尔兹使用该概念的理论逻辑。曾点最后认为，吴彤教授和刘兵教授的争论体现的不是具体立场上的冲突，而是学科思维方式上的分野，一种是倾向于理论性的思维方式，而另一种是倾向于操作性的思维方式。以此为依据，他认为的确存在两种不同的"地方性知识"：一种是劳斯在理论推演中引入的以理论性为特点的"地方性知识"；另一种是吉尔兹强调具体操作的"地方性知识"。二者尽管存在差异，但是可以调和起来综合使用，这也是科学实践或地方性知识研究的最佳选择。

第六篇是复旦大学黄翔教授与墨西哥国立自治大学塞奇奥·马丁内斯教授的合作论文《历史性知识论与科学实践哲学》。他们在论文中讨论了以瓦托夫斯基的历史性知识论为基础的观点，力图对科学实践哲学关于地方性知识的观点做出补充和修正。

第七篇是中国社会科学院孟强副研究员的论文《科学实践哲学与知识观念的重构——兼谈地方性知识》。该文认为，地方性知识的说法引起太多争议，所以孟强主张告别"地方性知识"。他以詹姆斯与拉图尔为背景分别探讨知识的"跳跃模型"与"漫步模型"，看看这些观念是否可以起着替代性作用。孟强最后简要说明了重构知识观念的可能后果及其存在论意义。

第八篇是凯里学院罗智康研究员、吉首大学杨庭硕教授和合作者彭兵的论文《对本土生态知识价值评估失实的社会与文化原因剖析》。该文认为，自从"本土知识"这一概念引入学界以来，不少学者都致力于本土知识的研究。虽然有了大量的研究工作，但社会各界对本土知识价值的评估却总不免失实，造成偏颇的原因虽然很多，但总不会超出社会与文化两大范畴。探明其原因所在，不仅有助于本土知识和技术的发掘利用，还有望成为发现生态问题频繁发生的原因所在，只需换一个思路，价值评估的失实反而可以成为发现生态问题的标识和指南。杨庭硕教授长期从事本土知识研究，是国内本土知识研究的著名专家。在地方性知识研究上，他不仅有深刻的理论认知，而且结合贵州、云南等地少数民族的本土知识进行了大量案例研究。本次特地为会议提交了他新的思考论文。

第九篇是北京师范大学田松教授的《在历史中稳定的生活——从时间维度重述地方性与普遍性》。他指出，从时间的维度看地方性知识，就会发现，地方性知识具有高度的稳定性。如果我们使用另一种名词——"传统知识"（traditional knowledge），来指称我们称之为地方性知识的知识，则其时间意味更加明显。地方性知识是在历史中、在所处地方的自然环境与文化传统中生长起来的。某种地方性知识的历史越悠久，就意味着它有越长的稳定性，也就拥有越高的价值。若按照地方性知识来指导，人把自己当下的生活根植于历史之中，则具有高度的稳定性。而现代科学只是当下的知识。

尽管这几个研究在何为地方性知识的认识上有不同的见解，但他们都从各自的角度，提供了对地方性知识的理论思考。

第二部分是关于地方性知识的案例研究，共收录了八篇文章，分别讨论了不同地域、不同学科的地方性知识问题。这些论文分别是：张永宏的《非洲：本土知识在国家建构进程中的作用》、胡立耘的《论本土知识的数字化处理》、吴合显的《本土知识集成在水环境优化中的可行性探讨》、卢卫红和刘兵的《科学仪器与科学实践的地方性——基于上海市某物理实验室的人类学考察》、罗康智的《传统生计对水资源的高效利用与精心维护的完美兼顾》、聂馥玲的《蒙古民族植物学研究的历史与未来——以人类学研究的视角及方法》、任玉凤的《以内蒙古民族植物学为对象的地方性知识案例研究》、包红梅的《医学中的身体之多元性：以蒙医身体观为例》。

云南大学的张永宏教授一直以来是本土知识研究领域的专家，近年来，他潜心研究非洲地区的本土知识对于非洲国家发展的作用和意义。本次提供的会议论文就是一篇讨论非洲国家和地区本土知识对于非洲发展、建设有意义的文章。该文让我们一睹非洲本土知识发展及其对于非洲本土的意义，以及对于全世界多元化发展的意义。

云南大学公共管理学院的胡立耘教授讨论了本土知识的数字化保护问题。她认为，本土知识数字化是保存和利用本土知识的有效方式，本土知识数字化处理措施包括对本土知识的收集、选择、描述、存储和传播等各方面。文章对数字化处理过程中本土知识的收集、信息组织、本土知识管理系统建设及本土知识资源中心发展所涉及的技术－社会问题进行了探讨。

吉首大学民族学与人类学研究所的吴合显博士生指出，喀斯特地区各民族文化中蕴藏着丰富的本土生态知识、技术和技能，而且至今仍未失效。因此，他在正确认识喀斯特山区社会文化与本土知识特征的基础上，针对喀斯特山区自然与生态结构的特殊性，结合当代我国水环境治理的整体紧迫要求，以乡村社区聚落为实验单元，去探讨已有"三废"脱污技术的选用、消化吸收和匹配组装，以确保成套的技术集成能够直接为乡村社区各族乡民乐于接受并能够娴熟掌控，并产生相应的生态效益和资源再生能力。他研究主张利用本土知识集成，通过"湿法处理"，去实现废物的减量化，即主要通过有水环境下的降解去回收能源，或者形成再生饲料。

同济大学的卢卫红副教授和清华大学的刘兵教授，通过对某物理实验室所做的人类学考察，讨论了科学知识、科学仪器的作用，验证了在现代科学研究中地方性的存在，展示了科学实践特别是实验室实践与知识生产的地方性。这个研究秉承了科学实践哲学关于现代科学一样是地方性知识的认识。

贵州大学凯里学院的罗康智研究员讨论了传统生计为什么能够高效地利用水资源，为什么可以精心维护其资源，并且达到两者的完美兼顾的问题，他以多个族群地区的案例支持了自己的论证。近年来，随着中国的快速崛起，水资源匮乏正逐步成为可持续发展的重要障碍因素之一。然而生息在中国西部的侗族、苗族、藏族、撒拉族、回族和蒙古族，其传统生计却能做到对水资源维护与利用的完美结合。罗康智等凭借近期所做的田野调查，并查阅了相关的文献记载，他们发现，在复原这些民族传统生计的基础上，不难看到少数民族对水资源的维护与利用可以为今天的水资源管理提供诸多的启示，只要能做到认真发掘和利用各民族传统文化中的生态智慧与技能，使之与现代科技接轨，并加以推广，那么水资源匮乏的困境可望得到缓解，最终实现对水资源高效利用与精心维护的完美兼顾。

内蒙古师范大学聂馥玲教授的论文《蒙古民族植物学研究的历史与未来——以人类学研究的视角及方法》和内蒙古大学任玉凤教授的论文《以内蒙古民族植物学为对象的地方性知识案例研究》都以内蒙古地区的蒙古民族植物学研究为对象，两者均以学科论文、访谈为手段，一个从学科发展史的角度讨论了内蒙古地区的蒙古民族植物学学科研究的历史及其演化，一个深入到该学科内部，讨论了内蒙古地区蒙古民族植物学的特征、变化与内容。

内蒙古大学包红梅副教授的论文《医学中的身体之多元性：以蒙医身体观为例》讨论了蒙医的身体观。她指出，不同的文化传统及不同的医学传统会形成不同的身体认知，因此，并不存在统一一致的或唯一正确的身体观。他们的研究指出，蒙医关于身体的模型整体上可分为三个不同的层次：以七素为主的身体构架部分，即身体的物质层面；以三根为主的使身体运行的能源和动力，即身体的生命要素；以阴阳五元为主的，使身体的基本物质组成和生命要素相结合的运行机制，即身体运行的基本原理。他们认为，蒙医学对身体的理解与现代生物医学有着巨大的差别，但很难确切地说谁对谁错、谁优谁劣，因为它们本来就分属于不同的范畴，所针对的也并不是同一个"身体"。从这个意义上来说，医学是多元的，而身体是被不同的文化及不同文化下的医学所建构的，因此，也是多元的。她希望，对于当下不同医学理论之下不同身体观的研究，能够促使人们对医学和身体的传统观念进行重新的审视和反思。

本书所收录的文章都从不同角度探讨了地方性知识的本性、概念、观念，以及不同地域的本土知识及其利用的状况，特别是云贵少数民族地区水土知识、内蒙古地域的蒙古族植物学和蒙医身体观的知识状况。

关于地方性知识的理论，目前还不统一。其实，在一定意义上也不必统一，这是因为地方性知识理论不追求统一，因为追求统一也就违背了它提倡多元主义的立场。本书收录的文章，无论是理论研究还是案例研究，其所运用的立场和观点也并不完全统一，我们希望通过本书汇集的各位学者的文章，呈现我们对于科学实践哲学和地方性知识的最好研究成果。

作为会议的组织者、项目的首席专家，我特别感谢这些作者的努力，经过多次反复修改和协调，这部多人合作的作品才能以较好的研究呈现于世。

我也要特别感谢科学出版社和本书的责任编辑，正是有了他们的一再督促和仔细认真的修订，本书才能得以顺利出版。

清华大学科学技术与社会研究所教授
国家社会科学基金重大项目"科学实践哲学与地方性知识研究"首席专家

吴 彤

2016 年 7 月 6 日

于清华大学荷清苑

总序 / i

前言 / iii

## >>> 上篇 关于地方性知识的理论探讨

盛晓明：地方性知识的构造 / 003

吴 彤：两种"地方性知识"——兼评吉尔兹和劳斯的观点 / 018

刘 兵：一种或多种"地方性知识"——关于STS领域中对"地方性知识"理解的再思考 / 035

吴 彤：再论两种地方性知识——现代科学与本土自然知识地方性本性的差异 / 051

曾 点：一种地方性知识，抑或两种地方性知识？——兼与吴彤教授及刘兵教授商榷 / 065

黄　翔　塞奇奥·马丁内斯：历史性知识论与科学实践哲学　/082

孟　强：科学实践哲学与知识观念的重构——兼谈地方性知识　/096

罗智康　杨庭硕　彭　兵：对本土生态知识价值评估失实的社会与文化原
　　　　因剖析　/114

田　松：在历史中稳定的生活——从时间维度重述地方性与普遍性　/126

## >>> 下篇　关于地方性知识的案例研究

张永宏：非洲：本土知识在国家建构进程中的作用　/141

胡立耘：论本土知识的数字化处理　/153

吴合显：本土知识集成在水环境优化中的可行性探讨　/169

卢卫红　刘　兵：科学仪器与科学实践的地方性——基于上海市某物理实
　　　　验室的人类学考察　/182

罗康智：传统生计对水资源的高效利用与精心维护的完美兼顾　/195

聂馥玲：蒙古民族植物学研究的历史与未来——以人类学研究的视角及
　　　　方法　/206

任玉凤：以内蒙古民族植物学为对象的地方性知识案例研究　/219

包红梅：医学中的身体之多元性：以蒙医身体观为例　/233

后记　/247

# 上　篇
## 关于地方性知识的理论探讨

# 地方性知识的构造*

盛晓明

## 一、何为"地方性知识"?

自20世纪60年代以来,我们的知识观念正处在悄悄的变革之中,"地方性知识"(local knowledge)正是这一变革的产物之一。这里所谓的"地方性知识",不是指任何特定的、具有地方特征的知识,而是一种新型的知识观念。而且"地方性"(local)或者说"局域性"也不仅是在特定的地域意义上说的,它还涉及在知识的生成与辩护中所形成的特定的情境(context),包括由特定的历史条件所形成的文化与亚文化群体的价值观,以及由特定的利益关系所决定的立场和视域等。"地方性知识"由于总在特定的情境中生成,并得到辩护,因此,我们对知识的考察与其关注普遍的准则,不如着眼于如何形成知识的具体的情境条件。人们总是误以为,主张地方性知识就是否定普遍性的科学知识。按照地方性知识的观

---

\* 本文发表于《哲学研究》2000年第12期,作者盛晓明,浙江大学教授,主要研究方向:科学哲学。

念，知识究竟在多大程度和范围内有效，这正是我们有待于考察的东西，而不是根据某种先天（a priori）原则被预先决定了的。

相对于近代的科学理念和启蒙精神来说，"地方性知识"显然具有矫枉，乃至"颠覆"的意义，人们往往把这种观念与后现代主义等量齐观。这有一定的道理，但也不无偏颇之处。历史上的经验论者，当其拒斥先验主义的解释，主张从有限的、局部的经验出发来构造知识时，其实都有意无意地倡导着地方性知识。然而，地方性知识的观念尽管与经验论交叉，但并不重合。这种观念带有更浓厚的"后殖民"时代的特征。它的兴起和流行，与欧美人类学界的"文化研究"、新实用主义、法兰克福学派和后结构主义的科学的政治批判，以及社会构造论研究有关。这些思潮相互辉映，在对"西方中心主义"的文化霸权发起冲击的同时，也要求对作为传统科学观念核心的"逻各斯中心主义"作出批判。

可见，地方性知识首先具有批判的意义，其次才谈得上具有实质性的和建设性的意义。当今，不少人类学家和社会学家都执着于后一层含义，为此，他们必须寻找到一些只能满足"local"条件的知识范例。在他们眼里，最明显的范例除了土著人的知识外还要数我国的中医。中医显然能治好疾病，但是按照西方的知识准则，它很难称得上是科学。原因就在于中医知识是在中国传统的和本土文化的情境中生成的，因此，也只能通过本土文化内部的根据来得到辩护。按此逻辑，我们似乎能得出结论，即便牛顿的万有引力定理也是在当时英格兰那种特定的情境中生成的，它之所以被看成是普遍有效的，完全是由辉格党人的政治取胜，或者殖民化的顺利进展等社会文化因素所致的。这样的结论又嫌过强，知识毕竟包含不为特定情境所决定的确定的内容。本文倾向于从批判的意义上来理解地方性知识。当我们说知识并非是普遍有效的时，丝毫不意味着一切知识都是局域地有效的。

当代地方性知识的支持者们往往把这种观念溯源到亚里士多德、维科、尼采，甚至是马克思那里。在《资本论》中，马克思无疑是站在劳动的立场上来反思资本及其运动规律的，但是，这种非中立的立场丝毫没有损害其分析的科学性。列宁则进一步把马克思主义活的灵魂归结为：对具体问题的具体分析。是的，我们平常所面对的实际问题总是具体的，仰仗于任何抽象的教条都不足以解决它们。

直到20世纪中叶以后，人们进一步认识到，所谓"知识"，是随着我们的创造性参与而正在形成中的东西，不再是什么既成的，在任何时间、场合都能拥有并有效的东西。如今，我们所提倡的知识创新和素质教育都必须诉诸实践来理解知识，即要求我们提升解决实际问题的能力，而不是去空泛地恪守某种普遍有效的原则。人们同时也认识到，知识的主体既不是单一的个体，更不是什么普遍的人类性，而是在特定时间和场合中具有连带关系的共同体。经历解释学或语用学转向的哲学则把主体性理解为主体间性，而文化学家们则更直接地在种族和文化群体的连带性（solidarity）意义上来解释主体性。用连带性来解释科学，科学家不是什么中立的、公正的代表，科学知识也不再以普遍有效性为前提。

在当代科学论中，进行地方性知识研究真正的先驱当数库恩，但他不屑于去分析现成的和既有的知识，只关注知识实际生成和辩护的过程。通过"范式"这一"解释学的基础"，他告诉我们，任何科学共同体都带有历史的成见，因而都置身于一种局域的情境中了。重要的与其是分析普遍有效的方法，毋宁描述特定的历史情境，以及在这种情境中实际有效的范例。在他之后出现的"新科学哲学"（如波兰尼的"个人知识"）和科学知识社会学（Sociology of Scientific Knowledge，SSK）的社会构造论都试图在此基础上做进一步的引申，从正面来构造地方性知识。

在做进一步的分析之前，我们最好对当今时代知识观念的特征做几点确认。首先，正如我们刚才提到过的，知识在本质上不是一系列既成的、被证明为真的命题的集合，而是活动或实践过程的集合。活动不只是在思维中进行，更主要的是在语言交往、实验，乃至日常生活中进行着的。正因为如此，我们探讨知识时就不可能不涉及能力、素质与条件。

在这里，我们应该把科学或知识理解为动词，即拉图尔所谓的"行动中的科学"。其次，科学或知识是一项公共的事业，而不只是存在于少数知识精英和技术专家头脑中，并且自以为是的东西。知识的有效性必须以别人的实际认可为前提。从这个意义上说，他们共同构造了知识。知识作为一种"语言游戏"，它没有旁观者，而只有实际的参与者。"参与"（engaging）是表达"地方性知识"的一个关键词。由此可见，知识的主体必定是共同主体（"共同体"）。最后，既然知识的有效性问题归根结底是一个主体间性的问题，那么，有效性的实现也必定诉诸说服与劝导这样的论证与修辞手段，诉诸认同、组织之类的社会学原理，并且也与权力这样的政治学问题密不可分地纠缠在一起。

在《地方性知识：阐释人类学论文集》一书中，吉尔兹曾转引《纽约时报》刊登的一篇短文来告诉我们，究竟何谓"地方性知识"。文章的作者是芝加哥大学费米研究院的物理学教授，他在列举了诸如一只标准的蚂蚁在一只标准膨胀的气球上之类的例子后，得出结论说："物理学就像生活一样，没有绝对的完美。也不会将所有的东西都整理好。它的实质就是一个问题，或进而言之，即你到底花了多少时间和兴趣投入进去。宇宙真是曲线做的吗？这问题并不是那么界限分明和枯燥。理论不断出现又消失，理论并没有对与错，理论就像社会学的立场一样，当一些新的信息来了，它可以变化的。……物理学在迷惑；恰似生活本身如是这样也会容易陷入困惑一样。它只是一种人类活动，你应该去做出一种人性的判断并接受人本身的局限性。"[1]

## 二、知识的构造与情境

地方性知识的兴起无疑与康德对科学知识的先验构造，也与胡塞尔对严密科学的构想的失败有关。康德承认，科学知识本质上不再是分析命题，而是综合命题。对综合命题的奠基要求有逻辑以外的经验根据。然而在经验的条件下，尽管知识也可以是有效（geltung）的，但是不足以保障它在任何情况下都有效。为此,我们必须预设某种"有效性"(gültigkeit)的条件来保证知识"普遍认可的价值"(anerkennungswürdigkeit)。这些独立于经验来源的先天条件便构成了所谓的"先验主体"。胡塞尔的做法与康德不同。在反驳心理主义时,他要求我们把知识的实际生成过程与知识本身所包含的内容区分开来。后者作为客观的观念是不受任何心理的和历史的因素所制约的,因而是绝对的。问题是,这种客观的和绝对的观念又是如何生成的呢?为了解释这一点,他要求我们必须还原到某种纯粹的意识结构中来。严密的科学知识只有在这种纯粹的生成结构中才能得以奠基。

后来人们渐渐发现(其实胡塞尔本人在后期也意识到),这种纯粹的意识结构实际上并不纯粹,也许科学只有在更日常的"生活世界"才能寻找到自己的根据。另外,康德之后的研究者们也发现,作为先天的时空形式,甚至可以作经验的研究;任何范畴也都能从特定的文化背景中找到它的起因。与康德相比,胡塞尔更清醒地意识到了欧洲科学的危机。他已经听到了相对主义逼近的脚步声了。鉴于胡塞尔的告诫,20世纪上叶主流的哲学家(如波普)与社会学家(如默顿)还依然恪守着这样的戒律:尽管我们可以用经验的、社会与文化的因素来描述知识的生成过程,但是这与知识内容无关。而且这种戒律最后也遭到库恩的摧毁。库恩发现,站在牛顿物理学的基点上根本无法判读亚里士多德物理学的价值。我们只能这样来解释,由于两者是依据不同的原则构造而成的,因此不能用牛顿的读法来解读亚里士多德。换句话说,知识的内容与准则只在特定时代的共同体内部得到辩护,因此也只对共同体成员有效。

如果库恩的说法成立,那么,有效性问题只有置于一个特定的共同体中才有意义。或者就如同罗蒂所说,有效性与其说是客观性问题,不如说是一个连带性问题。连带性在人类学家眼里往往是一种种族关系,人们只能以自身所属的种族为中心获得判定知识的基准。然而扩展开来看，人们不只是由于血缘或地缘而产生连带，其实信仰、利益关系、观点和立场也均能产生连带感。基于连带性，我们才能理解为何在看待经济规律时，东亚与欧美之间存在如此大的分歧。基于同样的道理，我们才能明白为何女权主义者、绿色和平组织成员在看待技术进步、环境和基因工程问题上有着不同于别人的准则。

库恩的做法实际上把知识的内部问题与外部问题纠合在一起了。他后来声称自己找到了一种同时又是内部史的外部史方法。依据这种方法，通过对社会文化史问题的研究同时可以解决认识论的问题。由于这一转变意义过于重大，他不得不谨慎处置。后期的库恩曾稍带犹疑地说："尽管自然科学可能需要我所说的解释学基础，但它们本身并非是解释学的事业（hermeneutic enterprises）。"[2] 也就是说，科学知识有着独立于情境解释的客观内容。与他相比，发端于爱丁堡的 SSK 则显得直言不讳。在布卢尔看来，既然有效性是一个主体间的问题，那么一切科学知识都必须，也只能通过具体的社会因素来加以构造。另外，在拉图尔、伍尔加和卡龙等看来，既然知识本质上是一种活动或实践的过程，那么对科学知识的考察就必须，也只能从当事者的当下活动出发，或者说是从科学家从事研究活动的现场出发进行考察。鉴于这样一种方法论特征，他们都自称为是社会构造论者。

皮克林在 1992 年编辑出版了一部论文集《作为实践和文化的科学》，对 SSK 近十年来的理论成果和内部争论做了系统的回顾与展望。伍尔加在导言中指出："在这一 SSK 新近的宣言中，这种传统已展示了一种相对主义形式的观点，认为科学与技术的知识并非是对现有知识所作的合理的和逻辑的推论，而是各种不同社会、文化和历史过程的随机的产物。"[3]

人们通常总以为，社会构造论是一种社会还原论，在方法上与胡塞尔批判过的心理主义没什么两样。这是误解。因为这样理解的社会构造论与其说是一种非本质主义的观点，毋宁说是一种新型的本质主义。其实真正贯穿于社会构造论的特征恰恰是"反思性"（reflexivity）。

只有通过反思性,我们才能真正消除隐含在以往社会构造论方案中的社会实在论的幽灵。拉图尔和卡龙的"行为者网络"(actor network)方案就充分体现了这种反思性。在这里,我们固然不能脱离社会因素来思考自然与技术,反过来说,离开自然和技术的社会同样也是不可思议的。科学研究与技术创新正是在这样一种由人、人造物和自然交错形成的复杂的网络中进行的。人们之所以误认为两者是可分离的,正是由于受到了技术决定论或者社会决定论观念的驱策所致。当他们把社会设定为终极的根据时,就把行为者网络投射到该点上去了。反过来说也一样。以往,人们总是把研究的对象定位于自然—社会两极的位置上,其实,任何一种纯粹的自然现象和一种纯粹的社会现象一样都是抽象的产物,现实的研究对象总是介于两极之间,是一种自然的与社会的"杂交物"(hybrids)。[4]可见,社会构造论的宗旨并非是为既成的知识作出辩护,而是通过展示行为者网络情境的同时来构成知识的内容。他们相信,根本不存在与活动或实践无关的,或者与社会因素无关的知识内容。

在揭示科学家构造世界活动的理论框架中,他们把科学家、利益集团及组织之间的社会关系与科学家、物质设施及自然现象(如微生物、扇贝、潮汐、风等)之间的"技术的"关系置于同一层面上来进行考察。为了置身于这样的网络,科学家们还需要采用修辞的,乃至马基雅维利式的阴谋权术来加入或组建成"不同族类的联盟体",从而创造出一种持久的权力-知识的搭配模式。

在考察SSK时,有两个关键的论点值得引起我们的注意。第一,科学的发现与技术的创新绝非是一个封闭的过程,而是一个自始至终都受到社会的、政治的、文化的和价值的因素制约的开放的过程。并且,对于科学而言,这些因素绝非是某种外在的影响因素,而恰恰是科学与技术知识的构成中必不可少的内在因素。第二,对于科学、技术是什么的问题,不同的人完全有理由根据其不同的用途给出不同的回答。真正的答案应该根据共同体成员之间的争执、商议来作出。或者说，不同的解释之间的分歧与协和就构成了"科学"与"技术"这样的东西。宾奇把这样一种典型的社会构造论观点归结为"解释的可塑性"（interpretative flexibility）。[5] 实际上，它意味着解释的流变性和不确定性。

通过行为者网络来研究科学活动，与文化人类学家们所采用的"田野"方法最为相近。SSK实际上正是把科学家及其在实验室中的活动作为自己的"田野"。在这一点上，拉图尔和伍尔加在《实验室生活：科学事实的构造》中对萨克生物学研究所中科研活动实情的描述，以及卡龙有关扇贝养殖的报告最具代表性。在《实验室生活：科学事实的构造》中，拉图尔与伍尔加以其亲身经历向我们描述，科学家们实际上是怎样推进研究的，以及科学知识是如何在研究活动中被构造出来的。他们试图证明，曾获1977年诺贝尔生理学或医学奖的奎莱明和萨利两人关于促甲状腺素释放因子（TRF）化学序列的发现是一种社会的构造。书中他们还用了大量的篇幅来描述威尔逊和弗劳尔两位科学家之间的社会磋商过程，从而表明，科学家在他们的工作中所从事的社会磋商，其实与发生在社会上其他人身上的种种日常的磋商，诸如政治的和商业的协商并无二致。萨克研究所的所长对拉图尔和伍尔加的研究方法十分欣赏。按他的理解这种方法是："（参与性的观察者与分析者）成了实验室的一部分，在亲身经历日常科学研究的详细过程的同时，在研究科学这种'文化'中，作为连接'内部的'外部观察者的探示器，对科学家在做什么，以及他们如何思考作出详尽的探究。"[6]

社会构造论者用实际构造出来的"地方性知识"来告诉我们，只要介入科学知识生成过程做实地考察，我们无论如何也寻找不到科学知识普遍有效的根据。卡龙和拉图尔曾明确承认，他的研究目标就是自然科学的"祛合法化"（delegitimization）。[3] 要弄清这一点，还须进一步探讨知识的辩护问题。

## 三、知识的叙事重构

依据地方性知识的观念，我们对知识的辩护只能伴随着知识的生成过程来进行，任何独立于生成过程的辩护都是无效的。从这个意义上说，辩护既是描述（叙事）、解释，也是论辩。图尔敏在《论辩的用途》中指出，作出解释就是发表观点，而发表观点则意味着一旦它受到怀疑和诘难，就需要作出辩护，用更充足、更令人信服的证据来支持它。这就叫"论辩"（argument）。历史上的论辩形式大致有三种：一是基于事实根据的"论题的论辩"（topical arguments）；二是基于逻辑根据的"形式的论辩"（formal arguments）；三是基于论辩本身之必要条件的"元论辩"（meta-arguments）。与以往的演绎证明不同，康德在"先验演绎"中为知识的普遍有效性寻找到了一种"元论辩"的方式。后来，斯特劳逊把它引申为"先验论辩"（transcendental arguments）。

近来兴起的亚里士多德热，很大程度上与地方性知识的流行有关。如果说知识必须根植于科学的研究实践中，而不是被完全抽象化于表象理论中，并且理论只能在其使用中得以理解，而不是在它们与世界的静态相符（或不相符）中得以理解的话，那么，对这样一种知识的辩护就既不可能用形式的论辩来证明，也不可能用先验的方式来一劳永逸地建立起合法性的基础。如果我们所获得的只能是地方性知识的话，那么对之的辩护也只能诉诸亚里士多德意义上的"论题的论辩"。反过来说也一样。由于这种论辩必须基于事实的根据，因此也是一种"叙事"。在前边提到的实验室研究中，当科学被作为实践活动来考察时，科学知识的构造中就已经包含叙事的成分在内了。科学家需要用自己的业绩来证明自己的能力，说服政府或企业财团以获得足够的研究经费，劝说和动员研究者来参与研究，还要用各种修辞手段来宣传、推销自己的成果，等等。关键不在于是否有真理，而是在于动用一切修辞手段来营造出可信的情境，以说服别人。

亚里士多德的论辩有力地支持了地方性知识的观念。首先，"topica"原本也有"位置"的意思，表明论辩不是中立的，而是有立场的。当科学家们以具体的身份参与研究时，他不可能没有历史的负荷，不可能不带任何传统与成见。其次，叙事和事实的辩护反对方法，它总是在特定的情境中进行，没有普遍适用的常规可循。包括一个人如何说话，如何倾听，如何达成对生活世界的理解等，都是如此。唯一能够求助的只有"实践智慧"（phronesis）这样一种行动的技能。正如亚里士多德所说："实践智慧不只是对普遍者的知识，而且还应该通晓个别事物。因为实践智慧涉及行为，而只有对个别事物的行为才是可行的。所以，一个没有普遍知识的人，有时比有普遍知识的人干得更出色。"[7]

由于研究者受一定的利益关系支配，并且由于论辩各方的不对等地位，事实的辩护中必定包含了权力的因素。这与其说是科学哲学、科学社会学，不如说是科学政治学范围的问题。劳斯认为，所谓现代性与后现代性叙事的区分，实际上为我们提供了两种政治学，即现代性政治学和后现代性政治学。科学知识起源于权力关系，而不是反对它们。或者从某种意义上说，知识就是权力，并且权力就是知识。权力关系构成了这个世界，在这个世界中，我们找到了特殊的行为者和利益。福柯评论道："权力必须被分析为一些循环的东西，或者宁可说，被分析为一些只有在链锁的形式运作的东西。它绝不会停留在这儿或那儿，绝不在任何人的手中，绝不适合作为日用品或财富。权力通过一个像网一样的组织而得以使用和行使。"[8]新实用主义者也告诉我们，权力与知识或真理具有内部联系，打开了科学实践领域的权力关系也就是揭示了真理的关系。从描述到介入与操纵，从知道什么到知道如何的转变，把我们引入了知识和权力的关联域，从而也引入了地方性知识，以及解释这种知识的科学的政治学中来了。

如今，有关地方性知识的叙事经常会遭受到一种两难的指责。如果你反对现代性的整体性（global）叙事，那么你就是后现代主义者；如果你拒绝接受为科学所讲述的合法化的故事，那么你就得接受相对主义和反科学主义的方案。其实，如今作出第三种选择的大有人在。法因、哈金、卡特赖特、赫斯和劳斯等都在主张地方性知识的同时，又拒绝对相对主义和反科学主义的倾向作出让步。他们反对整体性叙事的理由很简单，即便这种合法化的努力失败了，或者压根就不存在这种合法化时，也看不出有任何严重的后果，科学技术照样迅猛发展。哈金的"实验实在论"强调，实验的进行依赖于实验室的地方性情境，并取决于实验所产生的预期效果。他认为，如果按下述方式理解的话，"现代性"还是可接受的，即"现代性"不是建立在统一的基础之上的确定的、普遍的情境，而是一个包含冲突的场所。在这里，之所以有潜在的认同正是为了使尖锐的实质的分歧成为可能。在哈金的意义上，地方性知识与普遍性知识的分歧，就成了现代性内部的分歧。

与传统的科学哲学一样，社会构造论方案其实也犯了同样的错误，他们的所作所为实际上为科学知识构造出了一套共同的社会解释的图式。当他们用新的教条来取代旧的教条时，SSK 就背离了地方性知识的初衷，即对具体问题作具体分析的态度。由于每一种知识生成的情境总是具体的，因此不可能套用任何图式，即便是社会分析的图式也不例外。连贯做法只能是通过参与和介入，当事者（agent）根据科学活动实际进行来把握它的当下结构。

我们知道，参与和介入并非是对对象作客观的描述，因为参与者的介入实际上已经改变了原有的情境。或者说，对地方性情境的叙事始终意味着对它的重构。这也涉及了学习与教育观念的转换。学习应该同时也是创新，因为学习者已经参与到重构科学知识的叙事情境的过程中来了。

## 四、地方性与开放性

地方性知识并未给知识的构造与辩护框定界限，相反，它为知识的流通、运用和交叉开启了广阔的空间。知识的地方性同时也意味着开放性。在地方性意义上，知识的构造与辩护有一个重要的特征，即它始终是未完成的、有待于完成的，或者正在完成中的工作。用海德格尔的话说，是正在途中（ongoing）的。一种研究工作与其情境之间的叙事结构只有短暂的、相对的稳定性和确定性。知识之所以会过时，是由于叙事结构发生了变迁。M.麦孔伯和布兰尼都试图揭示叙事情境所具有的意会（tacit）与易变（transient）的特性。"（科学家在其中理解自己的工作的）情境总是被重组和更新的。要是我们刻意去寻找它是找不到的，因为它不断地扩张着、变迁着、被改造着。个体发现的意义来源，及其有效性的基础仍然处在我们的把握之外。然而这却是为每一工作中的科学家们所熟知的情境；它在科学家中已'人尽皆知'。"[9]劳斯则进一步强调说，科学叙事的构造始终是一个"持续重构"的过程。"科学知识的可理解性、意义和合法化均源自于它们所属的，不断地重构着的，由持续的科学研究这种社会实践所提供的叙事情境。"[10]

在《哲学研究》中，维特根斯坦曾力图用语言的用法来取代语言的意义。离开用法谈何意义？他告诉了我们一个同样的道理，时过境迁，一种知识不见得是错了但是却没用了，因为用法变了。也许有人会说，且慢，科学知识的内容是无时间性的。胡塞尔就曾争辩道：牛顿的万有引力定律即便对古代希腊人来说也是真理，尽管他们尚未发现，也无法理解这一定律。很显然，胡塞尔并不理解知识的构造应包含叙事的成分及用法在内。

当然叙事也要求连贯，只是不是作为表象的连贯，而是作为实践的连贯；不是作为命题的连贯，而是作为情境的连贯。麦金泰尔在《追求德性》一书的开篇就为我们虚构了一个故事。设想在一次普遍发生的骚乱中，实验室、科学家和图书设施一并被毁……许多年后，人们试图恢复早已被遗忘了的自然科学，但是从残留下来的文字中，已经无人知道什么是真正意义上的自然科学了。"因为那合乎具有稳固性和连贯性的一定准则的言行和那些使他们的言行具有意义的必要的背景条件都已丧失，而且也许是无可挽回地失去了。"[11] 事实上，由于启蒙的分裂，一种统一的、普遍性的叙事已宣告失败。于是麦金泰尔断言："主观主义的科学理论将会出现。"这时，哲学的分析，无论是分析哲学还是现象学的分析都将无助于我们。因为这种分析都要求以某种普遍的概念图式和纯粹的意向结构为前提。其实当"生活形式"转换了，你再怎么努力去拼凑回原来的知识内容也都无济于事了。

要说地方性知识必定会否定科学知识中具有独立于叙事情境和用法的确定内容，那不是事实。它只是告诉我们，离开特定的情境和用法，知识的价值和意义便无法得到确认。如今的高等教育经常面临这样的尴尬境遇，学生尚未跨出校门，他们所掌握的知识就已经过时了。当然不是说它们错了。一种明智的培养目标，与其是让学生掌握多少确定为真的知识，不如让他们掌握重构科学叙事的能力。他们必须学会改变原有的知识以适应新的情境的方法。劳斯主张说，最好先别去考虑一种想法怎样才是正确的，能否得到证实，而是考察在何种情境条件下这种想法才具有科学的意义。与前者相比，后者更基本，但是，却更容易为传统的知识观念所忽视。并非所有有关自然世界的真理都具有科学意义，都能引起科学家的兴趣。"除非我们了解科学家是如何区分什么是值得去知道，值得去做，值得运用，值得考虑的，什么是无关紧要，无用的和无意义的，否则我们将不可能真正理解科学。"[10]

"地方性"丝毫不意味着在空间上的封闭。地方性情境是可以改变、扩展的，当然不是扩展为"普遍"，而是转换到另一个新的地方性情境中去。罗蒂认为，他所说的"种族中心主义"绝非与世隔绝，而恰恰开启了一种对话的空间。塞蒂纳的实验室理论也不例外，她指出："在这种［交流与交往］状态下的实验室是生活世界的聚焦点，就单个实验室而言都是地方的，但是它又能远远地超越单个实验室所给定的界限。"[3] 即便哈贝马斯也承认，现实的交往共同体总是"地方的"、受局域性条件限制的，有时甚至受到意识形态的扭曲。所谓普遍的有效性与其说是某种事实，不如说是包含在知识中的一种潜在的"要求"。科学知识总是"要求"获得他人的认可，并取得共识。为此，它们必须被置于实际的交往过程中去才能得到"验证"（einlösen）。换句话说，科学叙事总是"共同叙事"（common narrative）。我们总是依赖于与他人一起共同构成叙事的情境，也一起共享这个情境。

拉图尔在《行动中的科学》与塞蒂纳在《知识的生产》（1981年）中都曾以科学论文的写作为线索，表达了科学叙事的开放性。科学论文当然是写给读者看的，于是读者便被纳入共同叙事的结构中。当作者不厌其烦地罗列引文注释时，并非想表明自己的研究是多么"专业"，而是试图吸引读者来参与研究，为他们提供一个台阶。科学研究的情境也就随着阅读中互动地深化与扩展而得到不断的重构。一种研究如果不能成为进一步扩展研究的动力，就会丧失其科学的意义，也就不再能吸引读者来参与。

在这一点上，我们同意劳斯的观点："在科学中，合理接受的标准不是个人化的，而是社会化的，它们体现在体制中。""科学观点是建立在一个修辞空间，而不是逻辑空间中的。科学论点其实是对同事进行理性的劝导，而不是独立于情境的真理。"[12]

地方性知识非但不排除，而是恰恰以竞争性理论的存在为前提的。任何对传统的挑战，实际上都是对情境的矫正，乃至贡献。理论的竞争并非如默顿学派理解的那样，是为了得到奖励和专利，更主要的是为了主导在未来研究中的方向和地位。当然，结果不是哪一方的一厢情愿，而是通过协力交互地形成的。从这个意义上说，地方性知识非但不排斥科技与经济的一体化趋势，而恰恰是一体化发展的前提与起点。

## 主要参考文献

[1] 吉尔兹. 地方性知识：阐释人类学论文集. 王海龙，张家瑄译. 北京：中央

编译出版社, 1983.

[2] Kuhn T S. The natural and human science//Hiley D R. The Interpretive Turn: Philosophy, Science, Culture. Ithaca: Cornell University Press, 1991: 23.

[3] Pickering A. Science as Practice and Culture. Chicago: Chicago University Press, 1992: 1.

[4] Callon M. Some elements of a sociology of translation: Domestication of the scallops and the fishermen of St Brieuc Bay//Law J. Power, Action, and Belief: A New Sociology of Knowledge. London: Routledge, 1986: 200-201.

[5] Pinch T J, Bijker W E. The social construction of facts and artifacts//Bijker W E, Hughes T P, Pinch T J. The Social Construction of Technological Systems. Cambridge: The MIT Press, 1987: 40.

[6] Latour B, Woolgar S. Laboratory Life. Princeton: Princeton University Press, 1979.

[7] 亚里士多德. 尼各马科伦理学. 苗力田译. 北京: 中国社会科学出版社, 1990.

[8] Foucault M. Power/Knowledge. New York: Pantheon, 1980.

[9] Macomber W. The Anatomy of Disillusion. Evanston: Northwestern University Press, 1968.

[10] Ackermann R, Rouse J. The narrative reconstruction of science. Inquiry, 1990, 33(2): 179-196.

[11] A. 麦金泰尔. 德性之后. 北京: 中国社会科学出版社, 1995.

[12] Rouse J. Knowledge and Power: Toward a Political Philosophy of Science. Ithaca. London: Cornell University Press, 1987.

# 两种"地方性知识"
## ——兼评吉尔兹和劳斯的观点\*

吴 彤

说起近年来很火热的"地方性知识"（local knowledge）概念，我们必定首先想到，在吉尔兹的阐释人类学里经常出现的中心概念："地方性知识"。由于原本属于人类学领域的"地方性知识"一词最近一再出现在兴起中的科学实践哲学里，人们也一再把这两种地方性知识概念混同一谈，因此，科学哲学研究领域的相关研究就有必要把吉尔兹的地方性知识概念与科学实践哲学中的地方性知识概念做一比较。以搞清楚这两种地方性知识的联系与区别，说明科学实践哲学中的地方性知识概念具有更为深刻的意义。

此外，更为要紧的是，对地方性知识概念和性质的追问和探索，对于普遍性知识形成了有力的挑战，究竟有无普遍性知识？我们在何种意义上把知识指认为是地方性或者普遍性的？人们不断地提出上述问题，说明这些涉及知识根本性质的问题一再困扰我们。因此，通过地方性知识的研究，我们也应该对这些重要问题做出一定程度的回应。

---

\* 本文发表于《自然辩证法研究》2007年第11期，作者吴彤，蒙古族，清华大学教授，主要研究方向：科学实践哲学、科技与社会。

## 一、地方性知识概念提出的背景

地方性知识概念的提出是有着深刻的背景的。

第一个可以直接看到的学术背景,是在人类学理论的发展史上,一直存在着所谓"普遍主义和历史特殊主义之间的方法之争"[1]。所谓的普遍主义者普遍相信,并且也力图在研究中发现或者寻找人类文化的共同结构或者普遍规律。这种倾向在科学特别是自然科学领域更为明显,甚至就是理所当然的事情,似乎科学领域被普遍主义所统治是理所应当的事情。迄今为止,我们有谁怀疑过自然现象的存在与演化没有普遍规律吗?在科学领域,普遍主义者至多后退到自然科学知识在源头上是地方性的,而后知识则是通过祛地方性的过程摆脱掉地方性的束缚而上升为普遍性知识的。关于自然科学领域的普遍主义观点,我们暂且放下不表,还是先回到人类学和社会学领域。在人类学和社会学领域,历史特殊主义者的存在的确有其合理根据,他们强调各种不同文化的特殊性、差异性,主张通过具体的田野调查和个案研究,揭示和解释不同的文化现象。他们不再追求普遍性的解释和说明,而只进行特殊性解释,经验性解释。这两种思潮和方法各执一词,交锋不断,在不同历史时期里此起彼伏,形成各领风骚的态势。20 世纪 60 年代,结构主义的出现,使得普遍主义在人类学和社会学领域再度复兴,于是在普遍主义兴盛的时期和具有普遍主义倾向的研究视野中,人消失了,只有社会结构的存在和演化(系统主义也可以视为其中普遍主义的一个分支)。为了回应、反对和批驳这种不见人、不见特殊文化的独有精神品性的普遍主义,人类学领域兴起了更为尊重地方性知识和文化的象征人类学和阐释人类学。而吉尔兹就是阐释人类学最为著名的代表。

第二个更为广阔的背景就是全球现代化的过程和思潮。它使得自伴随 17 世纪以来的西方科学兴盛而带来的全球化浪潮变得愈来愈具有合法化地位。全球化和现代化成为时代潮流,荡涤着一切地方性、民族性,使得文化变得愈来愈趋同。这种全球化和现代化所根据的哲学和相应的思潮也提供了一种统一的所谓"现代性"的叙事框架。它统一表现为世俗化、专业化、统一化、理性化、科学化、西方化。

所以，现代性也是自然而然地成为敌视地方性的一种历史发展进程和思潮的特性。在这种强大思潮发展的同时及发展之后，许多有见识的西方学者看到了现代性的问题和弊病，他们开始在自己的关于其他民族知识的研究中逐渐认识到其他民族知识的重要性和对于文化多样性的意义。"地方性知识"的观点就是在这样针对现代性的文化背景下涌现出来的另类文化。

第三个兼有学术和广阔文化背景的是后现代思潮的兴起。而对科学实践哲学的地方性知识概念形成有较为直接影响的学术背景是在这种思潮下SSK的实践研究的兴起。事实上，关于普遍性知识的本性问题，在科学知识中曾经被视为不容置疑的问题。人类学中虽然有了地方性知识的涌现，也带来了对于科学知识的普遍性本性的质疑，但是，这种质疑在人类学中是不能完成的。至多使得人们意识到，伴随着西方现代化过程，殖民化过程在全世界展开，也同样有一种代表了西方知识的近代自然科学知识对于其他民族自然知识的征服过程。所以，需要在科学内部产生这种对于普遍性知识本性的质疑活动和实践。而SSK后期中对于科学实验室研究的关注，极大地推动了科学实践的研究，而每一个实验室的独特性、科学实践作为活动的特征，使得科学家在上手的世界（海德格尔语）的实践操作成为一种独特的研究分析工具和阐释力量，形成了除人类学、民族志的文化研究之外的另一种力量，直接推动了科学实践哲学中的地方性知识概念的提出和形成。

## 二、以吉尔兹为代表的人类学视野中的地方性知识概念、特征及其问题

以吉尔兹为代表的人类学的地方性知识概念，是与民间性模式（folk model）有关的知识概念，按照吉尔兹《地方性知识：阐释人类学论文集》的译者王海龙的归类，它属于阐释人类学四个研究方面中"后殖民与后现代话语"部分，而不属于阐释人类学的认识论部分。按照译者关

于吉尔兹及其《地方性知识：阐释人类学论文集》的导读解释，它是一种具有本体地位的知识，即来自当地文化的自然而然的、固有的东西。地方性知识概念的提出被认为是吉尔兹的最为重要的学术成就、贡献和对学界的最具有影响力的贡献之一。

吉尔兹的地方性知识概念也不是他独创的概念，应该说它源于"ethno-"有关的知识考察或者和"ethnosciences"有关的知识概念。那就是人类学家在探讨和研究西方之外的文化传统时，对西方以外的自然知识，在其西方的"science"词汇之前加上了词头"ethno-"，以表示这些知识与本土的种族、民族有关的、离不开这些地域的，或者在这些地域之外没有的、在这些民族或种族之外如西方没有的自然知识。事实上，对于这些知识的考察是很早就开始的事情。例如，属于"ethnosciences"之一的、被称为"民族植物学"（ethnobotany）的系统研究在西方传统中就有很长的一段历史了，最早在民族植物学方面的兴趣可以追溯到希腊、罗马和伊斯兰区域的殖民化和地理学探索。[2] 6 而这个学科的名称被称为民族植物学也已经有100多年了，它最早产生于美国，在1896年，美国宾夕法尼亚大学的植物学家哈斯巴根（J. Harshberger）把民族植物学定义为"研究土著民族利用的植物"。20世纪，这个学科被重新定义为"研究人与植物之间相互作用的一门科学"[3] 246,①。

在探讨各国和各地的法律时，吉尔兹利用阐释人类学的观点和方法，充分探讨了伊斯兰法律和印度教法律的地方性特性。特别是对印度教的法律的探讨，充分体现了它的地方性特性。吉尔兹指出，"……法律与人类学……两者都致力于在地方性实际状况中看到概括性的原则"[4] 223。譬如，印度法律"……在其普及的过程中，印度法律将与之相遇的东西都变得各自独具特色。其领域呈颗粒状，将一种高度普遍性而又高度抽象和形式分化成一群高度个别化而又高度具体的许多个体现象表现出来，是一个化身

---

① 当前对于民族植物学的这个定义，事实上已经反映了学术界对于地方性知识看法的转变，特别是对以西方作为主流知识形态的知识也具有地方性，或者反过来，土著的地方性知识具有科学特性的看法也已出现。

的世界"[4]255。从吉尔兹以上观点看,地方性知识有三个重要的特征。

(1)地方性知识总是与西方知识形成对照,虽然,这里并没有直接说明西方知识是普遍的,但是,这种分类就是把西方以外的知识与西方知识作为知识的两极:一端是西方知识,另一端是西方以外的其他地方性知识。正如一位对地方性知识概念不满的人类学家所指出的,"作为某种地方化的产品的地方性知识,总是和超越地方的某种东西处于相对照的关系之中。而这种关系以及地方性知识的这种非普遍性、非科学的地位,也是'地方'在人种志意义上的特殊性的一个标志。而在许多学术性和民间的话语中,旅行中的科学虽然途经某地,却还是成功地保持着自己为'非地方'的特色,因为它在一切地方都出现,在一切地方都一模一样,在一切地方它都超越。它也着陆,但它那双方法论的脚却罕见沾染尘土"[5]55。在某种意义上,知识的地方性,是它们与西方知识的关系而言的。

(2)与上述特性相关,地方性知识还指代与现代性知识相对照的非现代知识。由于在西方文化中,根深蒂固的西方中心主义的影响,不仅使得其他民族和国家的科学或者自然知识很难被视为与西方近代发展所形成的科学同样有效的东西,而且也使得在欧陆哲学传统中,特别是在法国,那些尊重其他民族知识的学者仍然把所有区别西方科学的其他种类的自然知识称为"人种科学",或被称为"非正规科学"①。非现代性也可能同样存在两个维度的理解:第一,历史的维度,地方性知识总不是现代仍然起作用的知识;第二,当下的维度,地方性知识所发挥的作用

---

① 参见:[法]S. 阿龙,R. 舍普等. 非正规科学:从大众化知识到人种科学. 万佚,刘莉译. 北京:生活·读书·新知三联书店,2000. 这是一部采访法国当代学者关于非西方传统的自然知识看法的一组发表在《法国文化》上的访谈录。学者发表了对西方以外的文化发展出来的关于自然、社会知识的一些看法。例如,采访R. 舍普所说,其中大部分学者秉持这样一种观点,"发现传统知识和技能的深刻逻辑,同时逐渐把这样的或者那样的文化所固有的思想方式变为自己的","没有任何一个大陆能够蔑视别人的实践或信仰,还有知识"(见该书引言部分)。这样的观点表达了很好的意图。但是,非正规科学的表达在事实上仍然表达了一种等级低下的知识概念。而ethnoscience最初也包含着这种知识只存在于原始的、未开化的人群中,而只有白人社会才掌握所谓世界性、普遍性的自然知识,需要特别注意的是,本书的法文名为 *La science sauvage, Des saviors populaires aux ethnosciences*,最后的ethnoscience,译者译为"人种科学",其实就是我们所说的"原始自然知识"。但是,这比根本不承认其他民族还有科学已经进步不少了。

只局限于当地，而不是现代社会。

（3）地方性知识一定是与当地知识掌握者密切关联的知识，是不可脱离 who、where 和 context 的知识。而普遍性知识则无需询问知识是谁的和在什么具体情境中。这个 who 也许是当地的个体，也许是一个民族，总之，它不是西方意义的理性的、普遍的人，而情境的含义则更为广泛和精妙。

事实上，这种地方性知识紧密地联系着当地的地域。从以上论证可以发现，以吉尔兹为代表人类学的地方性知识主要是一种与地域和民族的民间性知识和认知模式相关的知识，它虽然带有强烈批判西方"逻各斯中心主义"的意蕴，但却确实带着浓重的后殖民色彩（图1）。

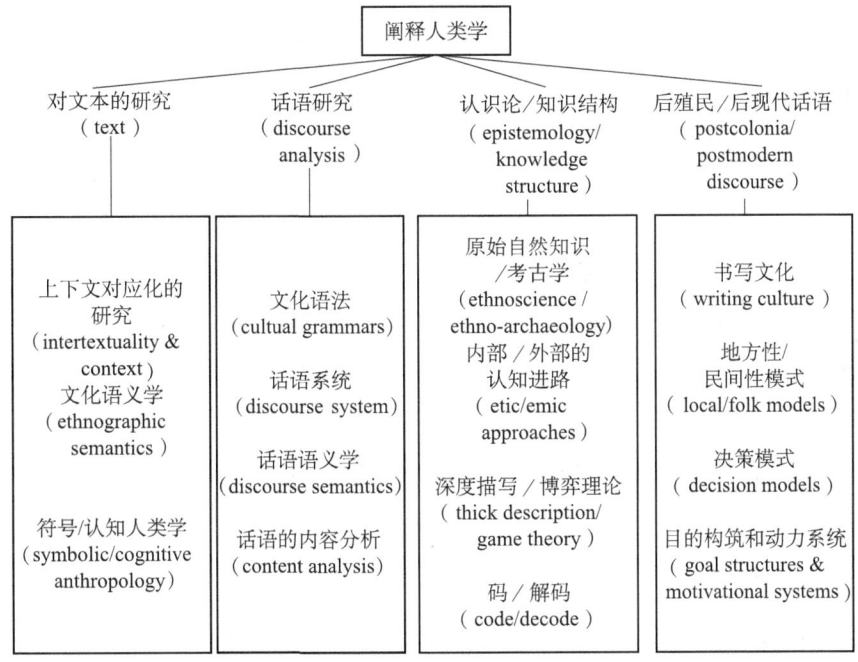

图1　阐释人类学框架图[①]

---

[①] 王海龙.导读一：对阐释人类学的阐释//吉尔兹.地方性知识：阐释人类学论文集.第二版.王海龙，张家瑄译.北京：中央编译出版社，2004：8. 本文在引述该框架时，有三处改动：第一，根据英文 ethnoscience，把原译"新民族语义学"改为"原始自然知识"；第二，根据英文 game theory 把原译"模拟理论"改动为"博弈理论"；第三，根据英文 content analysis，把原译"背景分析"改为"内容分析"。

地方性知识概念的提出具有巨大意义，但是，这种地方性知识的概念仍然存在许多问题。近年来，许多学者对此开始有所意识。那么，到底地方性知识概念存在一些什么问题呢？

第一，目前在科学领域和社会科学领域，较为普遍的看法，只有某些知识属于地方性知识。因此，就人类学领域的一些学者来看，地方性知识的最大问题是，它始终是一个无法入住普遍性知识殿堂的类，而是一个只能居住于小茅屋的类。

第二，"如若要使地方性知识的'地方'一义不再没完没了地'地方化'，把人和知识分门别类，那就需要对它进行再思考。地方性知识很可能表面上是在为非科学的认知方式张目，而实际上落入'地方'的非普遍性陷阱，为虎作伥，为三六九等的知识现身说法"[5] 55。换句话说，如若地方性知识就是一个知识的类，还有普遍性知识这另外的类，那么，再为地方性知识张目，也不过在普遍性知识之旁说，你还有不能忽视的这一大群形形色色的小兄弟而已。知识永远有等级差异，而地方性知识就是旁族。

第三，地方性知识的特性就是无法与当地的人（即地方性知识持有者）区分开来，这也是人们认为地方性知识不具有所谓显明性的理由。

所以，理解地方性知识的关键就是如何理解"地方性知识"中的"当地"。

当然，在文化人类学发展的过程中，已经不再把知识完全定域于某地的"当地"，它不再附着于某个地理位置，而是具有了动态的、过程的文化特性，但是，人们仍然把地方性与空间概念联系起来。尽管人类学新近的观点是把空间与时间联系起来的，认为地点就是一种特定时刻的相互交叉、空间化的社会关系[5] 52，但是，"当地"、"当下"、地方性等，仍然存在颇多的理解不当问题。

## 三、科学实践哲学视野中的地方性知识概念及其意义

科学实践哲学中的地方性知识概念，是一种哲学规范性意义上的概

念,指的是知识的本性就具有地方性,特别是科学知识的地方性,而不是专指产生于非西方地域的知识。其地方性主要是指在知识生成和辩护中所形成的特定情境(context or status),诸如特定文化、价值观、利益和由此造成的立场和视域等。地方性知识与普遍性知识并非造成对应关系,而是在地方性知识的观点下,根本不存在普遍性知识。普遍性知识只是一种地方性知识转移的结果。可见,一开始科学实践哲学的开创者劳斯的地方性知识与吉尔兹的地方性知识及一般人类学中通常的地方性知识概念就有本质上的不同。当然,应该说劳斯也受到吉尔兹思想的启发,虽然在劳斯最重要的三本著作中,仅有一处直接引用了吉尔兹的"深度玩耍:关于巴厘人斗鸡的笔记",而且是在阐释学意义上引用的,不是直接借用了吉尔兹的"地方性知识"的观点[1],这种间接引用就表明,劳斯认可地方性知识受到人类学影响,但并不满意吉尔兹的地方性知识观点,也不满意以前在人类学研究中关于地方性知识的认识。劳斯倒是明确指出,他的地方性知识的科学说明吸收了库恩关于当缺乏一致解释时科学知识包含于使用具体范例能力之中的主张,也吸收了新经验主义者的洞见,即科学中的技术控制的扩展并不依赖于对这种控制所做出的理论扩展的特定发展;还特别吸收了海德格尔关于处于地方性、物质性和社会性情境中的技能与实践对所有的理解和解释都是重要的说明。[6] 72

前文说过,以吉尔兹为代表的人类学的地方性知识概念最大的问题仍然是地方性知识无法普遍化,无法具有普遍性知识所具有的地位。在人类学那里,地方性知识与普遍性知识存在着尖锐的矛盾。

但是,如何能够解决地方性与普遍性的矛盾呢?在人类学那里,西方学者对于其他地域的非西方知识的关注,虽然的确带来了对于地方性知识的认可,但是仍然视地方性知识为普遍性知识的对照者,是一种普遍性知识的补充而已。地方性始终兼有负面和有限制的意思。[5] 53 因此,

---

[1] 参见 Ackermann R, Rouse J. Knowledge and Power: Toward a Political Philosophy of Science. Ithaca, London: Cornell University Press, 1987: 67; Reference, 268; Index, 277. 劳斯对于吉尔兹的这种引用,表明了他要在地方性知识的观点方面与吉尔兹代表的人类学的地方性知识观点划清界限。

从非西方知识入手去论证地方性知识如何补充了普遍性知识，无论如何也不能打破普遍性知识的幻觉和西方理性知识或者科学知识的垄断话语地位，而只能看着这条鸿沟的存在而无法跨越。

一个比较彻底的方案就是彻底解构普遍性。即证明根本不存在普遍性知识，所谓的普遍性知识是一种虚构，一种理想。看似普遍性的东西实际上是一种地方性知识经过标准化过程导致的表面的普遍性。

劳斯虽然就是这样做的，但是他还是羞羞答答的，仍然承认存在普遍性知识。例如，劳斯在指出科学的技术运用就是一种科学知识在实验室之外的拓展，而这种拓展就是地方性实践经过"转译"以适应新的地方性情境之后，又认为，这并不是说科学知识没有普遍性，而是说它所具有的普遍性是一种总是根源于专门建构的实验室场所的地方性之实际技能的成就。[6] 119 承认普遍性，又把普遍性认为是基于地方性的结果。这虽然降低了两者的冲突和矛盾，但是事实上，就有可能倒退到人类学的地方性知识的观点上。要在哲学上坚持知识的地方性本性，即坚持地方性知识观点。事实上，科学实践哲学就坚持以下的基本观点。

第一，从实践活动论的视角看，根本不存在普遍性知识，一切知识包括科学知识都是地方性知识，科学知识在本性上就是地方性的。这是因为一切科学家的实践活动都是局部的、情境化的，是在特定的实验室内或者特定的探究场合的，从任何特定场合和具体情境中获得的知识都是局部的、地方性的，走向所谓的普遍性是科学家转译的结果。

第二，这种地方性取决于科学主要是一种人类的地方性实践活动，具体的科学家无法离开具体的实验室进行科学活动。科学知识的地方性主要表现为：知识和知识实践的语境性、地方性和索引性。

第三，科学知识表面上可以给人以普遍性的映像，但是这只是知识标准化所造成的。看似普遍性的知识实际上是地方性知识标准化过程的一种表征。

第四，科学知识的标准化过程常常表现为"祛地方性"的，但是，它是把一种地方性扩展或者加以改造到其他地方而已，是一种地方性征服另一种地方性的过程。

第五，科学知识的"祛地方性"过程表面上表现为三种相伴特性：祛语境化（decontextualization）、祛地方化（dislocalized）和非索引性的（nonindexical）。但是这些表现都是表象，都是标准化的异化产物。

其中，第一和第二是关于科学知识的地方性特性的说明，需要借助实践进行说明；第三、第四和第五是地方性知识形成机制，以及何以看上去像普遍性知识的机制性说明。下面我们借助劳斯等人的工作，对以上观点做出具体论证。

我们知道，人们一般所遵循的科学观持有这样一些所谓的标准观点：①科学知识形式是一套全称命题形式；②科学说明就是从普遍命题出发去说明某些特殊现象；③科学知识是普遍性知识。而科学实践哲学，劳斯认为，科学知识是"地方性"的、"语境性"的和"主题索引性"的。

从存在论和活动论的视角看，如果我们不是理论优位地把科学视为一套全称命题陈述之网，而是把科学看作是具体实践活动，那么就根本不存在普遍性知识，一切知识包括科学知识都是地方性知识，因为所有科学知识都是具体的科学家在具体的情境中通过科学实践活动产生出来，并且依据具体情境进行辩护的。离开科学实践，知识不仅无法产生，而且也无法理解、传递和辩护。科学实验室之外的人在受到实验室教育之前无法理解实验室的科学实验结果及其产生的知识，就是一例证明。记得汉森说过，X光片在专业X光师手上可以得到解释，而专业外的普通人则面对X光片却无法理解其中的事实。汉森本来是用此说明观察渗透理论的，但从科学实践哲学看，其实这也是一例科学知识地方性的明证。因为，X光师的情境和学科训练与普通人的情境和训练是不同的，他们当然处于不同地方性知识背景中。劳斯指出，"科学知识根本就是地方性知识，它具体包含于实践中，而这些实践不能为了运用而被彻底抽象为理论和独立于情境的规则"[6]108。

事实上，以下三个方面可以提供这样的证据：首先，无可辩驳的是，科学知识具有经验品格，这种经验品格不是理论所确立的，而是在实验室中通过仪器的地方性运用所塑造的；其次，工具，以及通过使用工具所建立的微观世界，是那些科学主张最为接近的指称物；最后，科学家的知识往往在根本上取决于他们运用这些仪器设备的技能，如果没有具体的技能，有些知识根本无法获得。类似地，海德格尔和哈金都指出过科学家的地方性实践及其工具的地方性运用是其知识的基础。例如，海德格尔认为，科学是在上手世界中经过缜密思考的对其工作的把握。而通过霍尔效应、约瑟夫森效应及其他实验效应并不自然地存在于自然界，而是通过科学家对于仪器设备和地方性实验室的掌握建构出来的论证。哈金指出，知道如何在实验室这样的地方性座架中如何知道行事，是新手和老手的重要区别，是科学家建功立业不可或缺的组成部分。[7] 227-230

有人会质疑，你说所有的科学知识都是地方性的，它有其地方性产生的源头，我不反对，但是它一旦产生不是变成了普遍性的吗？或者如海德格尔所说，科学知识不是有一个去情境化的过程，从而转变为普遍性知识了吗？！举例来说，牛顿创立万有引力定律之初，万有引力定律是地方性知识，但是一旦经过各地各种条件的检验，万有引力定律不就是普遍性知识吗？我们如何能够说明这个定律是地方性的呢？

我对此的反驳有以下几点。

第一，所有知识都不是绝对的、普遍性的，这的确是一个基本的形而上学立场，但确有经验证据支持这个立场。人们确实能够在科学史上看到知识的相对性，一部科学史就是不断展示知识的相对性、地方性的历史。例如，爱因斯坦相对论诞生后，牛顿万有引力定律在某些方面已经失效，我们关于它是普遍性知识的认识较前已经大打折扣。我们反对有放之四海皆准的真理，一切知识都是在特定情境中的人的创造性参与生成的东西，没有什么先定的、既成的、在任何场合与任何时间都适用和有效的东西。为什么说起具体的科学知识，人们就要反对曾经认同的事情了呢？任何科学知识都有自己的适用范围，这本身就是地方性和情境性的表现。

第二，以万有引力定律为例，在不涉及具体地点的引力作用时，它只是一个没有任何经验意义的数学形式，它与静电平方反比定律的数学形式完全一样，如若使它具有经验意义，就要把它运用到具体情境中。而一旦涉及具体情境，引力常数就存在差异，具体地点的常数测定就变得极其必要。而且不同地点的引力常数之细小差异，对于计算具体地点的引力作用大小是有意义的。这是否反映了知识的地方性特性呢？这是其一。其二，在地球上，引力作用是一种数量级的，在我们所知的月球上，引力作用又是另外的数量级。引力给我们的经验是不一样的。此外，也有失重的境况存在。这都表明，引力作用的经验表现在不同境况下是不同的，而不是普遍有效的，是与具体情境联系在一起的。关于引力作用的知识不是普遍有效的。比如，我们说一个人可以跳6米高，在地球的条件下就不是一个"真"陈述，而是一个值得怀疑的陈述。而在类似月球的条件下，这个陈述则可能是真陈述。所以，这样一个关联引力作用的陈述是与具体情境联系在一起的，是不能脱离具体情境的。

下面让我们再以皮克林着力研究的20世纪40～90年代高能物理学演化为例进行说明。

借助皮克林对此的研究，可以清晰地看到在20世纪40～90年代高能物理学领域里那些被不同的物理学家掌握的不同的地方性理论如何竞争，某些理论如何失败和某些理论如何取得支配性地位成为所谓的普遍性理论的过程。皮克林曾经事后仔细研究了20世纪60～70年代高能物理学两种理论模型（V-A Theory by Feynman and Gell-Mann，V-A 和 Weinberg-Salam Model，W-S）的竞争过程，他清晰地表明，物理学家们的理论模型的所谓普遍性是在竞争过程中通过竞争争执和标准化建构起来的。[8] 409 在当初两种理论还处于竞争状态的物理学领域里，V-A 和 W-S

两种理论模型在当时的物理学家眼里都不是普遍性理论,因为不同的物理学家各执一个理论模型,它们都是地方性知识。我们把科学作为实践活动,就会清楚地看到,一些物理学家倾向于 V-A 理论模型,一些物理学家倾向于 W-S 理论模型,他们各自掌握着自己独特的对于宇宙物理的一种地方性的说明。即便后来的实验表面上似乎支持了 W-S 理论模型,但是,经过皮克林事后对于 29 000 张观测照片的检验,发现支持 W-S 理论模型的照片(100 张显示了中性流,即 Z 粒子流存在的证据)远少于支持 V-A 理论模型的照片(400 张显示了荷电流,即 W$^+$ 粒子流存在的证据)[9] 41,但是,物理学家还是支持了 W-S 理论模型,这是为什么?显然,运用客观和独立的普遍性观点是无法做出解释的。而且,一旦理论活动停止,科学家只用表征的观点,在表征的层面看待一个已经占据支配地位的科学理论时,就会不自觉地把它先前的地方性特性忘掉,而以为该理论从来就是普遍性理论了呢。皮克林虽然没有直接说明这就是科学理论表现出来的地方性特性,但是,皮克林的这个观点却直接支持了科学知识地方性的观点:"每种理论只有在其自身的现象范围内才是站得住脚的,之外它是无效的或者是无关的。不存在超越文化之外的事实领域,使得不同理论的经验适当性可以被无偏见地加以对照。"[8] 409

第三,最为根本的是,知识的地方性观点是一种批判性和阐释性的哲学观点,是反对普遍主义、绝对主义的哲学观。说知识的本性是地方性的,就是意在表明知识的产生、形成和传递,以及辩护都与知识的情境相关,离不开具体的地方性情境。以往的科学哲学过分理论优位了,它几乎完全扭曲了科学的真实形象,忽视了科学研究的参与性、机会性特征,甚至根本就没有考虑即便是科学理论也具有具体性、情境性的本性。事实上,只要我们把地方性情境考虑到科学的说明中去,我们就会发现,科学就是这样的地方性知识。对科学知识的这种地方性特性的揭示,是要表明,不仅人们要意识到,这种地方性、存在性的知识总是基于这样的实践性把握,即对于设备、技术、社会角色的形塑和使用它们时获得的理解的可能性的实践性把握[6]ⅹⅲ，而且，关注基于科学实践的科学知识，是给过分扭曲的传统科学观一剂治疗的良药。

针对科学知识是一套普遍命题陈述的观点，我们已经做出回答，科学首先不是一套普遍命题陈述之网，而是实践活动领域；根据科学知识地方性的特性，我们认为，就是在表征层面，科学知识的所谓普遍陈述也是不成立的，这种表面的普遍陈述是有条件的，是置于具体语境之中的。如前文的一个陈述：一个人可以跳6米高，在地球条件下，可能就是一个假陈述。但是，如果加上这样的条件，则可能是一个具体并且真实的陈述：利用撑竿，或在月球表面，一个人可以跳6米高。

前面我们已经充分论证了科学知识的地方性和语境性特征，至于科学知识的索引性，也是一种地方性的特别表现。对此，我们也可以找到大量证据。默顿的科学社会学把科学奖励系统对于科学知识的命名，譬如牛顿三大定律、库仑定律、力的单位是牛顿等，说明为一种对于科学家创造性的承认。在科学实践哲学看来，这是科学知识索引性的一种表现，它不仅表现了对于科学知识的首创权的认可，而且说明了科学知识产生和辩护的具体性。比如，牛顿定律，我们就不能把它运用于量子力学领域，或者相对论的领域。这就是科学知识的索引性，它与具体的语境关联着。

索引性的概念最初是针对日常语言的表达所提出的，其含义是指，诸如，"这里""我""当今"这样一些词在不同的语境或者情境中有不同的意义，指称不同的对象。例如，美国实用主义哲学家皮尔士就用索引性意指这样的事实："一种符号可以在不同的与境中具有不同的意义，相同的意义也可以用不同的符号来表达。"① 按照皮尔士的观点，索引性表达了两个意义：第一，在使用中，它一定与具体的语境有关；第二，在语言的形式层面，往往看不出它的具体所指。科学知识的索引性特性也在

---

① 此处皮尔士关于索引性的论述，参见：卡林·诺尔－塞蒂娜.制造知识：建构主义与科学的与境性.王善博等译.北京：东方出版社，2001：64.

语言层面蒙蔽了科学家，使得他们常常以为科学知识是不需要语境的。

索引性概念也被人类学者所使用，借以说明"某一时间和空间与境中言词的确定，最终是意会规则（tacit rule）的确定"[10]64。因此，无论是在人类学家，还是在对实验室做二阶研究的SSK学者那里，意义都是"境况性地被决定的"，只能随具体的语境所决定，只能通过参与者的互动而展现。这种观点与后期维特根斯坦"意义即用法"的观点是一致的，都强调了意义在特定语境中实践性的呈现。

在SSK那里，特别是在诺尔-塞蒂娜那里，"索引性"一词是指："科学活动的境况偶然性和语境定位。这种语境定位显示出，科学研究的成果是由特定的活动者在特定的实践和空间里构造和商谈出来的。这些成果是由这些活动者的特殊利益、由地方性的而非普遍有效的解释来运载的；并且，科学活动者利用了对他们活动的境况定位的限制。简言之，科学活动的偶然性和语境性证实了科学成果是一种具有索引逻辑标志的混合物，这种索引逻辑表示了科学成果的特性。"[10]64

因此，按照诺尔-塞蒂娜的观点，索引性大致表现在以下四个方面。

第一，索引性暗含着机会主义。也就是说，科学家的研究工作类似于修补工，具有机会主义的特征。类似于修补工，科学家也了解自己在特定地方遇到的重要机会，并且利用这些机会来完成自己的计划。研究的机会主义不意味着科学家的工作是无系统的、非理性的或者是以职业为导向的。机会主义意指科学家生产知识的方式具有索引性。

第二，科学家的研究还具有某种偶然性。这种偶然性体现在现有原始资料和仪器设备对科研的限制上。比如，实验室现有的仪器、实验室负责人的学科背景和学术训练对整个实验室研究方向的限制。人们往往为了利用现有设备或者投奔实验室德高望重的负责人而选择自己的研究方向，这就使得科研选题往往并非来自问题而是源于对现有资源的利用。比如，著名的卡文迪什实验室就是如此多次地改变了自己的实验室主要研究方向的。① 同时，科学家出于对某种技术仪器的偏爱也可能使他们会为了使用现有的某种仪器而改变原有规划的方向。诺尔-塞蒂娜将实验室中从事某项研究的科学家比作修补工，意在表明一种研究的偶然性，不过这种偶然性并非意味着非理性和破坏性，相反，科学之所以具有建构"新"信息的能力就在于科学研究语境的不确定性，而恰恰是这种不确定性导致了语境的转译和平均化的可能。

第三，特定实验室中的操作具有地方性特质。这种地方性表现为：实验室在物质、成分或仪器的选择和使用方式上的差别；测量或取样所用剂量和实验工序的差别，以及对实验控制方面的差别。这些差别表明，科学方法是一种地方性的实践形式，并不具有非地方性的统一普遍范式，科学方法具有语境性而非普遍性，科学方法的实践形式同社会生活的其他形式一样，也可以被视为植根于社会行动的场景之中。[10] 88

第四，选择的标准具有偶然性。知识构造的过程始终伴随着科学家做出选择，一系列选择中包含着科学家之间的商谈和决定。这些选择处于一定的网络之中，一种选择基于另一个选择而做出，同时这个选择又将会成为下一个选择的基础，每一次选择都是基于具体的研究目标、研究成本所做出的，并不存在统一的一般性标准，因此选择的标准具有偶然性。

以上我们论证了科学知识的地方性特性，指出了吉尔兹的地方性知识与劳斯的地方性知识概念之间的差异。我们也说明了科学实践哲学中的地方性知识观点的根本在于改变了人们关于知识本性的观点。这样，所有的知识在价值上都是一致的，它们的差异只在地方性上，而不是等级和好坏上。当然，不同的知识在有效性上是不同的，因此，人们在地方性知识的选择上并非是完全无约束的，而是要受到解决问题的机会、

---

① 关于卡文迪什实验室科学研究方向多次改变的事实，参见：阎康年.卡文迪什实验室.保定：河北大学出版社，1999.从科学实践哲学的观点看，我们并不同意阎康年先生对于卡文迪什实验室变科学研究方向的赞美之词，而是认为，其方向选择跟卡文迪什教授的选择高度相关，恰恰表明它的方向的确定的确是科学知识索引性的一个很好的例子。

有效性等具体情境的制约的。

无可否认，西方科学知识走向标准化的过程比其他民族和地域的自然知识要好，正因为如此，它形成了比较一致的科学语言和方法，以及被标准化和认可的一些共同遵循的方法和术语。为此，一切其他的地方性知识应该也必须向西方知识学习，尽可能使之标准化，使之得到编码，扩展自己，使之能够被其他地域和不同国度的人们学习和掌握。

## 主要参考文献

［1］叶舒宪."地方性知识".读书, 2001,（5）：121-125.

［2］Minnis P E. Ethnobotany, A Reader. Norman：University of Oklahoma, 2000.

［3］安托尼·B.坎宁安.应用民族植物学.裴盛基, 淮虎银译.昆明：云南科技出版社, 2004.

［4］吉尔兹.地方性知识：阐释人类学论文集.第二版.王海龙, 张家瑄译.北京：中央编译出版社, 2004.

［5］拉弗勒斯·H.亲密知识.国际社会科学（中文版）, 2003,（3）：47-59.

［6］Ackermann R, Rouse J. Knowledge and Power：Toward a Political Philosophy of Science. Ithaca, London：Cornell University Press, 1987.

［7］Hacking I. Representing and Intervening. Cambridge：Cambridge University Press. 1983.

［8］Pickering A. Constructing Quarks：A Sociological History of Particle Physics, Oxford：Edinburgh University Press, 1984.

［9］崔绪治, 浦根祥.试论实验与理论的共生关系——从"中性流"的发现过程谈起.学海, 1997,（4）：41-46.

［10］卡林·诺尔-塞蒂娜.制造知识：建构主义与科学的与境性.王善博等译.北京：东方出版社, 2001.

# 一种或多种"地方性知识"

## ——关于STS领域中对"地方性知识"理解的再思考*

刘 兵

近年来,关于"地方性知识"问题的相关研究,越来越成为学术界研究的热点问题。然而,究竟如何恰当地理解"地方性知识",如何将之作为研究的基点,以及如何申张其延伸的意义,由于不同的学者对于"地方性知识"概念的不同理解及不同的立场,仍然是可以而且需要讨论的问题。鉴于"地方性知识"的概念现在已经在不同的学科领域、在不同的理解中被广泛应用,除了其起源的人类学之外,在像农业、生态、经济、管理、文学、艺术、历史、政治和法律等多个领域中均被引入并成为研究的视角,为了收缩讨论的范围,这里仅以 STS 领域的研究为限进行一些讨论。尽管这也还是一个颇为巨大的领域,大致说来,可以包括科技哲学、科技史、科技社会学、科技人类学、科技政策和科学传播等多门学科,但其约束,因领域名称的限定,总是与科学和技术相关。而且,这也不可避免地与人们对科学技术的理解相关,对在本体论和认

---

\* 本文发表于《科学与社会》2014年第3期,作者刘兵,清华大学教授,主要研究方向:科学编史学、科学传播、科学哲学。

识论上的科学技术知识的本性的理解相关，也对科学技术的价值及评判的认识相关，甚至仍然在某种程度上无法回避最基础性的形而上学立场。当然，随着讨论和认识的深入，这对在 STS 领域中如何更好地运用"地方性知识"概念框架，以及如何使 STS 领域的研究在这种框架下得到理想的发展，也是具有一定意义的。由于面对这样一个庞大的论题，以及篇幅的限制，本文只能是一种纲要性的讨论。

## 一、"两种'地方性知识'"？

2007 年，清华大学的吴彤教授在《自然辩证法研究》杂志上发表了题为"两种'地方性知识'——兼评吉尔兹和劳斯的观点"的文章。此文在 STS 领域中影响颇大。例如，从中国知网上查找，以"地方性知识"作为主题词检索，得到 15 199 条结果，而吴彤教授的此文，下载 1836 次，居首位。

我们就先从此文说起。吴彤教授论文的主要观点是：存在有人类学的与科学哲学中实践哲学的两种地方性，因而，要"搞清楚这两种地方性知识的联系与区别，说明科学实践哲学中的地方性知识概念具有更为深刻的意义"。

在对人类学家吉尔兹的地方性知识概念进行总结时，吴彤教授提出："在某种意义上，知识的地方性，是就它们与西方知识的关系而言的。"此外，"地方性知识还指代与现代性知识相对照的非现代知识"。"事实上，这种地方性知识紧密地联系着当地的地域。""以吉尔兹为代表人类学的地方性知识主要是一种与地域和民族的民间性知识和认知模式相关的知识，它虽然带有强烈批判西方'逻各斯中心主义'的意蕴，但却确实带着浓重的后殖民色彩。"与之对应的"科学实践哲学中的地方性知识概念，是一种哲学规范性意义上的概念，指的是知识的本性就具有地方性，特别是科学知识的地方性，而不是专指产生于非西方地域的知识。其地方性主要是指在知识生成和辩护中所形成的特定情境（context or status），诸如特定文化、价值观、利益和由此造成的立场和视域，等等。地方性知识与普遍性知识并非造成对应关系，而是在地方性知识的观点下，根本不存在普遍性知识。普遍性知识只是一种地方性知识转移的结果。可见，一开始科学实践哲学的开创者劳斯的地方性知识与吉尔兹的地方性知识以及一般人类学中通常的地方性知识概念就有本质上的不同"[1]。

更具体地说，吴彤教授认为，"在人类学那里，西方学者对于其他地域的非西方知识的关注，虽然的确带来了对于地方性知识的认可，但是仍然视地方性知识为普遍性知识的对照者，是一种普遍性知识的补充而已。地方性始终兼有负面和有限制的意思。因此，从非西方知识入手去论证地方性知识如何补充了普遍性知识，无论如何也不能打破普遍性知识的幻觉和西方理性知识或者科学知识的垄断话语地位。而只能看着这条鸿沟的存在而无法跨越"。与之相对，吴彤教授详细地讨论了科学实践哲学关于科学是"地方性知识"的主张。例如，科学实践哲学坚持认为，"从实践活动论的视角看，根本不存在普遍性知识，一切知识包括科学知识都是地方性知识，科学知识在本性上就是地方性的。这是因为一切科学家的实践活动都是局部的、情境化的，是在特定的实验室内或者特定的探究场合的，从任何特定场合和具体情境中获得的知识都是局部的地方性的，走向所谓的普遍性是科学家转译的结果……科学知识表面上可以给人以普遍性的映像，但是这只是知识标准化所造成的。看似普遍性的知识实际上是地方性知识标准化的过程的一种表征"[1]。

从这些转述中我们可以看出及体味出一些潜台词。例如，有人类学的和科学实践哲学的两种"地方性知识"，而科学实践哲学的"地方性知识"概念要意义"更为深刻"，如此等等。其实，除了这样理解之外，基于其他一些不同的观点和立场，对于地方性知识这一概念，也还是可以有另外不同的理解的。

## 二、对于"地方性知识"的理解

首先，我们可以先来讨论一下关于对地方性知识这一概念理解的问题。其实，对于何为"地方性知识"，人们的理解是彼此并不完全一致的。一般来说，大多认为是人类学家吉尔兹首先在人类学，或更准确地说是在阐释人类学的派别中，强调了这一概念。随之，这个概念变得在许多研究领域中都流行起来。"至少，在人类学领域，'地方性知识'这个术语，成为关注的热点，是由于吉尔兹关于法律比较研究的人类学论文。"[2]

不过，如果仔细地读读那本经常被人们引用的名为"地方性知识"的文集[3]，人们会发现，其实吉尔兹自己并未严格地对之给出非常明确的定义，而只是将这一并不十分清晰的概念用于其对法律的人类学研究。但他确实将这种法律的"地方性"与"法律多元主义"联系起来。至于"地方性知识"的概念是如何从人类学的研究中扩散到其他学科的，相关的过程，笔者尚未见到系统的研究。或许，这个过程与库恩的"范式"概念从科学哲学向其他领域的进入有某种类似。

也许，正是由于这种在起源上的界定不明确，以及对后续此概念在其他学术领域的扩展使用过程的不清楚，我们现在可以看到的是，虽然这个概念成为诸多领域中被频繁使用的重要概念，但人们对之的理解却并不一致（这又与库恩的"范式"概念后来被使用的情形颇有类似），甚至会有望文生义的"误解"。王铭铭曾指出，吉尔兹的书名的"原文叫 Local Knowledge，翻译成中文变为《地方性知识》。'地方'这个词在中国有特殊含义，与西文的 local 实不对应。按我的理解，local 是有地方性、局部性的意思，但若如此径直翻译，则易于与'地方'这个具有特殊含义的词语相混淆。local 感觉上更接近于完整体系的'当地'或'在地'面貌，因而，不妨将 Local Knowledge 翻译为《当地知识》或《在地知识》，而这个意义上的'当地'或'在地'，主要指文化的类型，而非

'地方文化'"。因为"local knowledge 被翻译成'地方性知识',接着有不少学者便对'地方'这两个字纠缠不放。实际上 local 既可以指'地方性的',也可以指广义上的'当地性的',而它绝对与我们中国观念中的'地方'意思不同。我们说的'地方',更像 place、locality,而非 local。local 可以指包括整个'中国文化'在内的、相对于海外的'当地',其延伸意义包括了韦伯所说的'理想类型'"[4]。

在联合国教育、科学及文化组织的网页上,对于地方性知识是这样定义的:"关于自然界的精致的知识并不只限于科学。来自世界各地的各种社会都有丰富的经验、理解和解释体系。地方性知识和本土知识指那些具有与其自然环境长期打交道的社会所发展出来的理解、技能和哲学。对于那些乡村和本土的人们,地方性知识告诉他们有关日常生活各基本方面的决策。这种知识被整合成包括了语言、分类系统、资源利用、社会交往、仪式和精神生活在内的文化复合体。这种独特的认识方式是世界文化多样性的重要方面,为与当地相适的可持续发展提供了基础。"[5]

以上这两种理解,基本上是基于人类学的视角,但突出强调的是:其实地方性的一个重要特点,是一种知识系统的类型。王铭铭的这个说法是很值得强调的。不同文化类型的知识,各自构成不同的地方性知识,而整个地加起来,构成了所谓的地方性知识的大类。这个知识的大类,在说人类所有的知识都是地方性知识的意义上,差不多也就是人类的知识,但其中,不同文化类型的知识系统,构成了多样性的各种地方性知识。在这一大类的意义上,差不多等同于说只有"一种"地方性知识,而在这个大类其中各种多样性的子项(也即不同文化类型的知识系统),各自成为多种地方性知识。尽管其缘起会与某个"地方"相联系,不过,从人们认识的过程来看,哪种知识又不是从某个特定的地方产生呢?所以,其实强调起源于"地方"并不是最重要的,最重要的是将这种缘起于某地的"地方性知识"作为一种具有类型意义的知识系统。在这种意义上,值得注意的是,这样的理解完全可以不仅限于人类学的领域,其实，是具备了被推广到其他领域的充分可能的。如果说（各种）"科学"作为地方性知识，只不过是以其中的自然为知识的对象而再以另一种分类方式的分类而已。

当然这样的说法似乎有些笼统，要严格地限定究竟怎么才算是一种文化类型的知识。在这样一个大的框架下，如何区分地方性知识内部不同的地方性知识子项？其实这恰恰是需要基于各种案例研究来分析提炼的。也正与库恩的"范式"说类似，"范式"的不同可以成为区分不同的具体的地方性知识的标志之一。说"之一"，意在应该还会有其他的判别依据。

在前面提到的作为科学哲学重要流派的科学实践哲学，其代表性人物劳斯，则在使用"地方性知识"这一概念时，关注的角度有所不同。因为科学实践哲学突出地强调"实践"（其实对于何为"实践"，其定义也仍然并非十分明确），一方面，他认为："理解是地方性的、生存性的，指的是它受制于具体的情境，体现于代代相传的解释性实践的实际传统中，并且存在于由特定的情境和传统所塑造的人身上。"[6]66 但另一方面，他所关注的科学，是与其强调的实践场所，即科学家们工作的实验室（当然也可推及诊所、田野等场合）密不可分的。"科学知识的经验品格只有通过在实验室中把仪器运用于地方性的塑造时方能确立。"[6]113 我们可以看到，这样一来，其实他所谈论的那种源于在实验室的具体情境中实践的作为"地方性知识"的科学知识，只不过是广义的作为类型化的知识系统的"地方性知识"中的一种，一个子项而已。

## 三、何为"科学"？

涉及对于"地方性知识"的不同理解，其实背后还有一个重要因素的影响，这就是对于何为"科学"的理解。虽然在很大程度上，这是一个人为的分类问题，但分类问题，却完全是有可能负载着价值的判断，并进而因为价值判断而影响到人们对于自然知识的评价和看法。

在过去，人们曾经非常激烈地争论像中国古代有无科学的问题。笔者当年也曾加入过有关的争论。随着思考，自己的认识也在不断地改变中。其实，在像科学史等领域，一直也是存在着类似于悖论的纠结：一方面，许多人写出了以中国古代科学史等为题的大量的论著和论文；另一方面，人们却又一直在争论中国古代是否有科学的问题。当然，人们可以说，这里所说的"科学"，是指西方科学。而其实中国古代是有着"中国科学"的。但在这样的争论中，这样的辩解还是有问题。例如，为什么人们会在争论中，一般并不明确地加上"西方"这一对科学的限定词，而是将"科学"默认为"西方科学"？而且，在这样的前提下，如果问"为什么中国古代没有西方科学产生"，这本身就成为一个荒唐的例题了。

之所以会有这样的情形出现，其实也还是与对科学的定义及相关的价值判断相联系的。除去那些坚定地认为只有西方科学才是真正的科学而否定其他"非西方科学"的价值的人之外，即使那些在观念上更开放一些的学者，其实对此也是有所分歧的。例如，在"科学文化"圈里一些坚持反对"科学主义"的学者中，也还有所谓被冠之以"宽""窄""面条"隐喻的争论："在国内的科学文化界，历来有所谓'宽面条'派和'窄面条'派的争议。前者，是试图扩大'科学'的定义范围……把过去许许多多不被承认为科学的东西纳入科学当中，最宽泛地讲，几乎可以把人类各种认识严肃地认识自然的系统或准系统性知识，以及用于改变自然的生活经验，都归到科学之中。后者，'窄面条'派，则坚持传统对科学的狭窄定义，但与此同时，却并不否认那些没有被归入科学定义范围的东西的价值，也不认为传统中狭义定义的科学，要比这些'非科学'更为正确。"[7]这也就是说，如果把人类的知识分为关于自然（人的自身的一部分也是自然）和社会文化两大类的话，我们其实可以将前者（也即关于自然的那类）都归于一种广义的"科学"，而包括西方科学在内的各种相应的"地方性知识"，都属于这种在STS意义上的"地方性知识"（这只是指其首位的指向，尽管它们不可能与后者截然分开而且与后者必然有着二阶的密切关联)。这样的分类系统,才会更为一致和连贯。

而像科学实践哲学家劳斯的那种仅仅把现代西方科学的研究,在取消理论优位而更优先注重实验室"实践"的前提下,作为"地方性知识"来看待的研究,固然也是在西方科学的范围内的有益推进,但却只是涉及我们刚刚定义的那种"广义的科学"的"地方性知识"的一部分而已。如果是这样来理解,那么本文开头部分所引用的吴彤教授关于"科学实践哲学的开创者劳斯的地方性知识与吉尔兹的地方性知识以及一般人类学中通常的地方性知识概念就有本质上的不同"的说法就不再成立了,因为其间虽有差异,但绝非"本质上"的,而恰恰是反过来,只是在分类上作为总类的地方性知识和在总类中具体特殊的地方性知识的差别而已。甚至于,那种看法背后,反倒是隐约地含有着某种关于西方科学的"优越"的意味。

查阅有关"地方性知识"的研究,有不少工作与中医相关。以此为例,我们也可以说,按照前面所理解的作为一种"文化类型"的说法,中医确实是一种地方性知识,而西医,也同样是地方性知识。如果把对人体的认识也归入广义的科学的话,那么,自然也可以说,各种民族医学(ethno-medicines),作为广义的科学的一部分,也都同样是地方性知识。

## 四、关于"普遍性"

在关于地方性知识的讨论中,另一个相关的重要概念,是所谓的普遍性知识。或者,也可以说是涉及基于知识是否具有普遍性来对之分类和命名的问题。

许多学者认为,地方性知识的对立面,是所谓的普遍性知识。这种看法表面上初看上去似乎不无道理,但实际上却是大可争议的。虽然也可以认为,"地方性知识"的提出,解构了"普遍性",在这种意义上两者形成对立的范畴。前面所引用的吴彤教授对科学实践哲学家劳斯的评论就指出,在科学实践哲学中,"在地方性知识的观点下,根本不存在普遍性知识。普遍性知识只是一种地方性知识转移的结果"。这一评论里,两次出现的"普遍性知识"一词,其实是在不同层面的意义上使用的。一个是指就其本性而言是具有"普遍性"的"普遍性知识",另一个则是指被人们认为(而实则不一定)具有"普遍性"而将其称为"普遍性知识"的那种"普遍性知识"。

所谓"普遍性",按其本来含义,不过是指一种普适性,即我们经常习惯所说的"放之四海而皆准"。但实际上,人们在使用这一概念时往往是在不同的语义层面上来用的。比如,一种是认为某些知识可以无条件地应用于时空中所有的对象,这种普遍性是近来包括劳斯的科学实践哲学在内科学哲学所消解了的;一种是认为某些知识在加了一定的约束条件限制之下,可以普遍地应用于时空中所有的对象,这大约是劳斯在其研究中普遍性一词的某种含义;另外,也还可以指有时人们由于意识形态、哲学立场等因素,仅仅是"相信"某些理论可以是"普遍性"的,而对于怎样来理解普遍性却未加深思这样一种行为。最后这种普遍性,我们可以先不管,但对于前两种意义上的"普遍性",其成立也往往是基于某种信念而非经验证明。例如,牛顿的万有引力定律,其命名中的"万有"(universal),就隐含了这种普适性的意味。那么,中医呢?如果说万有引力定律在世界各地均普遍成立,那么,中医是否对于中国以外的人也具有疗效?当然这只是非常简化的说法,更细致的,还会涉及"证明"万有引力定律在某地成立所需要的具体条件,说中医对美国人也可能会有效,也会涉及作为其治疗对象的美国人是否相信中医,以及连带地带来的心身相互作用对于疗效的影响等许许多多更复杂的因素。但如果仅一般性地说,按照归纳的经验"证明"方法,那么这两者在逻辑上均无法得到全称的肯定证明。因此可以说,某种理论或"知识"的"普遍性",其实只是人们基于信念的一种断言。

在劳斯的科学实践哲学中,把"普遍性"解释为是一种知识的标准化，通过"祛地方性""祛语境化"而实现的，是一种把（劳斯意义上的）地方性搬到了另一地方的过程。固然这可以成为一种解释和说明，是一种有益的尝试，但也是解释的一种而已。因为，这样的说法并未充分说明，其一，为什么在现实中是西方科学成功地实现了这种标准化，而非西方科学却没有？其二，当过于纠缠于定义并不清晰的"实践"概念而重点关注实验室的标准化推广时，忽视了哪怕在西方科学中存在的多样性。例如，西方数学，在现实中似乎也成功地标准化而被当成"普适的"，而众多其他的"民族数学"（ethno-mathematics）却没有，而作为广义科学一部分的数学其实并不需要实验室条件下的经验验证。这里，对于文化等其他因素的影响在相当的程度上被忽略。而像后殖民主义等学说，则在另外的意义上对于这种所谓"普遍性"看法的形成给出了文化殖民的解释。而且，作为科学实践哲学的前提，从理论优位（即把"科学视为一套全称命题陈述之网"）而推出科学知识的普遍性，在逻辑上似乎也是有问题的。

再有，如吴彤教授所谈的："以吉尔兹为代表的人类学的地方性知识概念最大的问题仍然是地方性知识无法普遍化，无法具有普遍性知识所具有的地位。在人类学那里，地方性知识与普遍性知识存在着尖锐的矛盾。""但是如何能够解决地方性与普遍性的矛盾呢？在人类学那里，西方学者对于其他地域的非西方知识的关注，虽然的确带来了对于地方性知识的认可，但是仍然视地方性知识为普遍性知识的对照者，是一种普遍性知识的补充而已。地方性始终兼有负面和有限制的意思。因此，从非西方知识入手去论证地方性知识如何补充了普遍性知识，无论如何也不能打破普遍性知识的幻觉和西方理性知识或者科学知识的垄断话语地位。而只能看着这条鸿沟的存在而无法跨越。""一个比较彻底的方案就是彻底解构普遍性。即证明根本不存在普遍性知识，所谓的普遍性知识是一种虚构，一种理想。看似普遍性的东西实际上是一种地方性知识经过标准化过程导致的表面的普遍性。"吴彤教授认为，劳斯虽然就是这样做的，但劳斯还是羞羞答答，仍然承认存在普遍性知识。这才会出现，前述的劳斯对（西方）科学知识的普遍性的形成的前述解释方法，把认为科学知识普遍性认为是基于地方性的结果。"这虽然降低了两者的冲突和矛盾，但是事实上，就有可能倒退到人类学的地方性知识的观点上。"[1]

对此，存在几点可商榷之处：其一，认为源于人类学的地方性知识的最大问题是其无法普遍化，这种看法是有问题的，正如前面的讨论，其实地方性知识并非必然地含有非普遍化的意思。其二，也并非所有的人类学家都只是视地方性知识为普遍性知识的对照者。其三，说科学实践哲学彻底解构了普遍性，这并不一定成立，何况劳斯还"羞羞答答"地承认普遍性知识（其实只是他谈论意义上的普遍性）。科学实践哲学只是表明了通过以实践为基础的科学这种"地方性知识"通过标准化形成了被看作是"普遍性"的知识而已，只是说明了那种"普遍"源于实验室情境的复制。其实所有的知识（也即所有的地方性知识）在应用中，都会有其语境，也就是说，科学实践哲学重新把原来某种无条件的普遍性转变为在有应用语境下的普遍性而已。但这样的推论和解释逻辑，为什么不能适用于西方科学之外的其他地方性知识呢？即其他地方性知识都不是也可以具有这种意义上的"普遍性"的可能吗？就像在具体的语境下，中医也可以治疗美国人一样。其四，说"倒退"到人类学的地方性，则有对人类学地方性知识的歧视之嫌，我们前面也讨论过，虽然人类学家之间也并不完全一致，但在某种人类学家们的理解中，对地方性知识完全可以不是如此来看待的。

而且，就科学实践哲学所说的标准化而言，还有一个很麻烦的问题，即这与知识的可编码性又关系密切，而对于默会知识（它们也是地方性知识的重要组成部分，甚至在非西方科学的地方性知识中所占比重要更大）则相对困难。例如，以可编码化的烹调知识可以标准化为像麦当劳那样的快餐，而更为精妙的大厨掌握火候的厨艺却很难标准化，而更是基于默会知识的、个性化的高档餐饮技术。不过这里对此问题先暂不展开讨论了。

总之，更具体地说明一种地方性知识在传统那种普遍性意义上的适用性（或适用范围），以及与之相关的看法的形成，确实是需要在特定的语境中进行具体研究的问题，而且也同样不可能脱离社会文化的因素。盛晓明也非常敏锐地看到了这一点，他指出："人们总以为，主张地方性知识就是否定普遍性的科学知识，这其实是误解。按照地方性知识的观念，知识究竟在多大程度和范围内有效，这正是有待于我们考察的东西，而不是根据某种先天（a priori）原则被预先决定了的。"[8]

总之，这里我们看到，其实地方性知识的对立面，在深层上，并不是所谓的普遍性知识。那么，这个对立面又是什么呢？

## 五、文化相对主义

如果要挖出"地方性知识"真正的意义，找出其要否定的对立面是非常重要的。这就是关于科学知识的多元性与一元性之争。而与之相关的，则是关于绝对主义与文化相对主义的问题。

如前所述，其实关于普遍性与地方性的对立，只是一种表面上的假象。这一点，在劳斯讨论科学知识的地方性特征时不厌其烦地论证普遍性的形成机制时，就已经表明了论证方向的偏差。说所有的知识都是地方性知识，这点是没错的。但作为一种地方性知识能够为一定的人所接受，这显然需要以这种知识的有效性作为基础和前提。当然何为有效性，以及如何确定其判断标准，其实在不同的地方性知识中又非常不同。而作为地方性知识如何能够推广普及，那是另一个需要详细讨论的问题，如前所述，不同的理论也给了基于不同关注重点的不同解释。但有一点其实很重要，并隐藏在这样的讨论中，那就是，以往人们除了把西方科学当作一种普遍性的知识，背后经常还隐藏了另外一层理解，即认为科学知识是唯一客观、正确的有效知识。在这种一元论的立场下，自然非西方科学的知识就会被看作是不客观、不正确的"非科学"，极端情况下，甚至被称为"伪科学"的知识了。

对于地方性知识的关注，深层意义之一，是在提醒人们那些非西方科学的"地方性知识"也是重要的，也是有效的，甚至在所有知识的应用都必须具有的语境约束下，也可以是"普遍性"的。同为人的身体，同样作为"地方性知识"的不同医学，都可能会有"疗效"。作为建筑设计，基于牛顿力学是当代的方式，在没有牛顿力学的当年，也可以根据其他的地方性知识很早就建成著名的赵州桥。这样，多元的而非一元的"地方性的""科学知识"的成立和道理，就与科学的文化相对主义产生了关联。当然，这些"不同"的"地方性知识"彼此之间，就像库恩的"范式"一样，并不一定都是可通约的，但毕竟有着相同和不同的效能。

在国内，早期介绍地方性知识概念的学者中，叶舒宪对此是看得非常清楚的。他在那篇引用率也很高的《论地方性知识》一文中明确指出：除了"从文化相对主义的立场出发，用阐释人类学的方法去接近'地方性知识'，这种新的倾向在人类学的内外都产生了相当可观的反响"之外，"越来越多的人类学者借助于对文化他者的认识反过来观照西方自己的文化和社会，终于意识到过去被奉为圭臬的西方知识系统原来也是人为'建构'出来的，从价值上看与形形色色的'地方性知识'同样，没有高下优劣之分，只不过被传统认可（误认）成了唯一标准的和普遍性的。用吉尔兹的话说，知识形态从一元化走向多元化，是人类学给现代社会科学带来的进步"。"'地方性知识'不但完全有理由与所谓的普遍性知识平起平坐，而且对于人类认识的潜力而言自有其不可替代的优势。""地方性知识的确认对于传统的一元化知识观和科学观具有潜在的解构和颠覆作用。"[9]

正如吉尔兹在《地方性知识：阐释人类学论文集》的绪言中所写的：

"承认他人也具有和我们一样的本性则是一种最起码的态度。但是，在别的文化中间发现我们自己，作为一种人类生活中生活形式地方化的地方性的例子，作为众多个案中的一个个案，作为众多世界中的一个世界来看待，这将会是一个十分难能可贵的成就。"[3]19 这里，已经相当明确地带有了多元性的意味。更具体地再到"科学"，诚如哈丁所说："二战后科学技术研究的两个学派均认为：不存在唯一的科学方法，不存在单一的'科学'，也不存在单一形式的好的科学推理；因为无论是欧洲科学还是其他文明的科学，在不同的时代都是用不同的方法和不同形式的推理来探索解释自然规律的系统模式。"[10]

虽然地方性知识概念的广泛应用构成了对于多元的科学文化观，以及作为其基础的文化相对主义的支持，但由于传统的意识形态的力量和影响，还有许多人对多元的科学知识系统及文化相对主义并不认同。还是前面提到的叶舒宪对此曾有精辟的说法："倘若按照后现代主义哲学家们的这种眼光来看，全球化也好，地球村也好，所应带给我们的绝不是什么'天下大同'，也不是以西方资本主义为单一样板的'现代化'，而是一个无限多种可能并存不悖而且能够相互宽容和相互对话的多彩世界。""从攻乎异端到容忍差异，从党同伐异到欣赏他者，这种认识上、情感上和心态上的转变并非一朝一夕可以完成，它要求人们的传统知识观、价值观等均有相应的改变。在这方面，当代人类学对'地方性知识'的论述可以提供很有参考价值的理论教材。"如果说这种向承认科学的多元文化观和文化相对主义立场的转变，是一种知识观、价值观的改变，也就是说是一种哲学信念的转变，各种论述和争论都可能有助于这样的转变，但作为形而上学立场的转变，又不完全是由逻辑的推论而实现的。因此，仍然会有不同的立场存在，仍然会有对文化相对主义的不相信，仍然会有不同的关于科学知识的一元论和多元论的看法。在某种理解中的地方性知识及其应用，只是支持了多元论的和文化相对主义的一方而已。

## 六、结论

综合前面的分析讨论和争议，这里可以将本文的主要结论简要地总结如下。

（1）对于"地方性知识"这一源于人类学的重要概念，已经在诸多领域中被广泛应用，但人们对其的理解并不一致。

（2）从人类学的某种理解出发，可以将"地方性知识"的概念推广到人类学之外，作为产生于"地方"但又不限于"地方"的"知识类型"来看。在这种意义上，所有的知识都是地方性知识，科学也是，西方科学也是，非西方科学也是，都是最普遍意义上的"一种"地方性知识。而在其内部，又有各种不同的子项，这些多元的子项，构成了下一层次的"多种"具体的"地方性知识"。区分人类学的和科学实践哲学的"两种"地方性知识的分类及对之给出的本质差异和价值差异的评判，是不恰当的。

（3）科学实践哲学中对于"地方性知识"的讨论是很重要的，对改变关于西方科学的传统看法，有积极的意义，但又有其局限，对西方科学之外的其他"科学"知识的关注不够，对"普遍性知识"的分析讨论也有问题。实际上，在所有的知识都产生和应用于特定语境的前提下，地方性知识并不与普遍性构成对立。

（4）在本文的理解中，地方性知识概念的提出和应用，恰恰与科学的文化多元性和文化相对主义的立场是一致的。地方性知识在深层意义上的对立面，其实是科学知识的一元论立场。关注地方性知识的研究，恰恰是对科学知识的文化多元性给出支持。

## 主要参考文献

[1]吴彤.两种"地方性知识"——兼评吉尔兹和劳斯的观点.自然辩证法研究，2007，（11）：87-94.

［2］Goody J. Local knowledge and knowledge of locality: The desirability of frames. The Yale Journal of Criticism, 1992, (2): 137-147.

［3］吉尔兹. 地方性知识：阐释人类学论文集. 第二版. 王海龙, 张家瑄译. 北京：中央编译出版社, 2004.

［4］王铭铭. 从"当地知识"到"世界思想". 西北民族研究, 2008, (4): 60-82.

［5］UNESCO. What is local and indigenous knowledge? http://www.unesco.org/new/en/natural-sciences/priority-areas/links［2014-08-20］.

［6］劳斯. 知识与权力——走向科学的政治哲学. 盛晓明, 邱慧, 孟强译. 北京：北京大学出版社, 2004.

［7］刘兵. 科学史也可以这样写——评《历史上人类的科学》// 江晓原, 刘兵. 好的归博物. 上海：华东师范大学出版社, 2011: 28-34.

［8］盛晓明. 地方性知识的构造. 哲学研究, 2000, (12): 36-44.

［9］叶舒宪. 论地方性知识. 读书, 2001, (5): 121-125.

［10］哈丁. 科学的文化多元性：后殖民主义、女性主义和认识论. 夏侯炳, 谭兆民译. 南昌：江西教育出版社, 2002.

# 再论两种地方性知识

## ——现代科学与本土自然知识地方性本性的差异*

吴 彤

自 2007 年我发表《两种地方性知识——兼评吉尔兹和劳斯的观点》[1]讨论了人类学领域的地方性知识概念与科学实践哲学领域里的地方性知识概念之差异后,人们对于科学实践哲学所论的"地方性知识"概念有了更为清晰的认识,理解了科学实践哲学里所说的"地方性知识"其实讨论的是知识的本性特性,而不是知识的种类特性。科学实践哲学并不承认知识本身有地方性与普遍性之分。在其本性上,包括西方的科学知识也是地方性的。于是这引起了新的问题:现代科学知识的地方性与本土知识的地方性尽管都是地方性,但是其知识扩展的程度、发展的方式却是极其不同的,为什么都是地方性知识,却有完全不同的命运?既然都是地方性知识,就必定需要讨论两种知识的地方性何以成立的条件及其区别。随着现代科学越来越被资本所利用,知识与权力结合越来越紧密,知识价值论的意义也有诸多的问题需要厘清。

---

* 本文发表于《自然辩证法研究》2014 年第 8 期,作者吴彤,蒙古族,清华大学教授,主要研究方向:科学实践哲学、科技与社会。

本文将就两种知识的地方性条件和我们将提倡何种地方性知识,需要对何种地方性知识给予批判和警惕等问题作出讨论,特别是对现代科学的地方性本性做出讨论,以就教于学界。

## 一、现代科学的地方性本性

人们常常把非西方的本土知识等认为是地方性知识,而把西方发展起来的如现代科学知识称为普遍性知识。其最为重要的理由是说,科学定律是普遍适用的,不以时间地点为转移的。其实,这只是一种表面现象,现代科学知识并不是普遍性知识,它也是一种地方性知识。卡特赖特在新经验主义的科学哲学意义上说过,"我反对无条件的、在范围上不受限制的定律"[2] 69。拉图尔的一个类比在这里也很有帮助:当人们说"知识"普遍为真的时候,我们必须这样来理解:知识就像铁路,在世界上随处可见,但里程有限。说火车头可以在狭窄而造价高昂的铁轨之外运行,就是另外一回事了。然而,魔法师却力图用"普遍规律"迷惑我们,他们说,这些规律哪怕在没有铁路网的灰色地带也是有效的。[3] 209

现代科学之所以那么成功地看上去是一种普遍性的知识,主要是依赖于三条基本条件:第一,反事实条件和其他情况均同条件的构造(实验室或星空条件);第二,数理形式化的建立;第三,实验室化(即在实验室里构造反事实条件,使之得以实现)。这三条其实就是现代科学的地方性本性的一种诉求。

这三条其中第一条和第二条不是完全互相独立的;反事实条件和其他情况均同条件需要数理形式化,数理形式化需要反事实条件和其他情况均同条件。但是,两者也并非完全一样。反事实条件,是以"如果……那么"的形式表达出来,是以一种类似虚拟条件句的方式表达出来的对于现实情况的限制和抽象,是指实质条件可能并不存在,而如果可以出现违反现实的事实实质条件,那么某种后果就可以呈现出来。而数理形式化，则通常指在满足反事实和其他情况均同条件的情况下构造出来的数理形式化因果联系，如科学定律。

例如，以落体为例：在现实状态下，一片树叶在秋风中下落，并不是如自由落体定律所陈述的那样在真空中自由下落。在空气中，在各种因素不可剥离的自然条件下，一片树叶是飘飘然下落的。现在我们看，一片树叶如何可以按照现代科学说明是完全不受任何其他影响而完全笔直地自由下落的[1]。

运用科学，可以这样论证，我们先假定回到伽利略时代，我们该怎么证明树叶是自由下落的呢？首先我们可以在假想中排除空气，如果没有空气，树叶应该自由下落。所以，反事实条件是第一必要的条件。现在再看第二条件数理形式化的作用，当然，我们在伽利略时代要以树叶下落构造其数理形式化公式是一件极为困难的事情，伽利略很清楚，介质是阻碍物体运动的力量[4] 108-109，为了冲淡重力作用，他选择实验的物体是比较光滑和阻力最小的球形重物体。伽利略很聪明，他用小球在斜面上的滑落构造了自由落体的数理形式化公式。

伽利略通过假想斜面足够光滑，假想上面的小球在其滑落时不受到摩擦力的阻碍，然后加大斜面的倾角，直至90°，假想使得滑落的小球可以脱离斜面变为自由落体，而完成了理想化"实验"（请记住，这是现实中不存在的"事实"，是反事实条件）。这个过程已经运用了前面我们所说的两个条件：第一，反事实条件的构造；第二，自由落体定律的建立。这是一条数理形式化的定律（第二个条件：数理形式化条件）：

$$h \propto t^2 \qquad (1)$$

$$h = \frac{1}{2}gt^2 \qquad (2)$$

伽利略指出，"重物体……，总之，这等于说，物体从静止开始所经

---

[1] 自由落体，即不受任何其他阻力，只在重力作用下下落物体的运动，称为自由落体运动。这句话本身就是一种反事实条件陈述。它可以改为标准反事实条件句：如果不受任何其他阻力，只受重力作用，那么下落的物体将做自由落体运动。

过的距离，同经过这段距离所需要的时间的平方成比例。也可以说，经过的距离与时间的平方成比例"①。很明显，这里伽利略已经获得了公式（1）的思想，尽管那时还没有代数表达。伽利略并没有告诉我们，如果真空存在，那么落体会按照此定律下落。在那个时代，他在叙述这一结论时，是以重物体避开了类似像树叶（轻物体且形状不规则）这种受到现实事实实质条件制约比较大的情况的。重物体在空气中下落，相比一片树叶而言，由于其受到的空气阻力相比本身重量而言较小，因而可以近似地排除掉空气阻力的阻碍。把它推至极端，则可以获得反事实的真空条件。现实中并没有真空（除非在地球外，卡特赖特指出了反事实条件可以适用的地方，也包括星空与实验室），但是如果真空存在，那么，在真空中的落体就可以按照自由落体定律所陈述的样态下落。

现代科学首先通过各种抽象（也包括观察现实条件），把现实条件在思维的逻辑上加以排除。这也是思想实验之所以受到重视的原因。

现在再来看第三个条件的作用和影响，即实验室条件。实验室如何实现现代科学知识的反事实条件呢？我们仍然以树叶的下落为例。我们知道，科学家发明了某种"真空管"实验演示装置，把树叶与小铁球都放置在真空管的一端，迅速倒置真空管，让树叶与小铁球处于真空管的上部，这时就可以看到小铁球与树叶从真空管的上部下落，并同时到达真空管的底部。由此实验演示可以知道，原本是反事实条件，通过实验室则可以把这种实验室里的结果呈现出来。尽管这不是自然事实，而是实验室技术呈现的事实。在这个意义上，反事实反的是自然事实，而不是技术或实验室事实。实验室恰好可以制造反自然事实的事实，即实验室事实，也可以称为"人工事实"。因此，科学是通过技术手段而建立的

---

① 伽利略时代还没有代数学，几何的代数化是从笛卡儿开始的。伽利略的证明都是几何化的证明，因此他并没有得出公式（1）、（2），在《对话》的第二天讨论中，他的原话是，"萨尔维阿蒂：……重物体……总之，这等于说，物体从静止开始所经过的距离，同经过这段距离所需要的时间的平方成比例。也可以说，经过的距离与时间的平方成比例"。这相当于得到了公式（1）。参见：伽利略.关于托勒密和哥白尼两大世界体系的对话.周煦良等译.北京：北京大学出版社，2006：155.

实验和实验室里的人工条件下的事实，达到了反事实条件。自然界不存在其他情况均同条件，正如一位名人所说，自然界没有两片树叶是相同的。这个科学史的历程告诉我们，事实有多种，一种是自然的现象事实。比如，在自然条件下，树叶的非自由落体意义的自由飘落；另一种是人工建构的事实，它只能在其成立的人工条件下呈现。比如，真空管中的自由落体的事实，这就是科学事实。

通过真空的实验室装置，我们实现了反事实条件，但我们却在语言上把它称为理想条件，于是我们被"蒙蔽"，以为自然只是一种各种条件、因果关系的杂合体，只要我们剥离了其他条件，我们就可以达到"理想"条件，"理想"的自然才是真实的自然，杂合的自然只是现象，是假象的自然。这岂非咄咄怪事！难道我们一直生活在假象中！事实上，杂合的自然才是真实的自然。换言之，经过科学熏陶，或叫科学规训，我们对于科学事实，把它称为事实，而把自然事实，却称为现象。认为现象背后，才是真实的事实，亦即自然事实都是假象，只有科学事实才是真实的事实。这当然是有问题的。

卡特赖特对于现代科学这种地方性知识的本性有深刻的认识。在《斑杂的世界：科学的边界研究》里，卡特赖特认为科学是一种建立在其他情况均同条件下的理论认知和实践活动，并且在其他情况均同的条件下可以通过"把实验室搬来搬去"而扩展到全世界。

其实，现代科学自牛顿时代以来，一直就是以一种反事实条件（反自然的方式）的方式，形成单一因素条件，即形成其他情况均同条件，然后通过创造人工实验室来构造出极为纯粹的条件，才能有所谓的今日科学。

卡特赖特深刻地揭示了反事实条件如何才能成立。反事实条件在什么境况下可以真实存在？卡特赖特认为只可能在两种情况中可以实现。

第一，似律的条件在星空中可能近似存在。例如，无较大的多个星体之间的相互作用，我们就可以计算和推论两个星体之间的距离和相互作用力的大小。

第二，在人工模拟自然的实验室中通过可控条件建立起来每两个因素之间的关系存在。正如卡特赖特所说，"有时候，适用于一个定律的组分安排与设定是自然发生的，如在行星系中；更为经常的是它们由我们控制所得到，如在**实验室实验**中。但在任何情形中，得到一个自然定律都需要我称之为律则机器的东西"[①]。卡特赖特把现代科学成立的地方性条件称为律则机器。

那么，科学改造我们身边的世界所获得的惊人成功又是怎么回事呢？这些成功不是论证了那些基于这些事业计划的定律必定为真吗？卡特赖特借助社会建构论者的研究指出，这些时候建构论者很快就指出，成功是非常严格地局限在卡特赖特曾提及的领域——我们创造的世界，而非我们发现的世界。"除了一些显著的例外，如行星系，我们对物理学定律最漂亮、最准确的运用，都是在**现代实验室**中那些完全人为的、精确限定的环境里。"卡特赖特说："社会建构论者指出，即使当物理学家去掌握更大的世界时……[第一]**他们也不是把他们在实验室建立的定律试图运用到实验室外，而是把整个实验室作为微缩模型运用于外。**[第二]他们建构那种完全在他们掌控下的有限定的小环境。然后他们把它们包在很厚的套子里，以至于没有什么可以干扰里面的秩序；正是这些科学所嵌入的封闭的盒子，它们一个嵌套着另一个，进而嵌入世界，它所带来的显著效应，令我们如此印象深刻。"[②]因此，实验室成为现代科学发展的先决条件，没有实验室，现代科学根本不可能建立起来。有时，我们也把物理学带到实验室外。而这时，屏蔽甚至就变得更加重要。按照卡特赖特的说法，SQUID能够精确测量磁脉动，从而帮助发现脑卒中。但为了实施这些测试，医院必须有个赫兹盒——一个小的完全金属的空

---

① 参见：卡特赖特.斑杂的世界：科学的边界研究.王巍，王娜译.上海：上海科技教育出版社，2006：58.加黑部分为本文作者标注。

② 参见：卡特赖特.斑杂的世界：科学的边界研究.王巍，王娜译.上海：上海科技教育出版社，2006：54.加黑部分为本文作者标注。

间来从环境中隔离磁场。[5]

反过来看，可以在逻辑上说，科学研究的不是真实的自然，而是被抽象了的自然，是抽空了的自然，是改造为人工物的自然，是反事实条件成立条件下的"自然"。自然如若是自然的，就必不是反事实条件的。因此，这种人们以为研究的自然，实际上是人工物的"自然"。是卡林·诺尔-塞蒂娜所说的，通过实验室，科学家把自然带回家的那种自然。"实验室科学可以把对象带回'家'，并在实验室中'以自己的方式'来操作它们。"[6] 113

我们总结以上，现代科学知识有三个地方性本性的条件：第一，反事实和其他情况均同条件；第二，数理形式化条件；第三，实验室条件。

这三个条件的建构，使得现代科学可以把复杂的自然现象反转为只去探究其中某种因果关联的事物，抽象为形式化的表征物，并且通过实验室理想化地实验处理这种被表征出来的标志物。

然后，这三个条件再加上现代科学制度规训的建立，使得在制度上保证了现代科学研究物可以被其他同行在不同地点、不同时间，在全世界所有地方，只要你把这个实验得以成立的条件再次表征出来，也就是，再在此地建立原来的实验室（即卡特赖特所说把实验室搬来搬去），就一定会保证在 A 实验室建立的知识、定律和发现，在 B 实验室也一定会呈现出来。于是现代科学表现得就像是一种普遍性知识了。其实，现代科学就是这样扩张的。现代科学的地方性本性的三个条件保证了它在认识论上可以这样扩张；现代科学的规训与制度则保证了它可以在社会学意义上扩张为统治全球的普遍化知识。

## 二、本土知识的地方性本性

大部分非西方的本土知识，如中医学知识、民族植物学知识、哈尼族梯田耕作知识，其地方性本性，是一种与自然地域空间、时间和知识掌握者本身相关，而不能脱离这些具体情境的知识。依照上面所论，我们把本土性的地方性知识条件与现代科学的地方性本性条件做一对比。第一，本土知识一般都具有事实条件约束，即与本土知识所处的地理、人文和其他局域条件密切相关，受不可脱离的条件约束；第二，不具备数理形式化条件；第三，不具备实验室条件。一种地方性知识很难搬运到另一地去实施。例如，中国哈尼族梯田耕作知识，很难运用到中国东北地区。又如，中医药知识，某一药方，其内需要的某种药物，如红景天，中医可能要求必须是西藏的，而不是四川的或青海的。某种药物的服用时间，可能要求是早晨、中午或晚上，而且服用的剂量也是有区别的，再进一步，随着治疗的历程，药物中的量可能有所增减，种类也许会有变化。总之，我们在这些本土知识的发现、运用和陈述方面，找不到卡特赖特所说的律则机器的影子。

也许有从事民族植物学的科学家会反驳我的论述：民族植物学不是也可以运用实验室来测试、检验其民族植物的分子成分与结构、化学成分与功能吗？没错，但是，在现代的民族植物学实验室里，对民族植物的化学成分、分子结构的检测，是现代科学的检测，这里得到的某种民族植物的分子结构、功能和化学成分，已经不是民族植物学知识本身了。举例来说，一株在某地的植物，当地居民以它来治疗某种妇女疾病，她们把植物的全株洗净，然后放在水里煮，煮到一定时候，用这水去洗涤身体，有一定的疗效。我们的民族植物学家到当地调查，发现了这一现象。找到了这一植物，并把它带到实验室里进行检验、分析，发现它其中包含某种碱类分子和化学成分。而这种碱类化学成分被证明对于妇女疾病是有疗效的。民族植物学家进一步分析，植物全株并不都具有碱类含量，只有根部含有此类。那么，是不是以后的妇女煮此植物时，就可以放弃全株煮水，而只采集根部煮水了呢？采取对照组的实验证明，煮全株的疗效明显好于只煮根部的疗效。这证明了什么？证明民族植物学的本土知识比科学对于该植物的某些方面的认识还多出一些，反之，现代科学对于植物的分子结构和化学成分的分析也是多出类似民族植物学知识的部分。①

最能够说明问题的，还是中医药知识的运用。运用中医药方剂时，中医常常讲求"君臣佐使"来配伍中医药方剂，这是中医方剂配伍组成的基本原则。

《素问·至真要大论》："主病之谓君，佐君之谓臣，应臣之谓使"[7]640，"君一臣二，制之小也。君二臣三佐五，制之中也。君一臣三佐九，制之大也"[7]637。组成方剂的药物可按其在方剂中所起的作用分为君药、臣药、佐药、使药，称之为君、臣、佐、使。君指方剂中针对主症起主要治疗作用的药物；臣指辅助君药治疗主症，或主要治疗兼证的药物；佐指配合君臣药治疗兼证，或抑制君臣药的毒性，或起反佐作用的药物；使指引导诸药直达病变部位，或调和诸药的药物。

以治疗伤寒表证的麻黄汤为例，《伤寒论》中"辨太阳病脉证并治中方"的"麻黄汤"组成如下：麻黄三两（去节），桂枝二两（去皮），甘草一两（炙），杏仁七十个（去皮尖）。上以水九升，先煮麻黄，减二升，去上沫，纳诸药，煮取二升半，去滓，温服八合。覆取微似汗，不须啜粥，余如桂枝法将息。②其中，麻黄发汗解表为君药，桂枝助麻黄发汗解表为臣药，杏仁助麻黄平喘为佐药，甘草调和诸药为使药。一方之中，君药必不可缺，而臣、佐、使三药则可酌情配置。

中医君臣佐使是极具地方性本性的开药原则，它需要考虑病患的身体主症、年龄、身体状况、性别差异、工作情况、饮食习惯、地域条件和气候变化等。中医君臣佐使开药是针对个体的身体的，它无法脱离这个被诊疗的个体本身。假如这个个体患了西医所说的"感冒"，西医会给

---

① 我并不反对在实验室里检验和分析民族植物，这种检验和分析能够使得民族植物的地方性知识获得一定的科学知识特性与基础。但是其带来的知识并不能够完全替代传统的民族植物学知识。我还担心，如果这样做得过度，民族植物学的传统本土知识特点将会消失殆尽。至于它如何被现代知识及其资本运作和权力结合所排斥和挤压，我们将在后一节讨论。
② 方剂引自 http://baike.baidu.com/view/246591.htm［2012-11-22］。

他具有普遍化特征的药物（如"快克"）或其他药物，这种药物针对的是疾病本身，如病毒或细菌，因此可以去身体化。西医的"快克"中诊疗这个个体患的感冒、祛除他（她）体内病毒的同时，也会给他（她）带来浑身发软等治疗过度的症状。而中医君臣佐使在诊疗病患时，则下力气在调理病患本身的身体健康。就每一个病患的个体性而言，它的确无法去地方性。

类似地，如若西医来看这味中药，则可能进行提纯分析，假如君为主药，那么麻黄汤里的麻黄就应该进行分析，提纯中间所含的化学成分，进行药理和毒性分析。其中主要成分为麻黄碱，有发汗、利尿、平喘、抗炎、抗过敏和抗病毒等作用。西医提纯，就不再需要把桂枝、甘草和杏仁加入药物中了。

我们当然可以按照西医学的方式作出提纯，制成药剂。例如，麻黄碱苯海拉明片，就属西药类片剂，它可以用于治疗支气管哮喘、咳嗽、荨麻疹、花粉症（又称枯草热）和过敏性鼻炎等。这样，它也可以标准化、普遍化，成为脱离个体而成为治疗某类疾病的药剂。

提纯和复方后，其药性毒理也很大。盐酸麻黄碱和盐酸苯海拉明的复方制剂，其中，盐酸麻黄碱可直接激动肾上腺素受体，也可通过促使肾上腺素能神经末梢释放去甲肾上腺素而间接激动肾上腺素受体，对 α 受体和 β 受体均有激动作用。可舒张支气管并收缩局部血管，其作用时间较长；加强心肌收缩力，增加心输出量，使静脉回心血量充分；有较肾上腺素更强的兴奋中枢神经作用。而盐酸苯海拉明有：①抗组胺作用，可与组织中释放出来的组胺竞争效应细胞上的 H1 受体，从而制止过敏反应；②对中枢神经活动的抑制引起镇静催眠作用；③有加强镇咳药的作用。其副作用有：①最常见的，可导致滞呆、思睡、注意力不集中、头晕；②对前列腺肥大者可引起排尿困难；③大剂量或长期使用可引起震颤、焦虑、失眠、头痛、心悸、心动过速等。而作为麻黄汤则没有这样多和大的毒副作用。其君臣佐使的配伍发挥了作用。

中药中的药方，本身并非不可标准化。例如，《伤寒论》中"辨太阳病脉证并治中方"的"麻黄汤"组成如下：麻黄三两（去节），桂枝二两（去皮），甘草一两（炙），杏仁七十个（去皮尖）。上以水九升，先煮麻黄，减二升，去上沫，纳诸药，煮取二升半，去滓，温服八合。覆取微似汗，不须啜粥，余如桂枝法将息。① 只要我们不管病患的性别和年龄，一律都用此方，不就是标准化的药方吗？然而，中医诊疗时则需要针对具体病患的身体、环境和得病的情境，对此方进行加减和补充其他方剂进行治疗。这就是中医的做法，它不是不可以普遍化，但是普遍化的结果一定会丢掉一些治疗以个体的人为本的东西。

## 三、对两种地方性知识的反思

现代科学的三条地方性本性条件，使得现代科学很容易扩张，只要把实验室从一地搬至另外一地，现代科学知识就可以从其发现之地运用到异地。② 而本土化的地方性知识却很难做到这点。因此在社会学意义上，我们可以把现代科学知识称为普遍化的知识，而不是普遍性知识。③ 让我们一条一条地分析这三条地方性本性造成的问题。

前文说过，现代科学之所以那么成功地看上去是一种普遍性的知识，主要是依赖三个基本条件：第一，反事实条件和其他情况均同条件的构造（实验室或星空条件）；第二，数理形式化的建立；第三，实验室化（即中实验室里构造反事实条件，使之得以实现）。

我们把第一和第二条件综合起来讨论。反事实条件、其他情况均同条件的构造（实验室或星空条件）和数理形式化，形成了西方科学追求的基本条件，甚至这种手段性的条件转变为科学追求的目标本身。现代

---

① 方剂引自 http://baike.baidu.com/view/246591.htm［2012-11-22］。
② 事实上，与实验室实验有关的论文，都必须告知实验方法、条件，就是把这种地方性的条件可以被其他实验室原封不动地复制，这就是把实验室搬来搬去的含义。
③ 普遍化，是指在社会学意义上，这种知识可以被推广、覆盖，不以地点和时间及其他情境条件为依赖。对于现代科学而言，这并不影响其本性在本体论和认识论意义上仍然是地方性的。

科学为了满足这两个条件，不断进行抽象创新，把天然自然各种因素剥离开来，人工创造条件，反自然事实地形成一些抽象的研究（即所谓的理论研究）。

早期的西方科学家一开始是与世隔绝地在自己的象牙塔里做研究，即便研究是与自然相关的，也会去找最简单的形式去做。这种研究形态，最早造就了科学追求形式化，剔除繁杂因素，简单化研究过程的科学研究方式。这种研究形态进一步强化了追求简单性的研究，而简单性的研究则是一种追求反事实条件的研究。反过来，反事实条件给予简单性研究以支持，两者一拍即合。例如，牛顿的万有引力定律的获得是通过行星受到一个向心力的吸引，通过几何化的论证而做出的。这里既没有考虑其他行星的影响，也没有考虑空间的影响（广义相对论影响），正如卡特赖特指出的，星空内行星之间的距离之遥远，造成了可以反（地面）事实的条件：行星之间的距离远大于它们的体积尺寸与质量量纲，这使得可以把行星看成质点（理想化抽象）、可以把其他行星的影响近似忽略不计。所以，星空条件是自然界提供给科学家的一种极为特殊的可以让律则机器发挥作用的空间和条件。然而，即便是在这样的条件下，完全简化的万有引力定律也有失效的例子。例如，行星运行中的摄动，其实反映了另外行星在运行到某个行星周边时对该行星运行产生的运行影响，尽管人们以为发现了新行星（如海王星）——这是万有引力定律的新胜利，其实，仔细想想，实际上是科学家发现万有引力定律失效后产生了新猜测，而后通过观测做出的新发现。[①]

当然，简单化研究是有功绩的，对此谁都不否认。然而，对于自然界的考察，直至文艺复兴时期，西方与东方还是一样的，即以自然本身作为一种复杂演化的系统而加以讨论、研究的。[②] 而后至伽利略，西方才

---

[①] 卡特赖特就认为，海王星的发现不是牛顿万有引力定律的成功而是失败。参见：卡特赖特. 斑杂的世界：科学的边界研究. 王巍，王娜译. 上海：上海科技教育出版社，2006.

[②] 例如，文艺复兴时期最伟大的艺术家、科学家和工程师达·芬奇的研究草图里还存有研究湍流的草稿。而湍流到今日仍然是当代物理流体复杂性研究中最困难的问题之一。

开始从最简单的事物，或最简单的要素开始着手，运用以往希腊时期西方科学就追求形式化的研究传统，开始从简单性和理想化状态入手研究最简单的问题。①[8] 这样的做法，沿着一点开始深入下去，如同钻井，形成了西方的还原论研究样态，到牛顿，还原论研究获得很大成功，西方的科学则开始逐步建立起这样的研究条件：反事实、其他情况均同，以及数理形式化的追求目标。

至伽利略，更到近代德国大学把实验室建制化，实验室成为近代科学的重要组成部分。早期炼金术士们的实验室转变成为近代科学实验室。实验室造就了近代科学可以转向创造人工世界的条件。实验室实现了反事实条件，实现了其他情况均同条件。实验室把数理形式化的科学变成可以创造人工自然的实践科学。于是科学实践面向人工经验，把天然自然、生活世界逐步改造成为越来越人工化的世界。科学对世界的统治也悄然地、没有宣告式地就开始了。但是随着这种过程的展开，也带来了新的问题。

第一个问题是天然自然的灭亡。我们人类生活的天然自然越来越人工化，我们今日想要找到天然的自然已经是一件非常奢华的事情，如荒野探险。现代科学把世界改造得越来越人工化；现代科学足迹所到之处，那里的世界便开始人工化。现代科学因此成为人类特别是西方控制人工自然的最得心应手的工具。

第二个问题是科学越来越成为资本利益获取的帮凶。现代科学知识特别受到资本的推崇与资助。因为资本最具慧眼，它发现"科学是不费资本一分钱的力量"，它更发现，现代科学对世界的人工化作用和普遍化作用，与资本的本性最为一致，最能够为资本带来最大利润，最与资本必须创造世界市场，必须到处开发世界的基本立场一致。

---

① 一位意大利数学史家 Tito M. Tonietti（意大利比萨大学数学系）提供了这样的论证，他认为，中国科学提供的是转变的过程，它的目的就是研究变化。它试图以不稳定的方式理解变化。而欧洲科学，一般以固定它的稳定状态，不变的基础，试图去导入秩序到变化中。参见：Toward a history of complexity//Benci V, et al. Determinism, Holism, and Complexity. New York, Boston: Kluwer Academic, Plenum Publishers, 2003: 387-398.

## 主要参考文献

[1] 吴彤. 两种地方性知识——兼评吉尔兹和劳斯的观点. 自然辩证法研究, 2007, (11): 87-94.

[2] 卡特赖特. 斑杂的世界:科学的边界研究. 王巍, 王娜译. 上海:上海科技教育出版社, 2006.

[3] 西斯蒙多. 科学技术学导论. 许为民等译. 上海:上海世纪出版集团, 2007.

[4] 伽利略. 关于托勒密和哥白尼两大世界体系的对话. 周熙良等译. 北京:北京大学出版社, 2006.

[5] 吴彤. 从卡特赖特的律则机器看科学//成素梅, 张怡, 杨小明, 等. 转型中的科学哲学. 北京:科学出版社, 2011: 108-115.

[6] 卡林·诺尔-塞蒂娜. 实验室研究//希拉·贾撒诺夫等. 科学技术论手册. 盛晓明, 孟强, 胡娟等译. 北京:北京理工大学出版社, 2004.

[7] (清) 张志聪集注. 黄帝内经素问集注·卷八 (下) 至真要大论篇第七十四. 杭州:浙江古籍出版社, 2002.

[8] Benci V. Determinism, Holism, and Complexity. New York, Boston: Kluwer Academic, Plenum Publishers, 2003.

# 一种地方性知识，抑或两种地方性知识？
## ——兼与吴彤教授及刘兵教授商榷*

曾 点

"地方性知识"是近年来中国科学哲学界重要的研究主题之一。早在 2000 年，一些学者就已经引进了科学哲学领域的"地方性知识"概念。在这 20 多年的理论研究和实践中，一些重要的文献对这个主题的研究产生了深远的影响，"自劳斯的《知识与权力》出版以来，'地方性知识'（local knowledge）在国内科学哲学界逐渐流行开来，人们用它来表达与科学实践哲学相对应的新型知识观念。到目前为止，至少有三篇讨论'地方性知识'的重要中文文献：盛晓明教授的《地方性知识的构造》，吴彤教授的《两种地方性知识——兼评吉尔兹和劳斯的观点》，刘兵教授的《关于 STS 领域中"地方性知识"理解的再思考》"[1]。其中的《地方性知识的构造》一文就是最早把科学哲学领域"地方性知识"概念引进中国学界的文章之一，该文主要从整体上诠释了"地方性知识"这

---

\* 作者曾点，清华大学科学技术与社会研究所博士研究生，主要研究方向：科学哲学、科学社会学。

个概念在科学哲学中的具体内涵和理论意义。[2]但是，该文未能注意到一个重要的问题，那就是"地方性知识"这个概念不是科学哲学领域的原生概念而是来源于人类学的。不过，上述"三篇讨论'地方性知识'的重要中文文献"中的另外两篇恰恰正是针对这个《地方性知识的构造》未注意到的问题展开的，而且这种展开似乎呈现出了一种观点上的对立，引起了一个争论。

这个争论面对的问题可以归结为"究竟存在几种地方性知识"，但本质上，针对的是"科学哲学领域——主要是科学实践哲学——或STS领域的'地方性知识'概念与人类学的'地方性知识'概念究竟是何种关系？"这个问题。吴彤教授在2007年所发表的《两种"地方性知识"——兼评吉尔兹和劳斯的观点》给出的回答是"存在两种，一种是科学实践哲学的'地方性知识'，一种是阐释人类学的'地方性知识'，二者不是一个意义上的概念"；刘兵教授在2014年所发表的《关于STS领域中对"地方性知识"理解的再思考》给出的回答是"只存在一种地方性知识"，而这种回答与其在2006年发表的《科学史研究中的"地方性知识"与文化相对主义》一文的观点是一以贯之的。与此同时，吴彤教授也在2014年再次就这个问题表态，发表了《再论两种地方性知识——现代科学与本土自然知识地方性本性的差异》，坚持了"两种地方性知识"的理论立场。

## 一、缘起："两种地方性知识"与"一种地方性知识"的争论

吴彤教授和刘兵教授在地方性知识"二"或"一"上的争论所关注的核心就是"地方性知识"这个概念的意思。吴彤认为阐释人类学意义上的"地方性知识"与科学实践哲学意义上的"地方性知识"是两个不同理论体系中的不同概念，科学实践哲学只是借用了人类学"地方性知

识"这个概念的名称而已。

吴彤指出人类学意义上的"地方性知识"主要是以吉尔兹为代表的阐释人类学所理解的"地方性知识"概念，它是一个与民间性模式（folk model）有关的知识概念。这种地方性知识总是与西方知识形成对照，体现的是西方知识与非西方知识的对立，与现代知识的对立，而且它也是与特定人群相关的。此外，人类学认为某些知识是普遍性的，地方性知识是与普遍性知识对立的另一个知识类别，理解地方性知识的关键就是如何理解"地方性知识"中的"地方性"。也就是，吴彤认为人类学的"地方性知识"是在承认普遍性知识前提下被划分出来的一类特殊知识（图1）。与此不同，"科学实践哲学中的地方性知识概念，是一种哲学规范性意义上的概念，指的是知识的本性就具有地方性，特别是科学知识的地方性，而不是专指产生于非西方地域的知识"[3]。吴彤指出，这种"地方性知识"是一种经验支持的形而上学立场，它强调知识是与具体情境相连的，不能脱离索引性的，体现的是一种批判性和阐释性的哲学观点，是一种反对普遍主义、绝对主义的哲学观。而以吉尔兹为代表的人类学的"地方性知识"概念最大的问题仍然是地方性知识无法普遍化，无法取得普遍性知识所具有的主流地位。科学实践哲学的"地方性知识"所具备的优势就是彻底解构了普遍性，即证明根本不存在普遍性知识，所谓的普遍性知识是一种虚构，一种理想（图2）。吴彤"两种地方性知识"论的核心观点基本可以概括成这样一点：科学实践哲学的"地方性知识"指明了知识的本性是地方性，彻底消解了人们"普遍性"的信念，而这些不是人类学意义上"地方性知识"的理论指向。

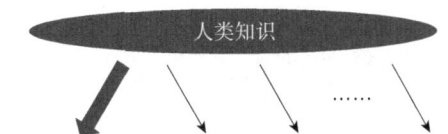

图1　吴彤教授解读的阐释人类学"地方性知识"概念图

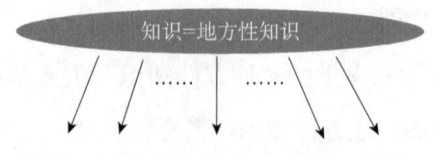

图 2　吴彤教授解读的科学实践哲学"地方性知识"概念图

对于吴彤的"两种地方性知识"论，刘兵教授提出了质疑。他认为地方性知识的一个重要特点是一种知识系统的类型，"不同文化类型的知识，各自构成不同的地方性知识，而整个加起来，就构成了所谓的地方性知识的大类。这个知识的大类，在人类所有的知识都是地方性知识的意义上，差不多也就是人类的知识，但其中，不同文化类型的知识系统，构成了多样性的各种地方性知识。在这一大类的意义上，差不多等同于说只有'一种'地方性知识，而在这个大类中各种多样性的子项（也即不同文化类型的知识系统），各自成为多种地方性知识"[4]。与吴彤强调"地方性知识"中的"地方性"针锋相对，刘兵指出"地方性知识"之起源于"地方"不是理解这个概念最重要的，最重要的是将这种缘起于某地的"地方性知识"作为一种具有类型意义的知识系统，也就是说"知识"是更值得注意的。因而，这也就使得"地方性知识"具备了被推广到其他领域的充分可能，完全可以不限于人类学领域。"科学"作为一种地方性知识的地位也就是显而易见的，它只不过是其中以自然为知识的对象而再以另一种分类方式命名的地方性知识而已（图3）。刘兵进一步指出，以劳斯为代表的科学实践哲学家那种仅仅把现代西方科学的研究，在取消理论优位而更优先注重实验室的"实践"的前提下，作为"地方性知识"来看待的研究，却只是涉及"广义的科学"的"地方性知识"的一部分而已。这隐约地含有某种西方科学"优越"的意味。

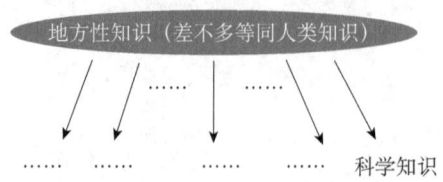

图 3　刘兵教授解读的"地方性知识"概念图

总结起来，刘兵的核心观点就是地方性知识是一个知识大类，包括了几乎所有的人类知识，而劳斯讨论的作为地方性知识的科学知识只是地方性知识中的一类。因而，只有一种地方性知识。两种地方性知识的划分会给予西方科学一种特殊地位，而这恰恰是地方性知识所反对的。而这种给予西方科学特殊地位的绝对主义、一元主义恰恰是持"文化相对主义"立场的刘兵一直以来所批判的，"这种地方性知识的引入，则是在某种语境中对文化相对主义的承认，这不仅不是'反科学'、'反客观'，和那些自以为掌握着真理的绝对主义以及自以为是的一元主义相比，反而是对真实世界和历史的更加客观的承认和尊重"[5]。此外，刘兵认为地方性的对立面不一定是知识的普遍性。某种理论或知识的"普遍性"，其实只是人们基于信念的一种断言。因此，地方性不是知识属性的一个问题，而是在更具体地说明其适用性。也就是说，吴彤以"普遍性"和"地方性"来划分地方性知识的类型是非法的，因为根本就不存在所谓的知识的普遍性，只有知识的普遍化。

面对刘兵教授的质疑，吴彤教授在一定程度上做了回应，强调其所做的"两种地方性知识"划分仍然是要给予非主流知识以与主流科学同等的地位，要祛魅知识的"普遍性"概念，揭示知识的普遍化机制。正如其所表明的，"现代科学知识的地方性与本土知识的地方性尽管都是地方性，但是其知识扩展的程度，发展的方式却是极其不同的，为什么都是地方性知识，却有完全不同的命运？既然都是地方性知识，就必定需要讨论两种知识的地方性何以成立的条件及其区别"[6]。这就把"地方性知识"研究的焦点转向了知识地方性诉求的实现过程。吴彤指出现代科学的地方性本性诉求包括：第一，反事实条件和其他情况均同条件的构造（实验室或星空条件）；第二，数学化的建立；第三，实验室化（即在实验室里构造反事实条件使之得以实现）。而本土知识的地方性本性诉求包括：第一，本土知识一般都具有事实条件约束，即与本土知识所处的地理、人文和其他局域条件密切相关不可脱离的条件约束；第二，不具备数理形式化条件；第三，不具备实验室条件。这种差异直接造成了不同地方性知识的不同命运，因此，普遍性概念是被普遍化过程塑造出来的（图4）。

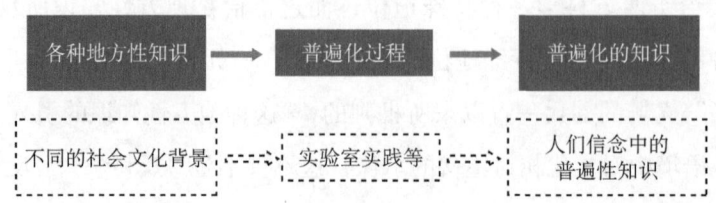

图4　吴彤教授描述的"从地方性知识到普遍化知识"过程示意图

其实，仔细分析，在上述争论中，"两种地方性知识"与"一种地方性知识"这两种表面上截然不同的观点不存在实质性的正面矛盾。"一种地方性知识"不仅不否认"两种地方性知识"的核心观点，即应承认任何知识都是地方性的，而且恰恰相反，对此立场是持支持态度的；"两种地方性知识"也涵盖了"一种地方性知识"提出的所谓地方性知识的普遍化问题。二者的一些不同仅限于对人类学"地方性知识"具体意涵的理解，因此，"两种地方性知识"与"一种地方性知识"之争背后所透露的不是具体观点的一种对抗，而是不同学科范式在思维方式上的分野。因此，要追究这种争论背后的根源，不能只停留在吴彤教授与刘兵教授在"二"或"一"的选择上，而应该进一步回溯到最早把"地方性知识"引入科学实践哲学的劳斯和阐释人类学家吉尔兹。

## 二、劳斯引入"地方性知识"概念的理论逻辑

"地方性知识"是劳斯《知识与权力——走向科学的政治哲学》一书第四章的章节名，也是他第一次把这个概念应用到科学实践哲学中的地方。而这本书正是劳斯科学实践哲学思想的集中表达，所以，要理解劳斯的"地方性知识"最主要的就是搞清楚科学实践哲学是在何种意义上谈论地方性知识的，或者说，地方性知识与科学实践之间具体是何种关

系。实际上,劳斯科学实践哲学的根本目标是极其明确的,那就是要反理论优位的传统科学哲学,因为"理论性解释是非视角性的,因而认为时空中的所有位置理论上都是等同的(它并不赋予任何时空框架以知识论特权)。同样,它从所有特定的社会情境中抽离出来;这一特点是理论知识(其精确性在不同的言说者和讨论中是不变的)和修辞学(以特定的听众为对象,并在此情境中得到评价)之间最经典的区别。理论知识从而不涉及特定的认知者"[7]74。因而,理论优位的科学哲学先天不足,所导致的结果就是误读"科学知识"的意涵。劳斯指出,理解"科学知识"首先需要把握的是实验室活动,通过分析具体的科学实践来揭示科学知识的地方性和存在性特征。这就把对科学知识的理解转换成了对所谓"普遍知识"的解构。在这个意义上,科学知识只是对某一种地方性知识的改造以促成另一种地方性知识,其产生的过程不过是从一种地方性知识走向另一种地方性知识而已,而不是从普遍理论走向其特定的具体表现。因此,"地方性知识"在劳斯科学实践哲学中是必要的一个概念。

但是,劳斯使用"地方性知识"概念是基于一定理论背景的,而这个背景主要有三种理论来源。首先是库恩,库恩在其论述中强调了"具体范例的能力";其次是新经验主义,这个哲学流派指出"技术控制的扩张不依赖该控制所作的理论解释";最后是海德格尔,在海德格尔眼中,"地方性、物质性和社会性情境的技能与实践对所有理解和解释都十分重要"。不过,劳斯着重批判了海德格尔的不足,认为他虽然提出了"把科学看做是对现成在手事务的去情境化的揭示,以及随后在理论筹划中对其主题化的重新情境化",但是"误解了理论表象本身的实践",未充分关注"实验在科学中的地位","理论性去情景化可以更恰当地解释为标准化过程",没看到社会性、功能性的情境性左右着最抽象的理论主张的可接受性。[7]84 由以上几个方面,劳斯延伸出了"作为实践的理论"与"作为活动的研究",进而结合库恩、劳丹、卡特赖特这些人的思想,指出"科学研究是一种寻视性的活动,它发生在技能、实践和工具(包括理论模型）的实践性背景下，而不是发生在系统化的理论背景下"[7]101，也就是说，理解实验室实践之于理解哈金及福柯意义所讨论过的"理论化"至关重要，进而才能理解科学的本质。

"地方性"或"地方性知识"正是衍生于上述理论脉络之中的，它是描述实验室实践的一个特征或要素。实验室实践作为一个独立微观世界，是地方性的，即与外部相分离的，但是，最终呈现的却是一个普遍性的理论模型。微观世界与理论模型之间的中间地带需要通过地方性知识去阐释，而且它被要求是可描述性的。

此外，需要强调的一点是，劳斯在其科学实践哲学中使用"地方性知识"概念最终所要体现的是福柯意义上"权力的微观物理学"得以发展的"隔离区"，从而成功论述权力从实验室拓展到外部世界的过程。正如劳斯自己所说，"在详细探讨这个过程之前，我们必须综合前面的讨论，以便对我的下述主张作出论证：从根本上说科学知识是地方性知识，它体现在实践中，这些实践不能为了运用而被彻底抽象为理论或独立于情境的规则"[7]113。所以，地方性知识是沟通"知识"与"权力"的一座桥梁。科学知识的经验品格需要在地方性中确立，吸收积累的地方性经验会使知识容易传播；与此同时，地方性的合作者共同体在知识的发展与再生产中发挥了重要作用。但是，标准化和去情境化消弭了科学知识的这种地方性品格，"科学知识在实验室之外的拓展就是地方性实践经过'转译'以适应新的地方性情境"[7]123，而这正是科学知识普遍性的来源。这种被赋予的普遍性恰恰又正是科学知识在社会性语境中展现的权力，"科学研究是一种介入性的实践活动，它根植于对专门构建的地方性情境（典型的是实验室）的技能型把握，但同时，我们也要把它理解为处于社会之中的"[7]126。由此可见，"科学实践"是劳斯由对理论优位科学哲学的批判达及知识与权力关系的中间环节，而实验室实践是科学实践中典型的具体表现。在实验室实践中，"地方性知识"是"知识的普遍性来自哪里"这个问题的答案。

实验不仅仅是理论的附属物，它独立于理论的实验考虑和实验能力，在科学发展中扮演了重要角色。地方性的实验室场所是科学的经验特征得以建构的地方，而这样的建构是通过实验人员的地方性、实践性的能知来实现的。实验室里产生的知识被拓展到实验室之外，这不是通过对普遍规律的概括，而是通过把处于地方性情境的实践适用到新的地方性情境中来实现的。所以，实验室本质上是权力的活动场所。在这个完整的理论逻辑中，"地方性知识"的位置是显而易见的。地方性知识只是达成科学实践哲学的一个手段、一个环节、一条途径。地方性知识在劳斯的理论体系中本身不是目的，其最终指向是知识与权力的关系，终点是要走向一种政治化的科学哲学。

作为论证手段、环节和途径的地方性知识与"科学实践"之间的关系也是微妙的。科学实践是一个规范性的命题，"《知识与权力》的一个重要主题是思考，抽象和理想化的模型以及实验实践的独立微观世界如何被联系于研究环境之外的更混乱更缠结的事物和事件"[13]120；而"科学实践作为最终目标：构成实践的活动和事件模式在一个关键的意义上是规范性的"[8]126。因而，科学实践哲学面对的又一个主要问题是究竟如何实现科学实践。"地方性知识"对"科学实践"而言是否仅仅是一个解释性的概念终端？回答了这个问题也就揭示了科学实践与地方性知识的关系，而要充分回答这个问题，仍然需要先回到"一种抑或两种地方性知识"的问题上。

## 三、吉尔兹阐释人类学中的"地方性知识"

展示完劳斯把"地方性知识"引入科学实践哲学的理论逻辑，吉尔兹阐释人类学中的"地方性知识"概念也需要得到充分的说明。实际上，"地方性知识"虽然是吉尔兹 1983 年出版《地方性知识：阐释人类学论文集》时才使用的题目，但是这一个概念体现的理论意涵在其从早年到晚年的著作中是连贯的。1973年，吉尔兹的代表作《文化的解释》出版；十年后，《地方性知识：阐释人类学论文集》出版；1995年，其自传性著作《追寻事实：两个国家、四个十年、一位人类学家》出版。三个十年，三本书，基本上概括了吉尔兹一生的理论研究与理论实践。而通过考察这三本书，总结吉尔兹阐释人类学的前因后果，可以发现吉尔兹的一生基本就是围绕着文化及其阐释展开的学术人生，其中包括了一大批意义深远的民族志实践。其中最著名的恐怕要数"巴厘岛斗鸡"的研究了，而吉尔兹在这个早期的人类学实践中为融入本土文化而付出的努力其实所诉说的就是一种融入"地方性"及应用"地方性知识"的经验，也正是这种融入使其实现了一种由入侵者到圈内人的身份转换。

吉尔兹认为文化分析不是一种寻求规律的实验科学，而是一种探求意义的解释科学，表面上神秘莫测的社会表达是需要被诠释的。因此，人类学的民族志实践需要从文化持有者的内部眼界去思考、感知、参悟地方性文化，进而实现"深层解码"——深描。"我主张的文化概念实质上是一个符号学的概念。马克斯·韦伯提出，人是悬在由他自己所编织的意义之网中的动物，我本人也持相同的观点。于是，我以为所谓文化就是这样一些由人自己编织的意义之网，因此，对文化的分析不是一种寻求规律的实验科学，而是一种探求意义的解释科学。"[9]5这就是吉尔兹最基本的理论立场，其"地方性知识"概念与此立场是完全一致的，而且是这个立场所内含的内生性概念。换句话说，与"地方性知识"概念在劳斯科学实践哲学中的位置不同，吉尔兹的地方性知识是其阐释人类学所需要阐释的一个对象，更是其民族志实践所直接指向的目标。在吉尔兹眼中，地方性知识本身就是目的。

吉尔兹在其理论体系中真正使用"地方性知识"一词是在《地方性知识：阐释人类学论文集》这本论文集中，它不仅是这本论文集的题目，也是这本论文集所编排的最后一篇论文的论文名。这种独具匠心的安排与劳斯仅仅把"地方性知识"作为其最重要著作中的中间一章是截然不同的。这个概念在两个不同的理论体系中的不同位置也侧面上由此得到了证实。

在对这个概念的具体使用上,吉尔兹本人做了非常详细的说明:

> 这一组论文,集结命名以《地方性知识:从比较的观点看事实和法律》,是1981年我在耶鲁大学法学院斯图尔斯系列讲演时所作的讲话。它们……试图想象用一种合适的人类学的方式使律师们、见习律师们、法学教师们,甚至还有那些奇怪的法官们……我想立足于盎格鲁-美国的法理学和共同法的审判为中心去探讨,去区别是什么,应该是什么;发生了什么,什么是合法的,同时去寻溯我本人研究过程中所遇的三种其他的法律传统与之平行的状态:伊斯兰传统法律、印度传统法律和马来西亚-印度尼西亚的法律传统。

> 其观念是,首先设若以这一事件发生在当代的美国来审视之;其次,描写此一个案在其他不同的法律传统中所处的截然不同的形式——它们是那样的不同,以至于要求一种全然不同的重新规范去界定它们;第三点则是以其秩序性的法律仲裁的进化去评述这些不同的涵义。

> 着力于以律师的眼光……以文化人类学者的眼光……西方人的固定成见和古典式的中东人和亚洲人……法律作为行动思想规范的结构……最后,其着眼点在于地方性知识的小的想象抑或世界性的大的含义。[10] 17-18

就具体意涵而言,"地方性知识"之"地方性"是在吉尔兹具体的人类学实践中显现出来的,而这种实践是通过比较不同法律体系来完成的。这就是吉尔兹阐释人类学使用"地方性知识"最直接的理论逻辑。

吉尔兹在这个比较研究中指出"把所有这些用一种不同的方式来说,我们的三个术语(即伊斯兰传统法律、印度传统法律和马来西亚-印度尼西亚的法律传统中的术语)与西方的'法律'这一概念可相比之处,不如与西方的'正确'这一概念可相比之处"[10]246。不同法律体系以其地方性为特征,不是能够实现简单转译或概念替换的。不仅如此,吉尔兹强调"法律,与英国上院议长修辞中那种密码式的矫饰有所歧异,乃是一种地方性知识;这种地方性不仅指地方、时间、阶级与各种问题而言,并且指情调而言——事情发生经过自有地方特性并与当地人对事物之想象能力相联系"[10]273,"地方性"不是一个狭义的空间概念而是指的一切情境性。通过其个人的民族志考察,吉尔兹认为法律就是这样一种必须考虑其情境性的知识,它"是一种地方性知识,而不是与地方性无关的原则,而且对社会生活来说是建设性的,而不是反映性的,法律的比较研究就引向一种非正统观点:文化转译,成为一种尝试来详细阐明预设条件,先入之见和具有一种法律意识特点的行动框架,而这个框架是就具有其他法律意识特点的行动框架而言的"[10]277。按照吉尔兹的这些论述,尽管他没有给"地方性知识"下一个严格的定义,或者给出一个许多人迫切盼望的规范性解释,阐释人类学所意指的"地方性知识"仍然是清楚的。

在这个意义上,人类学意义上的地方性知识真的是与普遍性相对的吗?吴彤教授认为是的,而科学实践哲学的"地方性知识与普遍性知识并非造成对应关系,而是在地方性知识的观点下,根本不存在普遍性知识。普遍性知识只是一种地方性知识转移的结果。可见,一开始科学实践哲学的开创者劳斯的地方性知识与吉尔兹的地方性知识以及一般人类学中通常的地方性知识概念就有本质上的不同"[10]216。但是,吴彤的这种理解是值得商榷的。按照"地方性"的具体意涵,"地方性"这个概念本身在吉尔兹这里就可以被认为是相对性的,其指向是反对单一性的理解。

与此同时,吉尔兹作为一个人类学家在关于"普遍性"的问题上也不是吴彤所解读的那样绝对。吉尔兹既不肯定普遍性也不否认普遍性,而是抛弃了相对与绝对、地方性与普遍性之类的纷争,对这一类哲学性强的论题一概搁置不论。因此，在阐释人类学的语境中，地方性与普遍性不是天然对立的。在吉尔兹眼中，更值得关注的是"做"，因为阐释人类学是在民族志的实践中被"阐释"的。

在面对争论时，吉尔兹的态度是排斥的。"'普遍的'如何进至于'普遍的教育'，而且如何设计把它又回归原处，以避免提升那些受过高级训练的野蛮人的种族性……其大多的因之而起的讨论却不是基于学术的立场而是非难其贫乏以及相应的辩护性的无休无止的激争。"[10]17 吉尔兹认为，不管这样的争论多么迷人，这根本是不可能的。此外，他尖锐地讽刺这些争论，"学究们杜撰出来恐吓我们不去用文化描写的方式探讨它们的怪物（'主观主义'、'唯心主义'、'相对主义'以及诸如此类的东西）"[10]220-221。对吉尔兹来说，对这些东西，采取这类搁置不论的立场是自然而然的，因为确实是无话可说，"在同类拟理论中，并不是……越是完美它则越远离现实，或固守一般相对论的教条……众说纷纭……对于这一切，我们都所知甚少……直到我们知之甚多之前，任何努力都会使之缄口，而很少回答"[10]11。而那些在这些争论中的声嘶力竭者实在是不必要的，"有人质疑生活方式的同质性……质疑文化的延续性与变迁、客观性与证据、决定论与相对论、独特性与一般性、描绘与阐释、共识与冲突、他者与共性等问题……人类学或者任何研究文化的学科，一直以来都饱受无关紧要、偏见、幻象和不切实际这一类的指控"[11]48。阐释人类学强调的是"做"，地方性知识也是靠"做"出来的，它就是在吉尔兹阐释法律的人类学实践中被呈现的。

所以，吉尔兹的"地方性知识"倡导的是一种不争论的操作主义，直接去"做"，"做"所呈现出来的结果就是最后所追寻的结果。吉尔兹指出，操作主义从未在社会科学领域起过大作用，但它是一个重要的观点，"如果你想理解一门学科是什么，你首先应该观察的，不是这门学科的理论或发现，当然更不是他的辩护士们说了些什么；你应该观察这门学科的实践者们再做些什么"[9]6。就阐释人类学而言，通过什么是从事民族志才能迈出第一步理解人类学分析作为知识的一种形式到底是什么。这种以"做"为核心的意涵表达,在吉尔兹的论述中是被反复强调的。"不管它们到底是阐释什么,它的实质是用'我们的'语汇来攫住'他们的'观念,做这种事情像骑自行车一样,做比说容易。"[10]11 "地方性知识"在阐释人类学中所展现的这种特性,不是这个概念本身所承载的,而是它所处的整个学科背景所赋予的。整个人类学就是在"做"人类学的过程中建立与发展的:

> 人类学,或者说社会人类学和文化人类学,实际上更是一个人们在年复一年设法弄清楚它到底是什么、如何去实践它的过程中发现的东西,而不是一个人们对另一个人通过"旨在赢得服从的系统方法",或"以教育和控制为手段的正式训练"进行的灌输。[11]10

在强调"做"的基础上,"地方性知识"所倡导的人类学实践具有更进一步的理论内涵,那就是提出了反思性的论题。首先,"就社会科学而言,任何试图以什么'本质'或'偶然'或所谓'自然'类型的方式给其下定义,并以学术的范围将其界定于一些特定的经度和纬度之内,并以之去为其具体个案定位者,都是要失败的,这一点只消把眼光从其标签上转到事实上就不难看到"[10]7。其次,用他者的眼光来关照自己可启悟出很多瞠目的事实。"承认他人也具有和我们一样的本性则是一种最起码的态度。"[10]19 但是,"在别的文化中间发现我们自己,作为一种人类生活中生活形式地方化的地方性的例子,作为众多个案中的一个个案,作为众多世界中的一个世界来看待,这将会是一个十分难能可贵的成就"[12]。最后,地方性知识是几乎所有人所面临的处境,任何人都可以是阐释人类学开展民族志实践的田野,"我们其实都是持不同文化的土著,每一个不与我们直接一样的人都是异己、外来的"。但是,吉尔兹事实上的目的不是去制造思想多样化的理解,因为"这不仅是我力所不逮之事,而且也是任何人都力所不能及的";"知识的社会学,用这类醒目标题,对我的口味而言,它有点太康德哲学化了"[10]204-206。

## 四、结论:两种"地方性知识"

通过对劳斯和吉尔兹使用"地方性知识"概念的分析,显然可以发现这两个"地方性知识"是不一致的,确实应该做出一定区分。但是,作为"两种"不同的"地方性知识",它们不是按照学科门类来划分的,即不存在所谓"科学实践哲学的地方性知识"与"阐释人类学的地方性知识",而只是存在"理论性"与"操作性"的分野。这种分野体现的是一种思维方式的异同,但不足以作为建立学科壁垒的依据。

劳斯所阐述的地方性知识是倾向于理论性的,甚至在某种程度上存在其科学实践哲学所批判的理论优位的影子。从根本上说,这是因为其没有完全摆脱传统科学哲学的本质主义和基础主义,劳斯赋予了自己的理论独特的优越性,但却排斥其他存在理论优位诉求的理论。从这个层面出发,劳斯的地方性知识更像是一个理想模型。

而操作性的地方性知识,集中体现了吉尔兹阐释人类学的研究传统。这个地方性知识没有理论的预设,甚至不讨论理论问题,而是从实际的"做"谈起,或许更能体现科学实践所要求的那种彻底实践性。与此同时,这种地方性知识仍然保持着清醒的自反性,即不将人类学家所见作为事实,而只是陈述人类学家所见。而此立场也正是科学实践要求的,是地方性知识在科学实践哲学中展开理论实践的追求。

其实,"做"出来的科学实践或地方性知识研究与"做"出来的人类学民族志研究在最终的学术诉求上是一致的。在目前的科学实践或地方性知识研究中,所有的案例研究基本上是以人类学的路径在展开的,进而以此为基础来诠释地方性知识。吴彤教授的中医学、风水学及民族植物学案例研究[13]在具体操作层面几乎与阐释人类学采取的是同一种研究套路,基本可以分成四步:第一步,选择一种异质性的文化现象;第二步,以一个研究者的身份介入这种异质性文化;第三步,以类似田野作业的方式开展具体研究;第四步,撰写田野作业报告及科学实践或地方性知识的研究论文。这些研究的研究对象也基本是非西方的、非主流的、边缘化的知识或文化,而且是带有深刻地域性特点的。这种理论实践难道不正是与劳斯地方性知识相区别的那一类地方性知识吗?

应该承认,实践中所运用的地方性知识至少不完全是严格意义上劳斯所承诺的那种地方性知识。由此可见,所谓"科学实践哲学的地方性知识"与"阐释人类学的地方性知识"的划分是不合理的,"科学实践哲学的地方性知识"不具备现实性。实践中所达及的程度与理论所设定的理想状态之间存在差距,而且这种差距本质上就是不可弥补的。承认这个差距,比否认或者试图通过某种方式去填补,某种程度上是更有意义的。

把科学实践哲学的地方性知识从理想模型中拉回到现实中来,需要结合人类学意义上的地方性知识,调和这二者也远比强调这二者间的差别更具有建设性。理论性和操作性的地方性知识对于科学实践哲学来说都是重要的,而操作性的地方性知识对于这个理论的具体实践是更为重要的。劳斯的科学实践哲学的确从理论上揭示了科学知识的地方性属性,彻底消解了所谓相对主义的问题,但是,在具体实践中或从操作性层面出发,这种地方性属性无法实现。彻底的理论化的地方性所损害的只能是科学实践哲学在具体实践层面的研究。

然而,劳斯也已经指出了走向科学实践哲学的具体途径,"一种更加充分的科学哲学的模式应该是跨学科的文化研究。在我使用这个词的意义上,文化研究的目的是理解意义的历史形成和维持。文化研究集中于意义从行动者之间及与其环境之间的相互作用中显现的方式"[8]163。这种文化研究所要致力于研究的主要是公共表现和话语,而其可以利用的理论工具包括文化解释与阐释人类学。地方性知识作为论证科学实践合法性中的一环具有深刻的理论性,也同时是一种可以借助阐释人类学研究传统在科学实践哲学的"文化研究"中铺开的研究主题。

## 主要参考文献

[1] 孟强.科学实践哲学与知识观念的重构——兼谈地方性知识.自然辩证法通讯, 2015, 37 (3): 20-28.

[2] 盛晓明.地方性知识的构造.哲学研究, 2000, (12): 36-44.

[3] 吴彤.两种"地方性知识"——兼评吉尔兹和劳斯的观点.自然辩证法研究, 2007, 23 (11): 87-94.

[4] 刘兵.关于STS领域中对"地方性知识"理解的再思考.科学与社会, 2014, 4 (3): 45-58.

[5] 刘兵, 卢卫红.科学史研究中的"地方性知识"与文化相对主义.科学学研究, 2006, 24 (1): 17-21.

[6] 吴彤.再论两种地方性知识——现代科学与本土自然知识地方性本性的差异.自然辩证法研究, 2014, 30 (8): 51-57.

[7] 约瑟夫·劳斯.知识与权力——走向科学的政治哲学.盛晓明, 邱慧, 孟强译.北京: 北京大学出版社, 2004.

[8] 约瑟夫·劳斯.涉入科学——如何从哲学上理解科学实践.戴建平译.苏州: 苏州大学出版社, 2010.

[9] 克利福德·格尔茨.文化的解释.韩莉译.南京: 译林出版社, 2008.

[10] 克利福德·吉尔兹.地方性知识: 阐释人类学论文集.王海龙, 张家瑄译.北京: 中央编译出版社, 2000.

[11] 克利福德·格尔茨.追寻事实: 两个国家、四个十年、一位人类学家.林经纬译.北京: 北京大学出版社, 2011.

[12] 克利福德·格尔茨.论著与生活: 作为作者的人类学家.方静文译.北京: 中国人民大学出版社, 2013.

[13] 吴彤等.复归科学实践——一种科学哲学的新反思.北京: 清华大学出版社, 2010.

# 历史性知识论与科学实践哲学*

黄　翔　塞奇奥·马丁内斯

从科学实践哲学的视角看，科学知识是地方性的。[1]102-135 地方性的科学知识具有三个重要的特征，即社会性、异质性和历史性。社会性是指科学知识的知识论标准由参与具体实践的科学团体或研究传统来确定；异质性是指知识论标准不仅限于逻辑和数学规则，也来自隐含于实践中的各类认知的、技术的和仪器的规范性资源；历史性是指知识论规范的产生、存在及变化都由具体实践的历史背景所局限。说明和辩护具有这三种特性的地方性知识需要一种迥异于传统知识论的新知识论。传统知识论试图为知识找到具有普遍性和必然性的条件或结构，因此，从本质上来说是非历史性的。地方性知识所要求的新知识论则否认在人类的认知资源中可以找到这种具有普遍性和必然性的条件和结构，而寻求一种历史性的知识论。为历史性的知识论可能性做出辩护则是科学实践哲学

---

\* 本文发表于《自然辩证法通讯》2015 年第 3 期，作者黄翔，复旦大学教授，主要研究方向：科学哲学、科学史和知识论；塞奇奥·马丁内斯，墨西哥国立自治大学哲学研究所教授研究员，主要研究方向：科学哲学、知识论、认知科学。

的核心任务，本文旨在讨论这种可能性。第一部分指出并不是所有的对科学史和科技元勘（science and technology studies）中的地方性的案例研究都能满足知识论层面上的要求。第二部分引入瓦托夫斯基的历史性的知识论理论，这个理论建立在一种极具启发性科学实践的概念之上，它为地方性知识所需要的新知识论提供了宝贵的起点。第三部分讨论瓦托夫斯基的理论中的一些困难，并试图用当代认知科学和以实践为中心的科学哲学的资源来解决这些困难，以寻找一种能够满足地方性知识和科学实践哲学的更为精致的历史性的知识论。

## 一、在科学史和科学哲学复杂关系中的地方性知识

科学史和科学哲学在1880～1930年关系相当融洽。赫歇尔（J. Herschel）、惠威尔（W. Whewell）、孔德（A. Comte）、马赫（E. Mach）、卡西尔（E. Cassirer）、梅耶森（E. Meyerson）和迪昂（P. Duhem）等哲学家和科学哲学家们都认同对科学规范的元层次理解，不可避免地依赖于科学史对这些规范产生和发展的历史细节的考察。[2]47,[3]198 借用瓦托夫斯基（M. W. Wartofsky）的术语，我们可以把这种观点称为经典的相容观，因为这种观点认为科学史和科学哲学不仅具有相容（agreeable relations）关系而且还相互依赖。[4]121① 没有哲学关怀的科学史只是科学事件的编年记录，无法深入地了解科学知识的特性；而如果不关注科学史所提供的具体实践细节，只在扶手椅上凭空玄想则很难避免偏见与虚构。也就是说，科学哲学家必须精通科学史，而科学史的研究也应该以哲学思考为指导。

经典的相容观受到逻辑经验主义的挑战。逻辑经验主义坚持发现

---

① 瓦托夫斯基在科学史与科学哲学是否相容的态度上做了内在与外在的区别。外在相容关系（agreeable external relations）是指科学史与科学哲学以不同的方式研究相同行为对象即科学活动。而内在相容关系（agreeable internal relations）是指科学史与科学哲学从不同的视角对科学知识论形成相互合作和相辅相成的共同研究。本文为了简洁，将不做这种内在和外在的区别。

境况（context of discovery）与辩护境况（context of justification）的区分，认为科学史属于前者，是对科学发展过程的描述性研究，而科学哲学属于后者，关注于对科学知识的规范性研究。逻辑经验主义者表面上似乎并不反对相容观，因为他们并不反对科学史研究本身。然而，在科学知识论的问题上他们却是坚持科学哲学和科学史的关系是相互排斥的（disagreeable relations），因为科学史的描述性研究完全不能满足辩护境况中的知识论的规范性（epistemic normativity）要求。对辩护境况的研究只能使用非历史性的理性重构的方式。20世纪六七十年代后，科学哲学中的历史主义转向与科学社会学中的强纲领和科学知识社会学研究相互声援，产生了许多引人注目的对科学史和科学实践的地方性的案例研究。这些研究充分展示了逻辑经验主义的相斥观的问题。首先，发现境况和辩护境况的区分并不分明，社会和心理因素决定性地影响着科学知识的辩护过程。其次，忽视社会性因素和历史性细节的理性重构所得出的所谓科学规范从未真正地指导过真实的科学实践。按照费耶拉本德的观察，以理性重构的视角来检查科学史，所能得出的唯一的结论只能是"什么都行"（anything goes）。[5]18-19

科学哲学的历史主义转向和科学知识社会学所提倡的地方性研究对逻辑经验主义的批判并未直接导致相容观的复兴。一方面，接受历史主义立场的科学哲学家如果不愿意放弃理性重构的预设，只能给予科学史一个非常薄化的地位。比如，拉卡托斯和后期的劳丹都承认说明科学合理性离不开科学史，但他们认为科学史的功能仅在于为科学合理性理论提供历史上科学实践成功的例子，以便成为这些理论的证据，至于科学史中造成成功或失败的具体细节则无关紧要。另一方面，许多科学知识社会学的地方性研究否认知识论规范在科学实践中的作用。在这些研究者看来，科学知识完全是社会建构的结果，只能用社会因素因果性地予以说明。这是一种取消或替代科学哲学的立场，它认为描述性的科学史加上社会性的因果说明是理解科学活动的唯一合法资源。我们可以称它为科学知识社会学的排斥观，它走向了逻辑经验主义的排斥观的另一极端，即以描述性科学史的资源排斥规范性科学哲学在理解科学活动中的作用。以科学知识社会学的排斥观为出发点的地方性知识研究即使有其科学史和社会学方法和原则的支持，却难以满足科学实践哲学的要求。例如，它难以说明科学实践哲学所关心的如下问题，即某一特定实践中的知识论规范是如何转移到其他实践活动中的，因为这种转移无法单纯地用历史和社会因素充分说明。科学史家迪尔（P. Dear）在批评夏平（S. Shapin）和谢弗（S. Schaffer）的科学知识社会学名著《利维坦和空气泵》一书时指出，尽管该书正确地指出了玻意耳和霍布斯对实验知识的讨论决定性受到社会因素的影响，却难以解决如下知识论上的困难："那些对每种（可产生知识的）经验行为只进行局部说明的研究，留下了从伦敦到罗马、从巴黎到华沙之间的广大地域中一系列无法被说明的巧合。"[6]4 这就是说，对玻意耳和霍布斯的争论只作社会性的研究而忽视其中知识论规范的特性的话，将无法解释为什么在波霍之争的同期，实验知识在欧洲大陆其他地域分别以各自独立的方式产生出来的事实。如果认为这些以独立方式产生出来的实验知识仅仅是各自不同的社会因素运作的结果而没有任何知识论理由的话，那么，在如此短暂的时间内以不同的社会因素产生相同或极为类似的实验知识的事实就只能是一个奇迹般的巧合。

排斥观的两个极端，无论是逻辑经验主义的还是科学知识社会学的，都难以为科学实践哲学所要求的地方性知识提供令人满意的知识论。逻辑经验主义的排斥观否认认知过程的社会性和历史性，而科学知识社会学的排斥观强调认知过程的社会性和历史性，却忽视了知识论规范的作用。科学实践哲学所要求的地方性知识需要一种新的、建立在相容观立场上的知识论，能够兼顾认知过程中知识论规范和它的历史性。追求这种相容观的知识论的一个当代进路是最近十几年颇为引人注目的"历史性知识论"（historical epistemology）。自20世纪90年代起，以美国哈佛大学历史系的加里森（P. Galison）、芝加哥大学哲学系的戴维森（A. Davidson）等为首，以德国普朗克学院科学史研究所的达丝顿（L. Daston）和瑞因贝格（H.-J. Rhenberger）等为中心，许多科学史学家愿意把自己的研究归为历史性知识论。他们把注意力集中在一些知识论的概念（如证据、客观性、真理、事实、表征等）的历史发展上，并取得了一批优秀的成果。①

然而，即使在这个进路内部也存在着对历史性知识论这个概念的不同理解方式，而并不是所有的理解方式都能满足科学实践哲学的要求。在这里需要区分"历史性的知识论"（historical epistemology）与"知识论的历史"（epistemological history）这两个概念。前者的最终目的是寻找一种在哲学层面上令人满意的知识论，并认为这种知识论离不开历史性研究。而后者则是科学史的研究，其研究对象为知识论概念的产生和变化的历史。这种研究有其史学的合法性，其研究成果也常常会有助于前者的研究，但在哲学层面上未必令人满意，因为它未能在正面建立相容观。以20世纪最有洞见的科学史家之一的康吉莱姆（G. Canguilhem）为例，他坚持自己的研究是知识论的历史而非历史性的知识论。[7]348,359 在他看来，科学史并不是展示真理积累的历史，而是应该研究科学活动中的概念、分类和方法如何产生变化，旧有的如何在过去被看成是科学的，新的变化是在何种条件和考虑之下被建构出来的。[8]171-175 科学史所展示的科学特性就是这种自我修改的能力。每个学科在不同阶段都会有自己的规范，今日被当作真理的东西未必在未来能够被保留。不难看出，这是一种相对主义的地方性知识研究，它获得了令人瞩目的成果，发掘出真实地影响着具体科学活动却又被理性重构的哲学进路所遗忘的思想、人

---

① 例如，Davidson A I. The Emergence of Sexuality: Historical Epistemology and the Formation of Concepts. Cambridge: Harvard University Press, 1998; Poovey M. A History of the Modern Fact: Problems of Knowledge in the Sciences of Wealth and Society. Chicago: University of Chicago Press, 1998; Hacking I. Historical Ontology, London: Harper University Press, 2002; Daston L, Galison P.Objectivity, New York: Zone Book, 2007; Rheinberger H J . Historische Epistemologie zur Einführung, Hamburg: Junius, 2007; 等等。

物和环境。这种研究并不反对相容观，但未能为相容观提供正面的理论和哲学辩护。当它把注意力集中在具体的地方性规范上时，未能充分解释为什么科学的自我修改过程尽管有其偶然性但并不完全随意，具体地说，它未能满意地解决上面迪尔所提出的问题。如果我们仔细考察当前的历史性的知识论研究，就会发现其中许多地方性研究其实属于知识论的历史。

## 二、瓦托夫斯基的历史性知识论

自觉地与知识论的历史区分开来的一个经典的历史性的知识论来自美国波士顿大学的科学哲学家瓦托夫斯基（M. M. Wartofsky）。[①] 作为"波士顿科学哲学研究"丛书的编辑，瓦托夫斯基与另一位编辑科恩（R. S. Cohen）一样受到马克思主义哲学的影响。在瓦托夫斯基看来，历史性知识论之所以重要，正是因为它能够避免逻辑经验主义的排斥观和科学知识社会学的排斥观这两个极端。他指出，逻辑经验主义的排斥观试图在人类的认知资源中寻找到某些本质性的结构作为知识的充分必要条件，这种知识论是非历史的和非社会学性的。而科学知识社会学的排斥观则试图代之以描述性的和自然主义的对知识的说明，通过这种说明来表明知识建立过程中的主体间的经验标准最终由社会性的共识所决定。在这种描述性和自然主义的说明中，传统科学哲学所追求的知识论规范失去了地位。

瓦托夫斯基的历史性知识论力图避免本质主义和纯描述性的规范性知识论这两个极端。它的基本思路可分成如下三个步骤：

（1）获取知识的认知过程是一种实践活动；

（2）人类的认知实践活动是不同的实践形态（modes）运作的后果；

---

[①] 瓦托夫斯基的历史性知识论曾被罗慧生的《西方科学哲学史纲》（天津人民出版社，1989，第24章）介绍到国内。瓦托夫斯基的介绍将瓦托夫斯基的理论当作对科学哲学历史主义转向的一个反应，与这里所强调的科学实践哲学的理论出发点并不相同。

（3）知识论必须理解这些不同的实践形态，而这种理解一定是历史性的。

要理解（1）首先需要理解对瓦托夫斯基来说什么是实践。在瓦托夫斯基看来，一个实践是一组具有以下三个特征的人类活动：有目的性（telos）、使用技艺（techne）和受规范（norms）约束。① 所谓目的性是指实践活动拥有对象或目标，这些对象和目标并不一定是个人的，也可以由社会和文化来决定。对目的性的强调凸显了实践的实用主义和社会性的特征。所谓技艺是指社会或常识接受的、有助于达成目的的各种手段，包括相应的工具和技能。技艺性意味着实践不应被简单地理解为理论的运用，而是通过技术和技艺主动与环境和对象互动的过程。规范则包括使实践运行的明晰的规则和条件，展示实践结构和过程的范例，以及隐含的却可识别的指导实践性判断的规则。这三个特征使得实践拥有意向性，它们赋予实践以内容，该内容使得某一实践成为实践，并可被实践者及支持并受益于该实践的社会所理解。[9]364 获取知识的过程（knowing）一旦被看成为这种实践过程，它将在认知主体的认知活动中展开，而不像传统知识论所理解的那样，只是对外在对象的内在反映，以及证据对这个反映的逻辑支持。

（2）意味着，知识论规范起源于认知实践，而认知实践由不同的实践形态组成。比如，知道如何去做（know-how）的隐含技巧，如骑自行车、游泳的技巧等，就是一种重要的实践形态。在科学中，获取理论性的表征也是一种实践形态。这时，表征不再仅是命题态度对外在对象的符号性反映，瓦托夫斯基称这种符号性反映为"内在表征"（internal representations）。内在表征无法单独存在，它必须依赖更为基本的表征形态。任何东西都可以成为其他东西的表征，只要得到某些准则（canon）的允许，而科学的表征则有着自己的准则。这些准则是社会性建构或约

---

① 瓦托夫斯基坚持他的实践观点来自马克思，但同时宣称这个观点被一系列哲学家，如卡西尔、杜威、维特根斯坦、波兰尼和古德曼等持有。这个实践观点与马克思主义的关系值得讨论，但本文无法深究。

定出来，形成不同的风格或科学表征的不同实践形态。比如，数学公理化的表征与实验科学的表征不同，而这两者又与历史叙述性的表征不同。瓦托夫斯基把这种社会性建构或约定出来表征实践形态称为"表征人造物"（representational artifact），以区别人与动物所共有的，由外在对象的刺激所产生的心理意象的能力。表征人造物与遗传给定的、习惯性的反射式的意象能力有两点本质性的区别：首先，前者可以通过文化为媒介进行学习与传播，而后者是遗传给定的能力；其次，实践者可对前者进行操作、建构或重组等不同类型的干涉，而对后者只能反射式地接受。[9]369-370 在瓦托夫斯基看来，正是表征人造物的不同实践形态使得内在表征成为可能。这些实践形态拥有各种不同的可通过后天习得的表征工具，如图像、语言和实验仪器等。在这些工具运作下，实践者可以获取相应的内在表征。因此，内在表征是第二性的，而实践的不同形态则是第一性的。

既然作为表征人造物的实践形态是知识论规范的来源，而这些实践形态随着历史而变化，那么，以说明知识论规范为目的的知识论也相应地是历史性的。这是（3）的基本思想。瓦托夫斯基认为，认知过程的历史性决定了知识论只能是历史性的而不是历史的结果。知识论本身就是历史，因为"它是人类行为形态的自我转变，它通过人造物的具身化保存并传播被转变后的形态，并通过后天习得的技能从这些人造物中读回它们所表征的东西"[9]371。一个具体的例子是知觉。知觉是经验知识的主要来源之一，它被各类传统的知识论看作是非历史性的。本质主义认为知觉由知觉对象与知觉器官的某种本质性关系所决定。相对主义认为观察总是被理论渗透，知觉相对于相应的概念框架。而知觉的发展和演化理论则认为人类的知觉器官是演化的结果，从系统发育的角度看，它与其他物种的知觉器官相比会产生不同种类的知觉；从个体发育的角度看，一个人在生长的不同时期也会拥有不同的知觉能力。尽管这些知觉观的分歧很大，但都把知觉看成一种发生在大脑或心灵的内在认知过程，并不具有历史性。[10]190-191① 因而，建立在这个知觉观上的经验知识的知识论也只能是非历史性的。瓦托夫斯基则认为知觉应该被理解为一种认知实践，在其中知觉对象以知觉行动为中介，该中介使用不同的表征实践形态使得知觉对象被知觉。在这种知觉观中，"知觉形式的可塑性显而易见，其证据来自如下事实：当表征的风格和准则历史性地变化时，被看到的世界也因此而历史性地变化"。这就是说，由于表征实践形态是历史性的，因而知觉也必定是历史性的。而历史性的知识论根本任务就是既考察知觉形态变化的机制，又考察这个变化的历史。[10]207, 210

（1）、（2）和（3）三个步骤合起来意味着一旦人的认知过程以瓦托夫斯基的方式被理解为实践活动，那么，规范性的知识论在本质上是历史性的。因此，以科学知识为研究对象的科学哲学无法与科学史分开。这是以实践概念为出发点为相容观作出的一个哲学论证。它为科学实践哲学视角下的地方性知识所要求的新知识论提供了难得的起点。

然而，要想成为一个成功的新知识论，瓦托夫斯基的理论仍需作出某些重要的修正。为此我们先看一下美国科学哲学家瓦托夫斯基在波士顿大学的同事西蒙尼（A. Shimony）对瓦托夫斯基理论的批评。我们在讨论表征人造物这个概念时已经提到，瓦托夫斯基将此概念与天生的意象能力做出区别。他认为通过遗传给定的表征和知觉能力不具有知识论规范性，只是与动物共有的、前知识论的认知的先决条件。知识论规范来自后天获得意向性、目的性和技艺性所组成的人造性资源。[9]369, [10]198-200 从自然化的知识论的视角出发，西蒙尼质疑遗传给定的认知条件与后天习得的历史性人工物之间的区分，在他看来，两者的界面并不清晰。西蒙尼用一个类比来说明这点。哺乳动物免疫系统中的抗体最初来自母亲的子宫和奶水，但只能维持几个月。而成年后的抗体构成则是个体发育历史的结果，即身体对病毒、细菌和其他异质入侵物予以反应后所形成的

---

① 相对主义知觉观可以认为知觉相对于各种社会性境况，因而是社会建构的。但并不认为知觉从本质上来说是历史性的。

结构。成年个体的抗体构成并不对应于 DNA 的某个编码，按照瓦托夫斯基的逻辑，则该构成不由遗传决定。但西蒙尼指出，这并不意味着遗传因素不参与成年个体的抗体构成。由遗传所决定的某一抗原无法指示 B 淋巴细胞形成某种特定的抗体，然而，一旦 B 淋巴细胞形成的某些抗体与某一抗原相匹配，两者的成功互动会促使该抗原刺激相匹配的抗体大量克隆。正是通过抗原和抗体之间的相互试错与互动，最终形成了个体的抗体构成。因此，哺乳动物免疫系统是遗传获得的抗原与抗体的后天发展互动的结果。与此类似，在西蒙尼看来，我们没有理由认为人的认知结构与功能不比免疫系统精致，它也可以是遗传给定部分与后天习得部分互动的结果。忽略遗传部分会使得历史性知识论过于片面甚至无法理解。[11] 375-376

## 三、更为全面的实践概念

西蒙尼的批评是有道理的，它提醒我们瓦托夫斯基的历史性知识论如果能让人满意，就应注意吸取自然化知识论的一些重要成果。我们可以从以下两个方面来理解这点：首先，科学实践哲学的近期成果支持西蒙尼的观察，即科学知识是由科学实践中后天习得的规范性资源与天生所拥有认知能力的互动产生的；其次，近期的认知科学的成果也的确为历史性知识论的研究提供了有力的支持。

我们先看第一个方面。美国科学实践哲学家劳斯（J. Rouse）指出，西方哲学习惯于将因果的、规律性的自然领域与规范的、意向性的意义领域做出二元区分。然而，一旦我们意识到在科学实践中，因果关系已经是规范性的，而规范性也已经具有了因果效力时，这个二分就会消失。通过科学实践的运作，因果性的自然在实践者与物质环境的互动中突现（emerge）出其意义，自然与规范性相互渗透。[12] 442-443, [13] 104 瓦托夫斯基的遗传给定的与后天习得两部分的划分正是这种二分的体现。这个二分使得瓦托夫斯基认为遗传给定的具有因果规律性的认知能力不具备知识论的规范性，只能是前知识论的认知条件，而知识论的规范性只出现在后天习得的、有意识的意向性实践中。劳斯的对二分的批判消解了瓦托夫斯基的天生认知能力的前知识状态与习得的规范性知识论的区分。

接受劳斯的批评也要求我们重新考察瓦托夫斯基对实践的定义。瓦托夫斯基把实践看成为具有目的性、技术性和规范性的人造物资源。不难看出，这种理解把实践完全归结为后天习得部分的运作，自然被当作因果性和规律性的前知识条件被排除在外。而在劳斯看来，实践活动既有自然的物质性的参与，又在实践者的意向性活动中进行，实践是两者互动的结果，既是自然的又是意向性的。劳斯以一种更具一般性的方式为实践做出如下定义：P 是一实践，当 P 所做的可按规范被看成是正确的或者不正确的。[12]446 在这个定义中，规范的标准来自自然规则与意向性的相互渗透。值得注意的是，这个定义并不与瓦托夫斯基支持的相容观冲突，因为它完全赞同自然与规范性可以不同的方式相互渗透，从而形成不同的认知实践形态。为了看清这点，我们不妨引入美国科学哲学家芭拉德（K. Barad）对科学实践的定义。根据这个定义，科学实践是各种由物质性的和意向性话语所形成的器具（apparatuses）以多重方式进行的内在互动所产生的结果。[14]7 这个定义符合劳斯的基本精神，强调在实践中自然与规范性的相互渗透。同时，瓦托夫斯基的实践形态的概念相应于芭拉德的器具概念。无论是实践形态还是器具，在不同的实践中可具多样性和历史性。也正因为如此，建立在这两个概念上的知识论必定是历史性的。

如果说在西蒙尼看来，瓦托夫斯基建立在遗传给定与后天习得二分之上的实践定义会妨碍历史性知识论对认知科学和自然化知识论的研究成果的吸收和借鉴，那么，一旦借鉴劳斯和芭拉德所提倡的更为全面的实践定义，这种妨碍就消失了，从而展现出认知科学和自然化知识论的研究对历史性知识论的支持。我们不妨简略地看两个例子。

第一个例子来自美国哲学家伯吉（T. Burge），他从自然化知识论的立场探讨人类的知觉。他与瓦托夫斯基一样，把人类的知觉看作通过表征获取对知觉对象的感知，而不是知觉器官对感觉与料的刺激的因果性反应。与瓦托夫斯基不同的是，伯吉认为知觉的真实可靠性（veridicality）在很大程度上取决于遗传给定的知觉能力，而瓦托夫斯基则认为该真实可靠性完全来自表征人造物所带有的实践规范性。在伯吉看来，人类的知觉能力是演化的结果，因此是遗传给定的能力。其表征系统可以在繁多的可识别的殊型对象中识别出具有同一性的属性。这种识别能力在正常与境中会给出真实可靠的表征，即便在与境变化时它是可错的，即有可能产生错觉。但在大多数情况下，只要环境正常它就具有真实可靠的担保（veridical warrant），即具有知识论的规范性。[15] chap.8 瓦托夫斯基对实践的原始定义则看不到来自遗传给定的知觉能力中的真实可靠的担保，在伯吉看来这是一种过度的理智主义（hyper-intellectualization）。然而，一旦我们使用劳斯或芭拉德的实践定义来理解人类的知觉表征系统，我们就可以看到该系统是由来自遗传给定能力的真实可靠的担保与来自表征人造物所带来的实践规范性互动所产生的，而互动的不同方式则可产生不同的实践表征形态。①

另一个例子是为了显示认知科学的成果如何支持历史性知识论的。哈金（I. Hacking）的科学推理风格理论是历史性知识论的当代典范。它的理论出发点是，除了纯粹形式，真理和客观性的其他方方面面都是历史性的，并非先验给定和一成不变的。真理的发现和建立过程不仅是个依赖于相对稳定的人类先天认知能力的自然过程，也是一个依赖于相对多变的社会团体的社会历史过程。科学真理的发现和建立离不开推理。哈金的理论一反传统上对科学推理和科学方法的逻辑结构研究，把科学推理当作历史性的认知过程，并对这些过程的不同形态作出谱系学式的分析。他从科学史的发展中识别出以下几种推理风格：数学中公设式风格、对可观察对象的测量和实验风格、以类比模型建立假说的风格、对

---

① 实际上，伯吉对知觉中表征人造物所带来的实践性规范重视不够，瓦托夫斯基的理论也是对他的一种补充。当然，这也需要更为全面的实践概念。

研究对象对比和分类的排序风格、对群体的统计和概率计算风格和对发生性（genetic）过程的历史性研究风格等。这些推理风格已成为科学研究中重要的研究工具，可以被理解为瓦托夫斯基的实践认知形态或芭拉德的认知器具。哈金在分析它们建立和辩护过程中的社会性、技术性和物质性因素的同时，也强调它们是以先天认知能力为基础的。比如，他接受认知科学对心灵结构的模块（module）理论，即一些在人类演化中形成的、只对特定与境有所反应的、被称为模块的功能性机制构成人类心灵的一部分。尽管认知科学家对模块在心灵构成中所占的比例有所争议，但模块的存在已获得大量的经验证据。哈金认为，不同的科学推理风格可有以相应于具有不同功能的模块，而这些模块的功能所携带的规范性为相应的科学推理风格提供了辩护资源。[16]48,54-55 哈金的这种处理也只有在劳斯或芭拉德的更为全面的实践定义下才能被理解。

我们在第一部分看到，科学实践哲学视角下的地方性知识要求一种相容观的新的知识论，即能够兼容历史性与知识论规范性，而许多打着历史性知识论旗号的理论并不能满足这个要求。瓦托夫斯基的理论给出满足这一要求的哲学起点，然而，它需要修正，接受一个更为全面的实践定义。

## 主要参考文献

［1］吴彤.复归科学实践——一种科学哲学的新反思.北京：清华大学出版社，2010.

［2］Laudan L.The history of science and the philosophy of science//Olby R C, Cantor G N, Christie J R R, Hodge M J S. Companion to the History of Modern Science. London, New York：Routledge，1990：47-59.

［3］Clauzade L. Histoire des sciences et philosophie des sciences dans la philosophie d'August Comte//Bitbol M, Gayon J. L'épistémologie Française，1830-1970. Paris：PUF，2006：197-212.

［4］Wartofsky M M. The relation between philosophy of science and history of science//Wartofsky M W. Model: Representation and the Scientific Understanding. Dordrecht and Boston: D. Reidel, 1979: 119-139.

［5］Feyerabend P. Against Method. 3rd ed. Great Britain: Verso, 1993.

［6］Dear P. Discipline and Experience: The Mathematical Way in the Scientific Revolution. Chicago: The University of Chicago Press, 1995.

［7］Dews P. Foucault and the French tradition of historical epistemology. History of European Ideas, 1992, 14（3）: 347-363.

［8］Lecourt D.Georges canguilhem's epistemological history//Lecourt D. Marxism and Epistemology: Bachelard Canguilhem and Foucault. London: NLB, 1975.

［9］Wartofsky M M. Epistemology historicized//Shimony A, Nails D. Naturalistic Epistemology. Dordrecht, Boston: D. Reidel, 1987: 357-374.

［10］Wartofsky M M. Perception, representation and the forms of action: Towards an historical epistemology//Wartofsky M W. Model: Representation and the Scientific Understanding. Dordrecht, Boston: D. Reidel, 1979: 188-210.

［11］Shimony A. Comment on wartofsky//Shimony A, Nails D. Naturalistic Epistemology. Dordrecht, Boston: D. Reidel, 1987: 375-377.

［12］Rouse J. Understanding scientific practices: cultural studies of science as a philosophical program//Biagioli M. The Science Studies Reader. New York, London: Routledge, 1999: 442-456.

［13］Rouse J. How Scientific Practices Matter: Reclaiming Philosophical Naturalism. Chicago, London: University of Chicago Press, 2002.

［14］Barad K. Agential realism: feminist interventions in understanding scientific practices//Biagioli M. The Science Studies Reader. New York, London: Routledge, 1999: 1-11.

［15］Burge T. Origens of Objectivity. Oxford: Clarendon Press, 2010.

［16］Hacking I. Scientific Reasoning. Taipei: Institute for Advanced Studies in Humanities and Social Sciences, Taiwan University, 2009.

# 科学实践哲学与知识观念的重构
## ——兼谈地方性知识*

孟 强

20世纪90年代以来,"科学实践"成为科学论(science studies)的重要课题,并由此衍生出一种跨学科、多维度的"科学实践哲学"。1987年,劳斯(J. Rouse)发表《知识与权力》,1992年,皮克林(A. Pickering)编辑出版《作为实践与文化的科学》,1993年,林奇(M. Lynch)发表《科学实践与日常行动》,1995年,皮克林发表《实践的搅合》——这一系列标志性文献为科学实践哲学确立了基本参照系。2006年,"科学实践哲学学会"(Society for Philosophy of Science in Practice,SPSP)成立,这意味着科学实践哲学向建制化迈出了重要一步。作为"科学知识哲学"的替代性路线,科学实践哲学逐渐成为人们理解科学的重要指南。这与20世纪哲学的整体发展方向是一致的,正如特纳(S. Turner)所说,"实践看起来是20世纪哲学的消失点(vanishing point),这个世纪的主要哲学成就现

---

\* 本文发表于《自然辩证法通讯》2015年第3期,作者孟强,中国社会科学院哲学研究所副研究员,主要研究方向:一般科学哲学、科学的政治哲学。

在被广泛理解为有关实践的主张"[1]1。

需要指出的是,科学实践哲学并不代表某种统一而连贯的解释框架,它包括了多种家族相似的理论路线:以林奇为代表的常人方法论,以塞蒂娜(K. K. Cetina)为代表的实验室研究,以拉图尔(B. Latour)为代表的行动者网络理论(ANT),哈金(I. Hacking)等开创的"新实验主义",以劳斯为代表的、具有现象学气质的新自然主义等。在如何理解科学、知识和实践等方面,不同的理论路线之间并未达成共识。尽管如此,它们在精神气质上具有高度的一致性:反对20世纪主流的规范认识论,并首先将科学视为动态的实践过程而非静态的理论集合。从这一点出发,研究者们力图勾画出不同于以往的科学形象,相应的知识观念也随之发生变迁。这种转变意义重大,涉及普遍主义/相对主义之争、知识的实践构造、认识论与存在论的关系等核心议题。本文尝试以科学实践哲学为背景对知识观念的重构及其意义展开讨论。

## 一、科学实践哲学概览

回答"什么是科学实践哲学"绝非易事,因为它涵盖多种不同的研究进路、风格与方法。为此,本文打算换一个角度,从思想来源、方法论与基本特征等方面提纲挈领地刻画科学实践哲学的整体轮廓。2014年,索罗(L. Soler)等编辑出版了《科学哲学、科学史与科学的社会研究中实践转向之后的科学》,该文集导论部分对科学实践哲学做了较为准确的概括,它将为以下论述提供参考。[2]1-43

大体而言,科学实践哲学有两大思想来源:科学知识社会学(SSK)与新实验主义。与默顿学派不同,SSK力主使知识社会学彻底化,把科学知识置于社会情境中加以说明,确立了认识论与社会学的统一性,带有强烈的社会建构论取向。这样,科学就被赋予了社会的、历史的与文化的色彩。在此进程中,库恩的《科学革命的结构》与维特根斯坦的

《哲学研究》发挥了关键性作用，前者对范式与常规科学的讨论及后者对遵守规则（rule-following）的分析为社会学进入认识论提供了重要依据。另外，包括哈金、盖里森（P. Galison）和富兰克林（A. Franklin）等在内的新实验主义者放弃了理论优位的观念，从实践角度对科学实验作出了全新解释。哈金的著名口号"实验有自己的生命"鲜明地体现出了新实验主义的精神。[3]150 实验不再被简单地理解为对科学理论的检验，仪器与工具、科学家的实践智慧与默会知识、改造与操作对象等成为热门话题。这样，"新实验主义通过关注特定类型的科学实践而为实践转向提供了重要推动力"[2]8。另外，以海德格尔和梅洛-庞蒂为代表的现象学存在论也对科学实践哲学起到了推波助澜的作用。科学实践哲学研究者不满于英美主流的规范认识论，往往会汲取大陆哲学资源，这特别表现在劳斯对科学实践的哲学讨论中。但相比于前两者，现象学的影响通常是间接的、背景性的。

在方法论上，科学实践哲学侧重于对科学进行经验描述和案例分析，这与传统科学哲学的规范方法截然不同。长期以来，科学哲学把认识论视为核心任务，而知识的有效性、客观性及合理性等规范议题无法诉诸经验描述。因此，赖欣巴哈将"辩护的情境"与"发现的情境"严格区分开来。与规范认识论不同，科学实践哲学的优先主题不是"科学应该怎样"，而是"科学实际怎样"。对此，人们有时称之为"实践中的科学""行动中的科学"或"制作中的科学"。显然，对这类科学的研究无法诉诸规范辩护，而必须求助于常人方法论、人类学和民族志等。对于这种探究方式，迪尔（P. Dear）称之为"知识记录学"（epistemography）：它"力图'在现场'探究科学，即追问这样的问题：什么算作科学知识？这样的知识是如何制造和验证的？它以什么方式被运用和评价？"[4]130 必须强调，对"科学实际怎样"的研究不能简单地划归"发现的情境"，否则它根本无法挑战认识论。毋宁说，这类研究恰恰以"发现"与"辩护"的二分法为批判对象，而类似做法至少可以追溯到库恩那里。

下面,让我们参照索罗等的论述从六个方面刻画科学实践哲学的基本特征。第一,从研究科学产品到研究科学过程。拉图尔曾使用两面神"雅努斯"形象地指称"既成的科学"与"制作中的科学"。如果说传统科学哲学以知识成品为研究对象,科学实践哲学则将"科学过程"作为首要关注点,即打开科学的黑箱。第二,从先天的、理想化的科学说明到以经验为基础的科学说明。规范认识论以探究知识的限度及其可能性条件为己任,却牺牲了历史性与现实性。科学实践哲学反其道而行之,将目光转向真实的科学或特定历史条件下的科学。第三,从规范研究到描述研究。前面已经对此有所提及,此处不再赘述。第四,反对辉格史与合理重构。长期以来,对科学史的研究往往以当下科学为标准,将科学史看作是对后者的不断逼近。科学实践哲学继承了"反辉格史"精神,坚持从内部去展示特定历史时期的科学的各个侧面,悬置有关合理性与科学标准的先天判断。第五,从祛情境化、纯认知的和个人主义的立场到情境化的、社会的和集体的立场。一方面,科学实践哲学强调科学是集体事业,知识是在科学共同体层面上生产的;另一方面,它侧重科学实践的异质性,包括认知的、社会的和物质的等要素。第六,从沉思世界到改造世界。科学并不是对世界的静态表象,作为实践的科学首先是世界的参与者,是海德格尔所说的"在世存在"。哈金借用杜威的说法,提倡从"旁观者式的认识论"转向"参与者式的认识论"。于是,认识论同时具有了存在论韵味。

## 二、实践之辨:科学实践哲学的独特性

以上对科学实践哲学的刻画无疑是粗略的。下面通过辨析科学实践的意义,本文打算进一步说明科学实践哲学之为哲学的独特性,进而为探讨知识观念的转换作出铺垫。谈到科学实践哲学,人们首先想知道的是:科学实践意味着什么?它具有怎样的特性?科学实践指的仅仅是科

学家们的研究活动吗？要回答这些问题，还应从"实践转向"（practice turn）谈起。

20世纪90年代，科学论发生了重要转变。1992年，皮克林将其概括为从"作为知识的科学"到"作为实践的科学"。1993年，林奇在《科学实践与日常行动》中用"后建构论"（postconstructivist）来刻画科学论的新进展。[5]107 这种转变背后的核心推动力是对科学知识社会学与社会建构论的不满。起源于爱丁堡学派的社会建构论不遗余力地反对主流认识论，主张悬置合理性判断，寻找知识之为知识的社会条件。这样，社会学与认识论被内在地统一起来，甚至有人说"强纲领的任务是用社会学取代哲学［认识论］"。[6]137 从表面看，社会建构论相当激进，其社会化与情境化的知识立场与理性主义科学哲学势同水火。然而，这种对峙之所以可能，只是因为社会建构论继承了后者的前提，即"认识论的科学观念"（epistemological conception of science）[7]174。譬如，布鲁尔写道："社会学家关注的是作为自然现象的知识，包括科学知识。"[8]5 在社会建构者看来，将科学视为知识并无问题，问题只在于如何解释知识。根据认识论的科学观念，知识或者与对象相符，或者是主体的构造——无论它是先验主体抑或社会共同体。与科学实在论不同，社会建构论采取了康德式的主体构造路线；与康德不同，社会建构论用社会共同体取代了先验主体。

社会建构论对科学知识的解释带来了两个难题。第一，它无法说明对象或自然在知识构成中的作用。库恩对此早有察觉，"有人认为强纲领的主张是荒谬的……这些新的表述坦率承认对自然的观察在科学发展中的确起作用。但它们对此几乎完全没有提供信息"[9]110。坚持知识的社会建构以牺牲对象为代价，恰如康德因为坚持先验构造而制造了物自体一样。第二，社会学自身的位置——布鲁尔称之为返身性，即在宣称知识是社会建构的同时，你无法否认该主张本身也是社会建构的。在斯唐热（I. Stengers）看来，导致这一自我反驳困境的原因在于SSK摆错了自己的位置:"社会学将判断力(power to judge)作为合法理想赋予自身。"[10]59 社会建构论试图站在纷繁复杂的科学实践之外作出判断:知识是社会建构的,真理与谬误、客观与主观之间表面上的差异最终可以还原到社会层面,归因于同一类社会要素。从这个意义上说,它与规范认识论一样将自身放在"元科学"(meta-science)位置上,试图为科学提供外在性说明或还原主义说明。

20世纪90年代之所以出现"实践转向",一个重要的动机是力图避免上述难题。如果取消元科学,那么对科学的说明不应诉诸科学之外的任何根据,无论它是社会学根据抑或先天根据。为了理解真理、实在和客观性等,我们应当考察制造真理的科学过程,实在被实在化的科学过程等。取消元科学意味着我们无权对上述过程做还原主义处理,如将其规定为利益争夺、社会协商等,而必须参与性地展示科学实践的构成要素及其相互作用。这就是拉图尔所说的"非还原性原理"[11]159。倘若如此,亦能避开库恩的批评。科学实在论与社会建构论均以自然/社会的二元论为前提,而如果坚持非还原主义立场,就不应为科学实践先天地套上二元论枷锁。科学实践既不是知识的社会建构过程,也不是认知主体对自然的不断逼近,因为诸如此类的解释已经陷入了还原主义。我们无需在"自然"与"社会"之间作出两难选择,或者在强调"社会"的时候添加一些"自然"作为调料。

对于实践转向的意义,杜威在20世纪初的表述堪称精辟:"旧的中心是心灵,它凭借完全在自身内的一套力量去认识,而且只作用于同样完全自在的在先的外部材料。新的中心是发生在自然进程内的不确定的相互作用,该进程并不是固定的、完成了的……。自我与世界、心灵与自然(在孤立事物的意义上,在孤立状态下已经完成的事物的意义上)都不是中心,正如地球和太阳不是单一的普遍必然的参照系的绝对中心一样。"[12]290-291 在杜威看来,这种转变绝不亚于一场新的"哥白尼式的革命",而拉图尔则不无戏谑地称之为"哥白尼式的反革命"[13]76-79。无论怎样，这意味着我们必须远离主体/客体或自然/社会的二元论，从"居间地带"或相互作用过程这一新的中心出发。倘若如此，认识论的科学观念将让位于存在论的科学观念（ontological conception of science）：一方面，作为认识论前提的二元论形而上学将被抛弃；另一方面，以相互作用或实践过程为中心的思想方式将走向以生成（becoming）为导向的存在论。

所谓科学实践，恰应在上述背景下理解。通常，人们简单地将科学实践理解为科学家的现实活动，即"科学家在做什么"。这样的看法没有错，但远未揭示出实践转向的重大意义。根据存在论的科学观念，科学实践既不是单纯的社会协商过程，也不是力求反映自然的纯智力活动。毋宁说，科学实践是由各种异质性要素共同参与的互动过程，这些要素包括物质的、概念的、社会的和政治的等，该过程是后二元论的、动态的和生成性的。科学实践哲学之所以成为一种哲学，正在于它如杜威所说的那样把"科学实践"作为"新的中心"，摆脱了社会建构论与科学实在论之所以可能的二元论前提，进而为理解科学提供了新的存在论参照系。

## 三、告别"地方性知识"？

那么，我们应当如何重新看待知识？科学实践哲学在知识观念的重构中能够提供哪些见识？自劳斯的《知识与权力》出版以来，"地方性知识"（local knowledge）在国内科学哲学界逐渐流行开来，人们用它来表达与科学实践哲学相对应的新型知识观念。到目前为止，至少有三篇讨论"地方性知识"的重要的中文文献：盛晓明教授的《地方性知识的构造》、吴彤教授的《两种地方性知识》、刘兵教授的《关于STS领域中'地方性知识'理解的再思考》。可以想象，"地方性知识"这个称谓从一开始就注定要面对批评的滚滚浪潮，尤其在涉及自然科学的场合。从柏拉图到胡塞尔，"知识"（episteme）总是与普遍必然性形影不离，这使得它与变动不居的"意见"(doxa)形成鲜明对照。根据这一强大的思想传统,在"知识"前面加上"地方性"就如同在"三角形"前面加上"圆的"那样荒谬。因此,围绕地方性知识产生激烈争辩就在情理之中了。下面,本文尝试从批判性与建设性两个方面展开分析。

"地方性知识"首先是一个批判性概念,其矛头直指普遍主义传统。正如盛晓明教授所言,"地方性知识首先具有批判的意义,其次才谈得上实质性的和建设性的意义"[14]36。近代以来,科学革命所取得的辉煌成就令哲学家们欢呼雀跃。在他们看来,自然科学的普遍有效性毫无问题,问题只在于如何说明这种有效性。譬如,在休谟诉诸经验主义原则无法兑现普遍性承诺的时候,康德毅然诉诸先验主义原则。科学实践哲学的切入点是制作中的科学或行动中的科学。这种选择绝不是随意的,它从一开始就表达了对近代一直延续到20世纪上半期的知识图像的不满。我们不应如康德那样先天地设定知识的普遍有效性,然后追问"先天综合判断如何可能"。相反,我们应首先将科学视为动态的实践过程,并同时将知识的生产、辩护与变迁置于实践过程之中加以考察。20世纪60年代后期开始,经过研究者们的不懈努力,传统的科学形象——哈金称之为科学的"木乃伊"——渐趋模糊,而科学的黑箱一旦被打开便再也无法关闭。如今,在谈论科学的时候,无论如何也无法撇开特定的历史、社会与文化条件,返回无情境的、普遍主义的和理性主义的科学图像已不可能。从这个意义上说,作为对普遍主义科学形象的拒斥及对科学之情境性的认可,地方性知识的批判性任务已经宣告完成。

那么,其建设意义如何?换言之,地方性知识在批判普遍主义之后是否为我们提供了另一种选择?这种选择能否代表科学实践哲学的旨趣?地方性知识通常主张,科学并不是普遍有效的,知识的生成与辩护都是在特定的情境中展开的,其有效性无法脱离相应的社会文化条件。尽管可以做种种辩解,但它无论如何都难以摆脱相对主义色彩。比如,吴彤教授提出,"所有的知识在价值上都是一致的,它们的差异只在地方性上，而不是等级和好坏上"[15]94。刘兵教授说道，"地方性知识概念的提出和应用，恰恰与科学的文化多元性和文化相对主义的立场是一致的"[16]57。在这个问题上，盛晓明教授的态度较为谨慎："当我们说知识并非是普遍有效的时，丝毫不意味着一切知识都是局域地有效的。"[14]36-37 简言之，如果说地方性知识提供了另一种选择，那就是相对主义的认识论立场，这也是它招致非议的根本原因。

正因为如此，许多人在认可其批判性价值的同时，对它究竟能否恰当地解释科学实践也持怀疑态度。这种怀疑并非鼓励我们返回到普遍主义，回到带有超验色彩的 episteme（知识）。相反，它提醒我们，地方性知识或许在建设性上存在缺陷。如前所述，不同于社会建构论，科学实践哲学的最大特色是取消元科学位置，拒绝对科学作外在性判断。然而，知识的地方性主张恰恰预设了这一位置。尽管它激进地反对普遍主义，但与后者一样力图为科学提供超越性而非内在性说明：当普遍主义者说科学知识是普遍有效的时候，持地方性知识观念的人则针锋相对地主张知识是地方性的、局部有效的。面对科学，他们都力图扮演类似法官的角色，只是他们的判决结果截然相反。科学实践哲学之为哲学的独特性在于，它要求我们彻底放弃这样的假设：取消元科学位置，采取内在性说明。内在性说明无意做解构工作。相反，它希望通过考察科学实践来说明特定的知识是如何被一步步地构造出来的，这种构造涉及哪些要素，不同要素之间如何被关联起来，强度如何等。地方性知识因其相对主义的认识论立场而带有过强的解构意味，无法表达科学实践哲学的上述旨趣。因此，如果我们要放弃普遍主义，同样也应告别地方性知识。

那么，在普遍主义/相对主义、祛情境化/地方性之外还有其他选择吗？在这方面，斯唐热的策略颇具启发性，她勾画了一幅"非相对主义的智者"（nonrelativist sophists）形象。[17]11 非相对主义的智者有两项核心主张。第一，"人是万物的尺度"。这要求我们放弃一切柏拉图式的超验真理或必然性。就眼下的主题而论，它意味着拒绝先天地赋予科学以普遍性或合理性，从超越性走向内在性，将科学与 episteme 剥离开来。第二，"并非一切尺度都是均等的"。这一主张显然是针对相对主义的。取消超验真理，我们只能置身于"意见世界"。尽管如此，并非一切意见都是均等的，具有同样的价值。事实上，总是有一些意见比另一些意见更有强度，更有效力。这种强度或效力并非知识或科学的本性使然，而是现实的科学实践的现实后果。斯唐热认为，相比于超验真理，现代科学与其他知识体系一样显然只能归属于意见或虚构（fiction）。但是，现代科学之为科学的独特性在于，它恰恰能够凭借各种设备、仪器和程序等来现实地证明自己是一种有别于其他虚构的特殊虚构，有别于其他意见的特殊意见。非相对主义的智者既反对超验真理，也反对"真理的相对性"（relativity of truth），而坚持"相对的真理性"（truth of the relative）。相对的真理性并不意味着一切真理都是相对的。相反，它主张尽管一切都是相对的，但有些相对却能够凭借各种手段来确立自己的真理性，从而与其他相对区别开来。

## 四、知识的跳跃模型与漫步模型

"非相对主义的智者"将使我们远离 20 世纪下半期的普遍主义／相对主义坐标系。如前所述，科学实践哲学作为一种哲学的独特性在于将思想重心从认识论转移至存在论。相应地，这要求我们转换看待知识的角度，将知识视为动态的、异质性的科学实践的产品，知识议题应放置在存在论架构内加以讨论。借用拉图尔的话说，须将其"祛认识论化并重新存在论化"[18]87。于是，认识论将成为存在论的一章——这里的认识论特指对知识生产实践的说明。那么，科学实践哲学究竟应如何看待知识？它对知识观念的重构表现在哪里呢？

让我们把目光转向詹姆斯，他在《真理的意义》中对比了两种知识模型：跳跃（saltatory）与漫步（ambulatory）。跳跃模型不难理解，它代表着近代以来认识论的核心,涉及认知主体如何超越自身把握对象。对此,拉图尔用"远距传输图式"(teleportation scheme)来表示(图1)。依据该图式,有关知识的首要问题是"在两个完全无关的明确领域即心灵与自然的鸿沟上搭桥"[18]95。认知主体或者努力向前逼近外在对象,或者后退到自身所在的范式、先天概念或生活形式。对此,亦可称作"搭桥模型":"对桥梁工程师来说,唯一的问题是确定我用一个词能否抵达位于彼岸的、处于世界中的'外在'指称。"[19]18 但思想史证明,根本不存在通往彼岸的桥梁。一旦接受主体与对象的二元论,搭桥永无成功的可能。

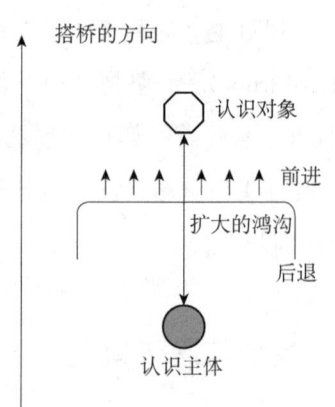

图 1 远距传输图式

何谓漫步模型?"现在,比较我的知识观与流行观点的最一般方式是把我的观点称作漫步的,把流行观点称作跳跃的;刻画这两种观点的最一般方式是说,我的观点将认识(knowing)如其具体存在的那样加以描述,而另一种观点只抽象地描述认识结果。"[20]80,① 该模型的核心特色是主张,"认识是通过居间经验的漫步(ambulation)而实现的"[20]81,②。詹姆斯举了一个例子。他坐在位于剑桥的书房里,脑子里有一个关于"纪念堂"(Memorial Hall)的图像或观念。那么,这个图像是知识还是幻

---

① 译文有改动。
② 译文有改动。

觉?假如有人问这个图像或观念意指什么,詹姆斯不知道如何回答,或者无法将提问者带到纪念堂指给他看,或者即使到了纪念堂也不能确定它就是所意指的纪念堂,那么,就不能说这个图像属于知识或詹姆斯拥有关于纪念堂的知识。反之,如果詹姆斯能够将提问者带到纪念堂,而且发现自己头脑中的图像细节与纪念堂越来越吻合,这就意味着该图像最终指向纪念堂,或者说詹姆斯拥有关于纪念堂的知识。这个例子再普通不过,但詹姆斯认为现实的认识活动就是如此:观念与对象被一系列中介经验连接起来,并使得观念最终指向对象。"知识位于经验组织(tissue of experience)内部。它是被做成的;通过在时间中自我展开的关系而被做成。每当某些中介物被给予,以致随着它们向它们的终点发展,存在顺着某个方向从一点到另一点的经验以及一个完成了的过程的经验,那么其结果就是:它们的出发点由此变成了知者,它们的终点变了被意指或被认识的对象。"[21]30-31 这就是知识的全部本性,它完全处于经验网络内部。不同于跳跃,现实的认知者总是在一系列中介物之间漫步、走动,从经验链条的一个点走向另一个点,从一个中介物过渡到另一个中介物,并最终将起点与终点有力地连接起来。

拉图尔形象地将漫步模型比作"划船"。如果认识论试图在波涛汹涌的河流两岸搭桥,那么詹姆斯显然是敦促我们放弃搭桥,而改乘木筏或皮艇投入湍急的水流中。不同于搭桥,在划船过程中"重要的是你要随身携带合适的装备,以便能够顺流而下而不溺亡"[19]13。对此,拉图尔用"连续图式"(the continuous scheme)来表示(图2)。根据该图式,认知活动处于经验流中,有关知识的核心问题是凭借各种手段建立越来越多的交叉点,寻找越来越多的中介物,构建越来越复杂和精致的网络,从而在起点与终点之间树立越来越牢固的联系。在论及詹姆斯时,拉图尔写道:"不同于在词与物之间做'生死攸关的跳跃',我们总是发现自己在实践中面临某种形式的爬行(crawling)。爬行既普通,又很特别,它从一份资料转向另一份资料,直到取得稳固而确定的理解为止,但从不穿越客体与主体这两个强制阶段。"[22]78

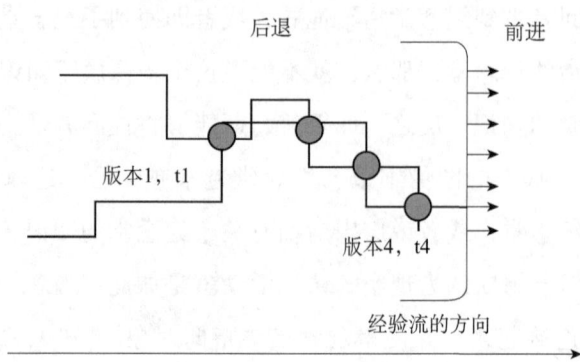

图2 连续图式

在对技术科学的一系列研究中,拉图尔将上述模型称作"指称之链"(chains of reference)。一方面,指称之链是由异质性要素构成的,包括科研人员、实验设备、实验对象、文本、图表和测量工具等。这些要素之间是断裂的、非连续的,你很难发现其中有什么相似之处。另一方面,通过特定的转译和联结,这些非连续的要素共同制造出某种连续效果,即指称。一篇物理学论文之所以能够指称实验室中被操作的粒子,在于二者之间充满着无数中介(mediators)。以地图为例,在旅行时你可以很方便地将它放在口袋,并随时翻阅以确定自己的方位。从这个意义上说,地图完美地指称了相应的地形地貌。然而,这种指称之所以可能,恰恰因为在路标、山脉、峡谷之间已经建立起确定的联系,这伴随着大量的勘探、测量、标注与计算工作。皮克林也表达了类似的看法:"科学知识——从高贵的理论王国到卑微的经验事实领域——应当根据表象链(representational chains)来理解,表象链的升降穿越概念多样性层次,止于对物质能动性的捕捉与设计(framing),并伴随着在搅合(mangling)中形成的这些链条中的所有要素及其联盟。"[23]101

知识的漫步模型并无任何神秘之处,它无时无刻不发生在我们周围,发生在实验室内,正如大量的科学论工作揭示的那样。这是一种纯粹内在性的模型，所有关于知识生产的机制与构成要素都是可描述的、可追溯的，而且完全不涉及心灵、实在、客观世界等抽象范畴。然而，认识论却将认知过程固化，以知识成品为研究对象，因为"密涅瓦的猫头鹰要到黄昏时才起飞"。这种抽象探究有意省略一切生产细节，以反思为己任的哲学家不具备猫头鹰的夜视能力，不善于或不屑于记录认知实践的琐碎细节，并最终陷入二元论而不能自拔。于是，观念如何可能指称对象成为认识论的终极之谜。同时，对象、主体、实在和知识等概念变成了"电梯词"（elevator words）："在哲学讨论中这些词常常被置于与思想词汇（words of ideas）和对象词汇（words for objects）不同的层面上发挥作用……，它们被用来谈论世界或者谈论我们关于世界的谈论与思考。"[24]22-23 这些词不再处于经验网络中，而变成了思想家们用来反思世界的抽象工具。于是，"原来在其具体特性中构成一座桥梁的中介事物，蒸发成想象的、被跨越的空虚空间，然后端点的关系变成跳跃的，认识论的整个花招就开始了"[20]82。

## 五、相对主义与知识的存在论意义

认识论不仅对知识生产实践做抽象化处理，将知识的漫步模型转变成跳跃模型，而且反过来指责它混淆了事实与规范。"用较抽象的说明反对较具体的说明，一种受欢迎的方式是指责那些赞成后者的人'混淆了心理学与逻辑'。我们的批评者说，当我们被问及真理意味着什么时，我们却只回答如何达到真理。"[20]86 在认识论者看来，漫步模型只涉及知识的生成，这与辩护无关，后者属于规范性范畴，根本无法诉诸经验描述。这就是康德所作的事实问题（quid facti）与权利问题（quid juris）的经典区分。然而，根据科学实践哲学，根本没有外在于科学实践的元科学位置可供认识论占据。正如库恩所言，"外在于历史，外在于时间和空间的阿基米德平台已经一去不复返了"[9]115。据此，辩护绝不是外在于知识生产实践的奠基活动。你可以对某位科学家提出的某个科学命题表示怀疑，并期望他能够提供更多的实验数据或背景理论来消除疑惑。对于诸如此类的辩护方式，知识的漫步模型完全能够说明。但是，如果你撇开一切现实的知识生产手段与仪器，抽象地追问认知主体何以能够认识世界，或者知识的客观有效性的根据是什么，那么，这显然超出了漫步模型的职责范围。这些规范问题之所以能够被提出，只是因为你将自己放在元科学位置，正如康德在牛顿力学之外设定一个先天位置一样。科学实践哲学主张，辩护与生成一样置身于科学实践内部。有关真理意义与知识本性的论辩是内在于科学实践的事实论辩，而不是外在于科学实践的规范论辩。

这样说绝不意味着任何命题都可以成为知识，或者"一切尺度都是均等的""一切意见都是等价的"。知识的漫步模型既不会让我们返回到无情境的普遍主义，也不会引导我们走上相对主义之路。地方性知识之所以遭到诟病，正在于它带有强烈的相对主义色彩，无法表达科学实践哲学的知识旨趣。知识的漫步模型将知识视为认知实践的产品。对于此类产品，我们首先关注的应当是品质：某个命题是如何被接受的？被接受的范围有多大？为它提供支持的是哪些实验数据？获得实验数据的仪器设备是否可靠？……根据品质的高低，我们可以将随意的假说与得到广泛支持的命题区分开来，而不会得出诸如"一切意见都是等价的"这类相对主义结论。甚至，我们可以将普遍性与相对性作为品质的构成要件：将高品质的知识称作普遍的、客观的，将低品质的知识称作相对的、主观的。与普遍主义/相对主义不同，上述判断是基于科学实践进程的内在性判断，而不是从元科学位置作出的超越性判断。从这个角度说，知识的漫步模型认同斯唐热提出的"非相对主义的智者"形象，它拒绝在普遍主义与相对主义之间作出选择，而将考察"相对的真理性"作为自己的根本任务。

甚至，"科学活动并未提出特别令人困惑的认识论问题"[18]94。换言之,知识从来不属于认识论的课题:"如果我们用'认识论'指的是这样一种学科,它试图理解我们如何努力在表象与实在的鸿沟之上搭桥,那么可以得出的唯一结论是该学科无论如何也没有题材,因为我们从来不搭桥——请注意,这不是因为我们无法客观地认识某物,而是因为从来不存在这样的鸿沟。"[18]94 倘若知识不属于认识论的课题,那么它属于什么?答案是:存在论。前文谈到,科学实践哲学作为一种哲学的独特性在于它转换了哲学的中心,将相互作用过程作为哲学思考的起点,进而从认识论的科学观念走向了存在论的科学观念。根据认识论的科学观念,科学或者是对自然的客观表象,或者是主体/共同体的构造。在此之外,我们难以想象出第三种解释。根据科学实践哲学,自然/社会或者主体/客体的二元性绝不应当作为解释科学的起点,它们自身反倒有待解释。依据怀特海的原则,哲学的任务是用具体解释抽象而不是相反。所谓具体,就是现实的科学实践或者知识的漫步过程。我们应当专注于具体事物的相互作用过程,并以此为基础重构知识、实在、真理和客观性等抽象概念,使这些"电梯词"始终停留在一楼。

如此一来,知识不再是关于存在的表象性知识,似乎它可以外在于存在,似乎认知主体可以作为客观世界的旁观者。相反,知识内在于存在的运动过程,是存在之生成过程的结果。在知识生产中,原本相互无关的事物被联系在一起,原本离散的异质性要素被编织成一张无缝之网,这些事物在"聚集"(gathering)过程中不断改变着自身的属性与面貌。1983年,当哈金敦促我们从表象走向介入的时候,已经预示着知识议题将与存在论紧密契合。甚至,20世纪初杜威用"参与者式的认识论"改造哲学的时候,知识的存在论化便已初露端倪。20世纪晚期以来,人们愈加明确地发展了这条学理路线。比如,皮克林直截了当地将"实践的搅合"作为一种不同于现代二元论的生成存在论,而科学正是搅合存在论的一种形式。拉图尔将知识视为一种"存在模式"(mode of existence),同时也为其他存在模式开辟了可能性空间。盛晓明教授将这种转变概括为"本体-历史的（onto-historical）观点"，可谓十分贴切。[25]99-100 无论怎样，科学实践哲学的确将人们的焦点从认识论的科学观念转移至存在论的科学观念，进而将知识议题纳入到存在论架构内予以重构。在此过程中，普遍主义/相对主义、科学实在论/社会建构论的选择性空间将失去吸引力，取而代之的是知识的存在论构造机制及其历史演进路线。关于这些主题，有待我们进一步探索。

## 主要参考文献

［1］Turner S. The Social Theory of Practices. Chicago：University of Chicago Press，1994.

［2］Soler L，et al. Introduction//Soler L，et al. Science after the Practice Turn in the Philosophy，History，and Social Studies of Science. New York：Routledge，2014：91.

［3］Hacking I. Representing and Intervening. Cambridge：Cambridge University Press，1983.

［4］Dear P. Science studies as epistemography//Labring J，Collins H. The One Culture？A Conversation about Science. Chicago：University of Chicago Press，2001.

［5］Lynch M. Scientific Practice and Ordinary Action：Ethnomethodology and Social Studies of Science. Cambridge：Cambridge University Press，1993.

［6］Zammito J. A Nice Derangement of Epistemes：Post-positivism in the Study of Science from Quine to Latour. Chicago：University of Chicago Press，2004.

［7］Rouse J. Heidegger's philosophy of science//Dreyfus H，Wrathall M. A Companion to Heidegger. Oxford：Blackwell，2005.

［8］Bloor D. Knowledge and Social Imagery. Chicago：University of Chicago Press，1991.

［9］Kuhn T. The Road Since Structure. Chicago：University of Chicago Press，2000.

［10］Stengers I. The Invention of Modern Science. Minneapolis：University of

Minnesota Press, 2000.

［11］Latour B. The Pasteurization of France. Cambridge: Harvard University Press, 1988.

［12］Dewey J. The Quest for Certainty: A Study of the Relation of Knowledge and Action. New York: Minton, Balch & Company, 1929.

［13］Latour B. We Have Never Been Modern. New York: Harvester, 1993.

［14］盛晓明.地方性知识的构造.哲学研究, 2000,（12）: 36-44.

［15］吴彤.两种"地方性知识".自然辩证法研究, 2007, 23（11）: 87-94.

［16］刘兵.关于STS领域中"地方性知识"理解的再思考.科学与社会, 2014,（3）: 45.

［17］Stengers I. Cosmopolitics I. Minneapolis: University of Minnesota Press, 2010.

［18］Latour B. A textbook case revisited—knowledge as a mode of Existence//Hackett E J, Lynch M E, Amsterdamska O, et al. Handbook of Science and Technology Studies. Cambridge: The MIT Press, 2008: 98.

［19］Latour B. What is the Style of Matters of Concern? Two Lectures in Empirical Philosophy. Amsterdam: Uitgeverij van Gorcum, 2008.

［20］詹姆斯.真理的意义.桂林: 广西师范大学出版社, 2007.

［21］詹姆斯.彻底的经验主义.上海: 上海人民出版社, 1965.

［22］Latour B. An Inquiry into Modes of Existence: An Anthropology of the Moderns. Cambridge: Harvard University Press, 2013.

［23］Pickering A. The Mangle of Practice. Chicago: University of Chicago Press, 1995.

［24］Hacking I. The Social Construction of What? Cambridge: Harvard University Press, 1999.

［25］盛晓明.从本体－历史的观点看［J］.哲学研究, 2012,（4）: 96-102.

# 对本土生态知识价值评估失实的社会与文化原因剖析*

罗智康　杨庭硕　彭　兵

## 一、引言

自从吉尔兹以"地方性知识"为名出版专著以来，本土知识及相关的技术技能和制度保障，很快就成了学界关注的焦点，并形成了一批有价值的成果和著述。尽管研究者作出了重大的努力，以事实为根据，探明了本土知识的价值和作用，但社会各界却不以为然，对本土知识的价值认证长期偏离事实真相，这不免让研究者倍感遗憾和沮丧并很自然地将责任归咎于社会与文化的不公正。但是，即便如此，仍然无法解决评估失实这一根本问题。

如果换一个思路，立足于对本土知识价值评估的失实，去探明其间的社会与文化原因，那么，不仅社会偏见可以得到及时地匡正，还

---

\* 本文发表于《自然辩证法研究》2016 年第 7 期（发表时有所改动），作者罗智康，凯里学院研究员，主要研究方向：生态民族学；杨庭硕，苗族，吉首大学终身教授，博士生导师，主要研究方向：生态人类学、历史人类学；彭兵，土家族，吉首大学历史与文化学院硕士研究生，主要研究方向：生态民族学。

能使这样的研究成为发现生态问题和其他问题的标识和指南，足以引导研究者及时发现带普遍性的生态问题和社会问题。这对当代的生态文明建设无疑是一个有价值的提示。以下仅从国家权力、适用范畴和文化相对性三个方面去揭示本土知识价值认证失实的社会与文化原因。因为本文篇幅有限，故而只能将研究的对象锁定在生态这一有限范围之内。

## 二、国家权力

本土知识本来就是多元文化并存必然派生的结果，人类所拥有的知识从根本意义上说无一不是本土知识。[1] 但随着文明时代的到来，随着国家权力的发生和壮大，通过国家权力认证的知识必然被置于主导地位，而与之并存的其他本土知识就必然要置于等而下之的次等地位，甚至给予根本性的否定，而这一切恰好是文明时代社会运行的常态。

随着时间的推移，主流知识体系由于得到了国家权力的支持，其影响必然越来越大，而其他本土知识就会很自然地成为人们心目中的"古董"，甚至是"愚昧"和"落后"的知识。于是，有识之士不得不提出"普同性知识"和"本土知识"两个对举的概念。前者指代可以普遍推广的知识及其体系，后者指代仅在有限范围内具有相对价值的知识及体系。[2] 但却很少有人注意到，所谓"普同"与"主流"之所以能够被世人所接受，关键就在于得到了国家权力的认可和支持，但其实质却肯定来源于本土知识。而本土知识之所以处于劣势，并不是因为本土知识没有价值，而是因为它们没有得到相关国家权力的推广而已。除此之外，普同性知识和本土知识之间并不存在实质性的差别。

对本土知识的忽视和轻蔑，本身就偏离了事实的真相，因而随着时间的推移，类似的偏见肯定会以不同的形式表现出令人遗憾的后果来，特别是酿成大范围的生态灾变和生态危机，更足以引起世人的关注和反省。但这样的关注和反省要在普同性知识的框架内去寻求答案，肯定是一项劳而无功的时间与经历的浪费。原因在于普同性知识和本土知识一样，各自都能自成体系，在思维方式和逻辑上肯定不存在疏漏和残缺，任何本土知识一旦置于普同性知识的框架内，其间的差异和特点都肯定会淹没在普同性知识的既定框架内，使研究者无从发现。但如果换一个思路，意识到本土知识的存在，从本土生态知识生成的实践过程及其适用范围去展开分析，却能很快地发现生态问题酿成的根源，而且肯定与相关本土知识的受损直接关联。[3]

我国是一个幅员辽阔的大国，在地理学家的眼中，地质地貌至少可以划分为数十个不同的类型和更多的样式；在生态学家的眼中，同样可以划分为数十种不同的生态类型和更多的生态样式；气象学家和水文学家也会很自然地做出类似的划分。所处的生态背景不同，适宜种植的粮食作物肯定也不相同，甚至有些地方根本无法从事农业生产。然而在时下的中国大地上，稻米被确定为主食，稻米的产量养活了70%的中国人口，但在中国的大地上，最适宜生产稻米的区域却占不到耕地总面积的1/4，这意味着我们早就在不适宜种植稻米的背景下强行种植稻米。劳动力的投入产出比不划算事情还小，无非是经济上不划算而已，但无意中引发的生态隐患，经长期积累后，肯定会引发为全国性的生态灾变。时下我们不仅在银川平原大规模种植稻米，甚至也在沙漠腹地的阿拉善种植大米，新疆塔里木河流域此前生产贡米的稻田，目前早已因缺水而报废。但还有研究者试图加以恢复，更有研究者准备科研立项，想在雅鲁藏布江河谷开辟稻田，确保藏区的粮食供给。不管这些做法看上去多么不可思议，但类似的做法却一再重演，有的还因为类似的科研成果而得奖。然而，生态灾变的爆发却始终要按照自身的规律去运行，不以我们的政策为转移。令人哭笑不得的事实恰好在于，在银川平原提取一吨黄河水，用于稻米种植，其利用效益不到10%。如果这一吨水流到了黄河下游，同样种植稻米，其利用价值就至少翻一倍；如果改种小麦，其价值还可以提高。与此同时，目前已经陷于水荒困境的华北平原，水荒还可以得到有效的缓解。如果全国一盘棋地对待普同性知识，或者本土知识能真正落到实处，那么上述不合理的用水，以及不合理的研究立项都不应当出现。即使露头，也应当得到及时的匡正。但我国面对的生态问题恰好不是如此，原因全在于除稻米以外，其他农作物种植的本土知识和技术技能，在人为拔高稻米主粮地位的同时，无意中受到了抑制和扭曲，对这样的本土知识的价值认证严重失实。

从历史的视角看，我国历代王朝至少先后出现过三次大的主粮定位转型。先是以粟作为主粮，我们至今还将立国根本的祭祀地称为社稷坛就是明证。其后，我们又经历了以麦类为主粮的时代，我国现行农历二十四节气的划分就是服务于冬小麦种植的需要。最后从10世纪以后，稻米才被国家确认为主粮，而其后果我们都有目共睹。如果说国家认定的本土知识，按逻辑都可以称为普同性知识的话，那么，我们国家至少可以称得上已经拥有过三大普同性知识。这足以说明普同性知识并非永恒，普同性知识与本土知识之间是可以相互转换的，而转换所引发的生态后果，人人都无法置身事外。

从生态的角度看，稻米的生物属性具有它的稳定性，无论你怎么育种，如何创造水稻生长的合适条件，水稻的生物属性绝不会屈从于人类的意志。水稻的最佳生长环境始终只能是炎热的浅水水域，这样的生存背景在我国是一个定数，人力无法改变。

大面积种植稻米，其结果必然表现为只要是水稻不适合生长的区域，就必然遭逢频繁的灾害，必然要造成自然资源的浪费，必然要增加劳动力的投入和能量的消耗，最终都会给相关生态系统构成不应当有的冲击和损害。

既然如此，人们自然会问我们为何要不顾条件地推广种稻米，答案非常简单，那就是树立稻米的主粮地位有利于国家的统一管理。而大米被推上唯一主粮地位的背后却隐含着另一个不争的事实，那就是不管国家权力如何去确认普同性知识，其结果都会在无意中扭曲和窒息那些种植稻米以外的其他本土知识和技术积累，必然会因此而引发始料所不及的生态隐患和灾变。当然，我们应当承认这是国家运行的常态，古今皆然，世皆俱同。但这并不意味着普同性知识的认定是永恒性的，更不意味着普同性知识的无限制推广都具有合理性。

我们应当清醒地认识到，在这一背景下被扭曲、被窒息的其他农业知识和技术技能，同样经得起更严格的合理性认证，也更经得起时间的考验。整理和利用其他农业耕作的本土知识和技术，反倒应当成为一个永恒的主题，才足以匡正普同性知识认定中无意引发的生态弊端。

时下，我国农业部及时提出考虑推动"马铃薯主粮化"的农业发展规划。[4] 立足于上述的讨论，这显然是一项重大的创举，至少可以推动围绕马铃薯驯化种植的整套本土知识的复兴。这不仅是解决我国粮食的安全问题，更重要的还是优化我国生态环境的必需举措。在我们的田野调查中，早就报道过四川省布拖和盐源两县的马铃薯种植本土知识和技术，当地各族居民拥有整套的马铃薯种植知识和技术技能，能够确保在不追加现代能源和技术的前提下，亩产鲜薯12 000斤[①]。其生产潜力早就超过了袁隆平"超级水稻"的理想水平，但却长期不为人所关注。直到今天借助农业部的规划，才可望引起全国上下的瞩目，相关本土知识和技术的传承也可望获得新生。更重要的还在于，相关本土知识在其适应范围推广后，当代困扰我国的各种生态问题都可以得到一定程度的化解。比如，水资源匮乏问题、环境污染问题、碳汇回收问题、生物多样性维护问题都会因之而得到一定程度的化解。

同时我们还必须注意到，"马铃薯主粮化"并不是农业生产的唯一取向，更不是化解生态问题的唯一途径。这是因为在我国大地上可以作为主粮的农作物其实多得不胜枚举，而且每种农作物背后都有一整套本土知识和技术技能，都值得发掘、整理和利用，其后果都对我国的生态问题有化解之功，都是当代生态文明建设的必需之举。比如，葛根、桄榔

---

① 1斤=0.5千克。

木、木薯、蚕豆、青稞、圆根、芋和芭蕉，以及历史上曾经被认定为主粮的薯和麦，都理应作如是观。由于农作物物种的多样化和品种的多元并存，不同的物种所适宜的生态背景各不相同，我国的主粮物种越是多样化，那么对我国的生态安全越有利。我国各民族的非物质文化传承与保护，也可以在不附加投资的情况下做得更好。因而，"马铃薯主粮化"绝不是权宜之计，而是本土知识和技术得以复兴的佳音，也是我国生态安全的福分。

人们都说，我国是一个自然灾害频发的国家，但这句话仅仅说对了一半，因为时下我们所报道的全部自然灾害中，至少有一半以上是因为全国人民90%以上的人口都仰仗水稻、小麦和玉米为生而起的。这显然是一件坏事，但如果换一个思路把自然灾害频发地带作为一种生态标识，那么，情况就会大不一样。我们就可以从中轻而易举地发现这样的自然灾害与无条件推广主粮的关联性，进而还可以发现化解自然灾害的粮食作物物种及相伴的本土知识和技术。那么，相关的本土知识可以复兴，生态灾害也可以化解于无形，这就是生态问题的辩证法。但愿这样的辩证法能够引起更多人的认同和响应。

## 三、适用范畴

我们必须牢记生态系统既是人类社会之外的客观存在，又是人类社会赖以生存的根基。但人类社会的好恶和指令，对生态系统无效。人类为了利用生态系统，当然可以实施加工改造，但却永远不可能驯化和奴役生态系统。这既是常识，又是准则。当下的问题在于客观存在的生态系统不仅类型与样式个别，而且具体到任何一种类型和样式而言，其实际规模反差极大。有的生态系统，如我国长江下游平原，总面积将近3万平方千米，但平均海拔高度只有8米，如果单测量稻田，海拔高度还不到3米。其实情表现为分布范围很广，而且自然与生态背景同质性很高。有的生态系统规模却极为狭小，如我国吐鲁番洼地，当地维吾尔族居民靠"坎儿井灌溉种植瓜果"为主业，相关本土知识的使用范围就极为狭窄。其结果意味着，依托于长江下游平原的本土知识可以支撑一个庞大的人群；而吐鲁番盆地的本土知识，只能支撑一个微型地区的稳定存在。换句话说，生态规模的强烈反差必然会导致与之相对应的人群规模及他们建立的本土知识和技术，在适应范围上也会形成强烈反差。相关人群聚成的实力也会形成强烈反差，但却不意味着相关的本土知识价值有优劣之分，因为它们对中国的生态安全和人与自然的和谐都必不可少。[5] 然而，实际的社会运行却不这样，适应规模大的本土知识肯定会处于强势地位，对其他本土生态知识构成冲击、扭曲，甚至将其窒息，而这恰好是诸多生态问题的根源所在。

时下不少学者都致力于追求社会公平和民主，这本来是好事，但如果应用到生态问题上则不然。原因全在于生态本身不是人类社会，投票表决对生态完全无效，甚至是学者们预测都不能过高。面对适用范围的强烈反差，植根于适用范围广的本土知识维系起来的人群必然人多势众，投票表决必然胜券在握；而那些适用范围很窄，特别是与主流生产难以接轨的本土生态知识，所能维系起来的人群规模极小，一旦付诸表决，必败无疑。在这样的情况下，一旦无原则地推广民主表决，或者看国民经济的权重去说话，那么，不仅很多对生态维护具有关键价值的本土知识，会在无意中被否定掉，甚至严重到连说话的声音都没有人听到。而且这样的事实在漫长的历史岁月中几乎是贯彻其始终的。这正是我国各民族众多本土知识在无意中濒临灭绝的社会原因所在。它们濒临灭绝绝不是因为它们没有价值，而是按实力水平说话的运行常态，掩盖了它们的价值。而学者们却习惯于将这些被遗忘的本土生态知识所管护的生态系统，一股脑儿地定义为"脆弱生态系统"。如果对类似的定义略加统计后，就会令人遗憾地发现，如此辽阔的中国大地几乎有 2/3 的面积都不适合人居住。这显然是一个极端荒谬的结论。

事实上，这些所谓的"脆弱生态系统"，不仅创造过光辉灿烂的古代文明，而且对中国当代的生态安全依然举足轻重。引发一系列偏见的根本原因恰好在于，我们对生态问题，对本土知识问题，本来就不该凭社会实力说话，而应当换一个视角，立足于生态系统的本底属性说话，否则就会酿成严重的生态悲剧。为此，有理由说正是因为不同生态类型和样式规模有大小，才酿成相关人群的实力也会呈现明显反差，相应的本土生态知识的社会地位也就各不相同。按实力地位去认定本土生态知识的价值，无论你怎么做都最终只能表现为失实。而这也是发掘利用本土知识最大的难点和障碍，但这需要克服的不是生态的障碍，而是社会性的障碍。因而在这个问题上，现代技术不足以成为判断的依据，因为现代技术也是掌控在社会实力手中的。只有立足于本土知识本身的生态适应水平，立足于生态系统的可无限延续性，才能真正发现本土生态知识的生态维护价值，这应当成为本土生态知识研究的基本准则。[6]

如果换一个视角，我们同样可以变不利为有利，我们只需要将所谓的脆弱生态系统作为标识，以近现代灾变频发区为指南，以相关人群的生活质量为准绳，就可以轻而易举地找到那些被掩盖、被扭曲的本土生态知识，发现我国生态建设的薄弱环节，以及补救受损生态系统的本土技术，坏事也就变成了好事。

毛乌素沙地的扩大、西南喀斯特灾变的频发、东南沿海红树林的萎缩、西双版纳橡胶林的恶性膨胀、塔里木河的断流、青藏高原的草场退化，在此前都与"生态系统脆弱"搭上了边，而遗憾之处恰好在于，上述各种生态退化仅是20世纪中后期才出现的事实，却被研究者所遗忘。遗忘的原因也很简单，那就是这些研究者对汉族的农耕文化太熟悉，太过于倚重，以至于在无意中对其他生态系统看不惯，进而对相关的本土知识更是看不惯，最终才表现为一大批对我国生态文明建设有用的本土生态知识，在学者们的笔下被抹黑，这样的价值评估失实所造成的后果极其严重。因为我们需要的是一个人与自然和谐的未来，而不是一个单一化的、刻板僵死的未来。为我国广大边疆地区的本土知识"平反",乃是我国步入生态文明新时代的先决性举措。不摆脱强势民族的习惯性干扰,我们就无法与我国多样化的生态系统"对话",人与自然的和谐也将无从谈起。要知道丢掉了与不同自然生态系统对话的拐杖,也就是不同的本土知识和技术,我们最终将只能与少数几种生态环境对话。那么,其他生态系统将会如何呢?事实上,我们会在无意中丢失它们。

## 四、文化相对性

"文化相对主义"本是文化人类学的基本理论之一,但其他学科的学者却不甚关注,从而在无意之中陷入了"民族本位偏见"的泥潭。结果必然会导致对相关民族本土知识价值认定的偏颇。原因全在于由于受到"民族本位偏见"的干扰,即令是学有专长的学者,在对待异民族文化时,都会凭个人感情下结论,从而引发为对诸多有用的本土知识造成损害,甚至酿成某些本土知识濒临灭绝的悲剧。

我国的学者太熟悉稻作文化了,也太宠爱稻作文化了,以至于对任何非稻作文化的民族文化都看不顺眼,心生厌恶。其结果必然表现为对那些看不顺眼的食物饮食方式、生产方式都一概看不顺眼,甚至是正面抵触。这就难怪那些有价值的本土知识被贴上黑名单的标签,由此引发的生态问题,这些学者却负不了责任,只能归咎于"自然灾害"。

类似的例子几乎不胜枚举,而且在当下的中国还在不断地重演。例如,我国的苗族居民,将天牛的幼虫和臭蝽,作为美味的食品去加以捕杀;云南的好几个民族将竹蛆作为美味去加以捕捉;西南还有十几个少数民族将蝗虫作为家常的食材;瑶族用松针和其他树的落叶,饲养蚯蚓,作为美味食用;西双版纳傣族将蚂蚁作为规范的食材,将青苔作为日常的蔬菜去食用;湘西地区的苗族将葛根作为早餐中的美味;广东顺德的汉族居民,也将葛根作为廉洁的美食去加以消费。但在生态学著作中,却有人将葛藤定义为恶性污染物种。这一切确实令人费解，但在国外，不少生物学家都证明，就营养价值而言，这些看上去不顺眼的动物和植物并不比猪肉、牛肉或者稻米逊色。但更可贵的是这些民族的消费习惯，恰好能填补在生态建设中的疏漏和缺环。

如果按汉文化的观点形式，不要说普通民众，就是资深的学者都会脱口而出，对有害的昆虫、令人讨厌的动物喷洒杀虫剂有何不可？其实，这些民族的特殊食品及其所伴生的本土知识和技术，却可以不凭借农药也能有效地控制令人讨厌的动物对人的骚扰，轻易动用农药，不仅会对各种动物和植物造成滥杀无辜，还会引发次生的环境污染。严重时，还会引发食品安全问题，甚至沦落到洒农药的人自己也不得不吞食农药。是非功过本来一目了然，可是，仅仅是因为"民族本位偏见"作怪，导致普通民众，甚至是资深学者也不免自食恶果。那么，我们有什么理由去贬低这些民族的本土知识呢？

事实上，不只有中国的少数民族喜爱取食昆虫和那些令人恶心的动物（如蜗牛），日本人也酷爱食用生鱼，德国人也食用生牡蛎（但却不吃螃蟹），澳大利亚人更奇特，酷爱食用苍蝇的幼虫（蛆）。与此同时，中国汉族居民不喜欢喝牛奶，却遭到西方各国学者的诟病。中国人同样可以反击德国人，为什么不吃螃蟹，让自己的堤防受灾。其间的是非曲直永远无法理顺，但如果按照"文化相对主义"的精神，其实根本无需理顺。对各民族的生活方式都一律宽容，问题也就不了了之。需要警醒之处仅在于，上述各种在我们看来令人费解的习俗背后都隐含着一整套的本土知识和技术技能，如果跟着感情走加以抵制，甚至强令各民族改弦易辙，那么，不仅各民族文化得不到尊重，而且这一点也有违我国宪法。更麻烦的还在于相关的本土知识和技术都会因之而受到扭曲和不公正的待遇。进而还会诱发为严重的生态问题，而且这样的生态危害，我们也无法幸免，无计可逃。大量使用农药，不仅会损害食品安全污染水源，而且还会导致生物多样性受损。相关的生态屏障也将受损。如此等等，无疑不是一条条惨痛的教训。

事实上，既然文化的价值具有相对性，只要坚持"各美其美，美人之美，美美与共，天下大同"的文化伦理准则，我们有什么理由要对别人的生活方式横加干扰呢？我们需要牢记的是生态系统是一个整体，所有的人都生活在同一个地球上，不管是有意的，还是无意的，损害别人的文化，贬低别人的本土知识和技术，与自己伤害自己没有区别，这才是亘古不变的硬道理。

不过，如果反其道而用之。凡属一般汉族民众也包括学者在内，在口头和笔头上，流露出厌恶的对象，恰好是指南针，恰好是特定本土知识的标识。凭借这样的标识，我们就可以很容易发现那些被扭曲、被掩盖的异民族本土知识和技术技能，进而展开发掘、整理和利用也就可以事半功倍了。

不仅是生活习惯问题，某些在当代已经明文禁止的行文方式，其间的本土知识只需要反其道而用之，同样可以为我国的生态文明建设做出贡献，发挥其积极作用。目前，我国的兴安岭地区已经全面实施"禁猎"。当地的鄂伦春、鄂温克和赫哲等几个少数民族，一下子变得无事可做，有关狩猎采集的本土知识和技术也成了"废物"。但也就在此同时，新进定居的汉族居民中却有不少不法之徒大规模地靠盗猎获利，为了监控并保护野生动物，执法部门和科研部门都不得不耗费巨资在林中安置录像机，派巡逻队抓捕盗猎罪犯，由此而投入的人力和物力不计其数，成效却不见好转。但如果换一个思路，给上述民族居民配发录像设备，赋予他们权责去监控野生动物的动向，去对盗猎者的罪行取证，并严格实行按劳付酬，那么，凭着他们娴熟的狩猎知识和技能，我们至少可以坐收四大成效：①监控成本可以大大降低；②监控的效率可以极大地提升；③相关民族的非物质文化获得了创新式的传承；④生物多样性的保护可以做到权责落实，成效显著，社会治安明显好转。这同样是我国生态文明建设中需要认真贯彻的辩证法。

## 五、小结

本土知识在飞速发展的今天,在普同性知识占绝对优势的背景下,在"技术至上"主义泛滥的大背景下,人们总会在有意无意中蒙受不应有的冲击和损害,其间的社会与文化原因,极其复杂。但由此而引发的生态后果,我国民众却人人有份。为此,排除社会与文化的干扰,脚踏实地做好本土知识和技术的发掘、整理和创新利用,自然成了生态文明建设的重中之重。但如果坚持辩证思维方式,那么眼下的各种坏事都可以变成好事。只需改变我们的思维方式,改变对本土知识的利用方式,我国并不难步入生态文明的新时代,并以此垂范于世界。得失之差仅在一念之转,如何转变观念在本土知识的研究领域显得尤为紧迫和关键。愿就此与学界同仁共勉。

## 主要参考文献

[1] 刘兵,卢卫红.科学史研究中的"地方性知识"与文化相对主义.科学学研究,2006,(1):17-21.

[2] 罗康隆,谭卫华.多元文化视野中的地方性知识反思.吉首大学学报(社会科学版),2008,(1):56-62.

[3] 杨庭硕.论地方性知识的生态价值.吉首大学学报(社会科学版),2004,(3):23-29.

[4] 农业部:我国将启动马铃薯主粮化战略.http://finance.stockstar.com/JC2015010600003917.shtml[2015-01-06].

[5] 杨庭硕.地方性知识的扭曲、缺失和复原——以中国西南地区的三个少数民族为例.吉首大学学报(社会科学版),2005,(2):63-66.

[6] 吕永锋.地方性知识:作为应用的中国生态人类学实践和反思.原生态民族文化学刊,2011,(2):16-22.

# 在历史中稳定的生活
## ——从时间维度重述地方性与普遍性*

田 松

## 一、万有引力定律等了牛顿多少年？——关于科学的一个意象

牛顿"发现"了万有引力定律，爱迪生"发明"了电灯。这种话语方式暗示着，在爱迪生发明电灯之前，电灯并不存在。但是，在牛顿发现万有引力定律之前，这个就定律已经存在了。

那么，万有引力定律等了牛顿多少年？

采参人在山里发现了一棵老山参。这个话语方式暗示着，在采参人发现这个老山参之前，老山参已经存在在山里了，等着被采参人发现。如果这棵老山参长了100年，则可以说，这棵老山参等了采参人100年。与此类似，在牛顿发现万有引力定律之前，万有引力定律就已经存在了。并且，正是以我们看到的样子存在。科学规律被认为是客观的，不以人

---

\* 本文发表于《自然辩证法研究》2016年第7期，作者田松，北京师范大学教授、博士生导师，主要研究方向：科学哲学、环境哲学、科学思想史、科学人类学、科学传播等。

的意志为转移，与他的发现者无关。正如那棵老山参的形状和重量，与采参人无关。它只是预先存在在那里，等待着被发现。即使这个采参人没有发现，也会被另一个采参人发现。

在牛顿发现万有引力定律之前，这个定律是否存在？科学实在论者的回答应该是：存在。

在牛顿出生之前，这个定律是否存在？答：存在。

在牛顿的妈妈出生之前，这个定律是否存在？答：存在。

在人类诞生之前，这个定律是否存在？答：存在。

在生命诞生之前，这个定律是否存在？答：存在。

在地球诞生之前，这个定律是否存在？答：存在。

在宇宙诞生之前，这个定律是否存在？答？

对于最后一个问题，可能会有两个选项：①存在；②问题错了，因为没有一个叫做"宇宙诞生之前"的时间，所以，万有引力定律与宇宙同时诞生。

无论哪一种回答，所引发的关于科学实在性的意象都是相同的。

这样一种与天地并生的存在，只能称之为"冥冥之中的存在"。神圣的、客观的、外在于人类意志的万有引力定律，在冥冥之中存在着，等待被牛顿发现出来。

这种冥冥之中的知识，当然就是人类自古希腊时开始追求的那种具有绝对的、确定性的知识；它超越时间，超越空间，放之四海而皆准，从无穷远的过去到无穷远的未来。

又如永恒的真理石碑上的铭文，在宇宙诞生时，由上帝刻就，存在于冥冥之中。科学家的工作就是找到真理之碑，把碑上覆盖的泥土和灰尘擦去、洗净，让真理的铭文显现出来。至于铭文的内容，那是上帝刻上去的，所以是永恒的、绝对的。

每一个铭文都是一块真理的砖。真理的大厦就是由一块块真理之砖建造起来的。因而，每"发现"一个科学定律，真理大厦就多了一块刻着真理铭文的砖。

因而，科学知识具有一种绝对的话语权。相对于科学知识而言，其余的知识都是落后的、肤浅的、不系统的、想象的、迷信的……，甚至不配称为知识。科学知识所到之处，这类知识就应该马上被废弃掉。

## 二、科学话语权的消解

"地方性知识"（local knowledge）这个概念是美国人类学家吉尔兹（C. Geertz，1926—2006）在20世纪80年代初提出的，吉尔兹是从法律人类学的角度使用这个词的。

> 法律……其实是地方知识；它的地方性不仅在于空间、时间、阶级及其他许多方面，更在于它的腔调，即对所发生的事实赋予一种地方通俗的定性，并将之联结到当地关于"可以不可以"的通俗观念。[1] 250

吉尔兹秉持"法律多元主义"，深入阐释了南亚伊斯兰教地区、印度教地区及马来西亚地区等的法律行为、对于事实的判断方式、对于正确行为的理解及其基础，认为"法律是地方知识，而非不受地方局限的通则"[1] 253。

现代语境存在两类不同的知识，一种是自然的运行规律，一种是人类的行为规则。显然，吉尔兹的地方性知识是在后者的意义上使用的。但是，在传统语境中，这两类知识常常是混淆起来的。吉尔兹本人也把这个概念向法律之外的人类文化延伸。

一个概念一旦诞生，就不再专属于其发明者。就如库恩的"科学共同体"和"范式"一样，地方性知识这个概念很快流传开来，进入其他学术领域，被赋予多重意义，给予多重解读。在哲学领域，这个概念自然地被从自然规律的意义上加以使用，于是"地方性知识"就自然地被视为与普遍性知识（universal knowledge）相对应的概念。科学，一向被视为普遍性的知识，于是地方性知识，就自然而然地成为"科学知识"的对立面。

本文也是在这个意义上使用这个概念的。

在这个意义上使用"地方性知识"这个概念，可以为某些"知识"赋予一定的话语权。其中包含两重意义：一方面，肯定了那些地方性知识是一种"知识"，使其获得了存在的价值与合理性；另一方面，"谦虚地"承认，那些知识只是"地方性的"，其价值与合理性只限于特定的地域，如特定的民族、特定的文化。因而，其话语权要远远弱于普遍性的科学。

这个策略无疑是成功的。

1999年，联合国教育、科学及文化组织召开的世界科学大会上对传统文明的地方性知识给予了肯定，大会宣言指出："传统社会已孕育并完善了各自的知识体系……这些知识体系是一笔巨大的财富，它们不仅蕴藏着现代科学迄今为人所不了解的信息，而且也是世界上其他生活方式、社会与自然之间存在着的其他关系以及获取与创造知识的其他方式之反映。"并指出："现代科学不是唯一的知识，应在这种知识与其他知识体系和途径之间建立更密切的联系，以使它们相得益彰。"[2]

2007年，中国科学院和中国科学院学部主席团联名发布《关于科学理念的宣言》，其中特别提出："避免把科学知识凌驾于其他知识之上。"[3]承认科学之外存在知识，并且认为科学知识并不比其他知识更具价值。

当然，在具体的社会生活中，在科学家的社会实践中，这只是一种政治正确的说法，并不具备约束力。

比如，关于中西医之争问题，最近一种获得很多赞成的观点叫做"废医验药"，对中医彻底废除，完全否定；对中药逐一甄别，通过检验者留用，未通过者废除。检验的原则是被尊奉为科学方法的"双盲实验"。在"废医验药"的某些赞成者看来，西医是科学，因为它的细胞理论及生理学、解剖学等都是科学，这些知识都是永恒的真理之砖。而中医的理论基础阴阳五行及《黄帝内经》等是伪科学，中医实践是经验的、零散的、建立在一个个案之上的。在此基础上的中药的有效性，没有经过科学方法的检验，所以是不可靠的，不可归入永恒真理之列，需要通过双盲实验进行筛选。

双盲实验对于科学方法来说又是一种神话。似乎通过一个双盲检测，某一种中药就变成了一块真理之砖。

20世纪90年代末，约瑟夫·劳斯在其科学实践哲学中，利用"地方性知识"这个概念，进一步消解科学的话语权。他认为，一切知识都是地方性知识，科学也不例外，从而将科学知识从普遍性的高度上降下来，与地方性知识拉平。以往，地方性知识只适用于某地，而普遍性的科学则适用于所有地方。现在，劳斯把普遍性的科学约束到一个特殊的地域——实验室。对此，蒋劲松有很好的阐释：

> 与流俗见解相反，科学知识具有高度的地方性。近代实验科学家的研究主要是在实验室中进行的。在实验室这个高度人工化的场景中，科学家对研究对象进行隔离、操纵与追踪，从而构建一个人工的简单化的"微观世界"来使得原本异常复杂的自然现象更容易把握，容易控制，相关的信息更容易获得。[4]

根据科学实践哲学，即使是被认为最具普适性特征的物理学，也只是一种实验室中的知识。在实验室中，气垫导轨可以把摩擦降到最小，从而使得实验数据严格吻合牛顿定律。所以，我们不能说"牛顿定论在伦敦成立，在北京也成立"，而只能说"牛顿定律在伦敦的实验室成立，在北京的实验室也成立"。而这两个地方的实验室，都是以同样的方式建造的，都以同样的方式对自然进行了简化。因而物理学定律貌似具有的普适性，是通过在不同的地方设置了同样的人工环境而获得的。

但是，为什么实验室中得到的知识貌似也能应用于实验室之外，劳斯指出，这是因为我们把整个自然变成了实验室，即"大自然的实验室化"。

把科学知识和技能拓展到实验室之外，要求在一定程度上对环境的复杂性进行重组。不过，这种要求往往是通过简化自然环境实现的，而不是使科学实践适应于更为复杂的环境。[5] 246

因而，科学的普遍性只是大自然的实验室化导致的一种幻觉。比如，汽车的流水线是全球一致的，为汽车所特别修建的高速公路也是全球一致的。标准化汽车需要运行在标准化的公路上。高速公路就是为了汽车制造的人工环境，是汽车最大的附件。医院里的现代设备也是这样，需要安装在专门为之设计制造的房间里。

劳斯不仅将科学从神坛上拉下来，送回实验室里，同时他还指出，恰恰由于把实验室知识强行施加于大自然，才导致了今天全球性的生态问题和环境问题。

这种对科学话语的解构，是从空间维度上进行的。然而，"普遍性"这个概念还隐含着时间的维度。

## 三、真理之碑意象的破灭

从时间维度上考虑，则会发现，科学知识是一种当下的知识。

按照真理之砖的意象，科学是冥冥之中的知识，当然是某种超越时间的永恒的知识。但是，人们又同时接受某种与之矛盾的观念，即科学是处在不断的发展之中的。

发展就意味着现在的知识否定了过去的知识，同时也意味着，未来的知识要否定当下的知识。这个过程被赋予了正面的价值与合理性。新的科学知识替换旧的科学知识被说成是更新，意味着进步与发展。所以，这种替换是被褒奖的。比如，接受营养学指导的人们，常常会很高兴地接受新的结论，放弃与之相冲突的旧结论，是因为他们觉得接受了更好的生活指导。

然而，从另一个角度看，这意味着人们以前是在一种错的知识的指导下生活的，并且也意味着，现在也是在一种错的知识的指导下生活的——因为科学会发展。也就是说，如果按照科学依据来生活，这种指导是不稳定的。比较明显的一个例子是营养学，关于某种营养素的价值判断，不断在颠覆。很多早期的抗生素现在成了禁药，但是，这种不稳定却不被认为是科学的问题，反而被解释成科学的进步！

康德相信存在某种超越性的具有绝对确定性的知识，称之为先天综合命题（判断，知识），来自理性，又与经验相关。[6] 35 这种先天综合命题，就是冥冥之中的真理之砖。然而，此后，作为康德两大佐证和案例的欧式几何与牛顿物理学先后被非欧几何与相对论所否定，两者都不再被视为冥冥之中的真理。

20世纪30年代，波普尔提出证伪说，科学变成了有待证伪的假说。至于证实，则永远不可能。这就意味着，当下的科学知识永远也不可能成为真理之砖。

因而实际上，科学在时间维度上的永恒性（普适性）已经被否定了。

当然，科学主义者并不甘心，于是提出了一个替代性的说法：没有科学不能解释的事物，只有科学尚未解释的事物。意思是说，某件事情，即使科学当下无法解释，将来总是能够且必然能够给出解释的。或者可以这样理解：那个永恒的真理的铭文，是存在的，即使现在没有掌握，没有获得，总有一天，会被科学所掌握，所拥有。①

这个说法把科学的永恒性推向了无穷远的未来。按照波普尔的说法，这个命题本身是不可证伪的。因而，这个命题只是一种情绪的表达。往好处理解，是个一厢情愿的决心；往坏处理解，就是一个谎言。

还有一种常见的观点，叫渐进说。渐进说认为，尽管科学当下还不

---

① 对于冥冥之真理之砖的假设，我在另外一篇文章中提出，不需要从本体论角度加以讨论，只要在认识论层面不断追问：你是怎么知道的？则必然会走向相对主义立场——不存在唯一的绝对的知识，各种知识是平权的。相对主义和地方性知识之间存在着共生关系。参见：田松.何以知其然也——上帝视角与相对主义.科学与社会，2015，（4）：62-69.

是真理之铭文,但是已经趋近了。借用计算机术语的比喻,叫做向下兼容,也就是说,科学在不断发展,去粗存精。比如,相对论取代牛顿力学,并未彻底否定牛顿力学,而是吸收牛顿力学中正确的部分。即使将来相对论被新的理论所取代,那些正确的内核也会一直留着,因此,科学会一天比一天地趋近于永恒之真理。

渐进说其实是一种循环论证,即首先假设了真理之砖的存在,然后论证了自己在趋近真理之砖。如果预先不知道目标在哪里,那么怎么能知道,自己是在趋近它,而不是在远离它呢?渐进说的另一个问题是,不符合科学"进步"或者"发展"的实际过程。按照库恩的观点,理论与理论之间是范式转换,类似于心理学中的格式塔转换,范式之间不可通约。新理论并非是精致化的旧理论,并非是在原来的素描稿上填了色,加了装备;而是截然不同的图案。比如说,在牛顿物理学中作为基本概念的引力,在广义相对论中被理解为空间曲率的一种表现形式,变成了一个导出量,甚至是一个不必要的物理量。

无论现在,还是将来,科学并不是真理之砖。如果我们以真理之碑作为比喻的话,从科学知识社会学的角度看,科学家手里拿着的不是扫帚和拂尘,而是锤子和钢钎。科学知识是科学共同体的产品,那些铭文正是科学共同体自己刻上去的。况且,即使将来的科学能够获得所预期的普遍性,那也是将来的事。凭什么现在就要求占有那种普遍性的、绝对的知识才可能有的话语权?而当下的科学,注定是有缺陷的科学。永恒的科学只是科学的理想状态,是科学所追求的目标,并不是科学当下所已经达到的状态。[7]

## 四、历史中稳定的传统

从时间的维度看地方性知识,则会发现,其具有高度的稳定性。如果我们使用另一种名词——"传统知识"(traditional knowledge)来指称我们称之为地方性知识的知识，那么其时间意味更加明显。

地方性知识是在历史中、在所处地方的自然环境与文化传统中生长起来的。某种地方性知识的历史越悠久，就意味着它有越强的稳定性，也就拥有越高的价值。则按照地方性知识来指导，人把自己当下的生活根植于历史之中，具有高度的稳定性。[8]

人的行为需要某种依据。笔者曾经提问：除了科学依据，我们还有没有别的依据？如果这别的依据与科学依据发生了冲突，是否要以科学依据为准？随后，笔者提出了另外两个依据：一个是个体的经验依据；一个是集体的历史依据。历史依据可以理解为长时段的个体经验依据的统计平均值。在几个依据的排序中，笔者把历史依据放在第一位，经验依据放在第二位，科学依据放在第三位。[9]

一种知识体系，拥有越长的历史，就拥有越长的历史依据。传统知识的价值是在时间中展开的，也是在时间中被赋予的。

作为地方性知识的传统知识，虽然被约束在某一个空间，但是具有时间的长度。进而，如果从传统之所发生之所起源来考虑的话，则传统知识的合理性，是其本地的生态系统的稳定性所赋予的。文化多样性与生态多样性是相互建构的。[10]

2003年10月，笔者前往丽江市石头乡利苴村做田野调查，在村委会的办公室里，笔者发现几个箱子里装着医疗保险证，据村主任说，这是当地政府的一项利民政策。每人每年交10元，就可以享受医疗保险，到县里的医院看病可以报销90%的医药费。

但是，这项看起来不错的政策，很多村民并不喜欢。村主任曾经外出打工，算是见过世面的，他也不喜欢这项政策，他说了几个理由，主要有两个方面：①村子里很多六七十岁的老人，一辈子没有打过一次针，没有吃过一片药，身体很好；②西医不管用。他本人曾经得过肾结石，在城里的医院花了几千元都无济于事。后来，乡里的草医（可以理解为比较简陋的或者更加地方性的中医）用山上找来的一些"草根根、树根根",让他熬水喝。几个月后,他再去医院检查,结石没有了。

在村主任的个体经历中,普适性的西医显然不及地域性的草医(中医)。这里耐人寻味的是,草医所用的并非是所谓的名贵中草药,而是本乡本土的"草根根、树根根"。廖育群讲过一个故事。一位名医让他的徒弟到山上找一棵不是药的草,即可出师。该徒弟找了好几天,回来禀报,"遍观草木,虽有不识,但无一非药"。师笑曰:"汝业已成,可去。"[11]按照中医的说法,山上的一草一木、一石一泉,无一不可以入药。很多草医可能"文化水平"不高,但他们实际上是对本乡本土的动植物和矿物最为熟悉的人,是最具有地方性知识的博学者。这种知识的合理性来自历史,来自传统。它的历史越悠久,意味着与本地生态有过越久的磨合与互动。

作为本土环境的一部分,人的身体出现问题的时候,从本土环境中选择一部分物质,使人恢复与其环境之间的和谐,这是最直接的方式,也是最经济的方式。

## 五、普遍性与信念是相互建构的

按照赖欣巴哈的说法,对于这种知识的追求,是一种逻辑外的动机,是人的心理需求[6]25。人渴望一种绝对的、确定性的知识,这样心里才会踏实。符合这种心理需求的知识,无疑会被赋予更大的话语权。

从好的方面说,科学知识的普遍性是一种信念。它之所以成立,恰恰是因为它被人们所相信。因为人们相信,所以会认为存在一种普遍性的知识。

中世纪以前,科学只是诸多关于世界的解释方案中的一种,既不是唯一的,也不是最重要的。在工业革命之后,工业文明在全球泛滥,科学逐渐成为最重要的乃至唯一的解释方案。

那么,科学是因为被普遍接受而被认为是普遍性的,还是因为科学是普遍性的，从而被普遍接受呢？

对于中医之被西医所取代，也可以作如是观。

科学在空间上的普遍性和时间上的永恒性都是这种逻辑外动机所引发的幻觉。这种我们曾经以为冥冥之中的真理之砖，其实是人类自己生产出来的。而且，正是这种真理之砖的无边堆砌，导致了我们当下所面临的全球性的环境危机和生态危机，导致了人类文明所正在面对的灭顶之灾。

在这种情况下，根植于传统的地方性知识会焕发出新的价值，会成为未来文明的星星之火。

## 主要参考文献

［1］克利福德·格尔茨.地方知识：比较视野下的事实与法律//克利福德·格尔茨.地方知识——阐释人类学论文集.北京：商务印书馆，2014：253.

［2］刘华杰译.《怎样做一名科学家——科学活动中的负责行为》之附录//美国科学工程与公共政策委员会.1999年世界科学大会文献选编.北京：北京理工大学出版社，2004：910.

［3］中国科学院，中国科学院学部主席团.关于科学理念的宣言.科学时报，2007-2-27（A4）.

［4］蒋劲松.作为环境问题根源的实验科学传统初探//江晓原，刘兵.科学的异域.上海：华东师大出版社，2008:92.

［5］约瑟夫·劳斯.知识与权力——走向科学的政治哲学.盛晓明，邱慧，孟强译.北京：北京大学出版社，2004.

［6］赖欣巴哈.科学哲学的兴起.北京：商务印书馆，2010.

［7］田松.我们就是不需要蛋白质//江晓原，刘兵.科学的越位.上海：华东师范大学出版社，2010:19；亦载于田松.警惕科学.上海：上海科技文献出版社，2014：103.

［8］田松.科学的技术与经验的技术——兼论中西医学之差异.哲学研究，2011，（2）：100-106.

[9] 田松. 中医为什么要有科学依据//张立升. 社会学家茶座. 济南：山东人民出版社, 2005:63-69；亦载于田松. 警惕科学. 上海：上海科技文献出版社, 2014:29-39.

[10] 田松. 人们文明的生态、技术和文化前提. 云南师范大学学报, 2011, 43（2）: 35-39.

[11] 廖育群. 医者意也——认识中医. 广西师范大学出版社, 2006：51-52.

# 下 篇
## 关于地方性知识的案例研究

# 非洲：本土知识在国家建构进程中的作用[*]

张永宏

历史上，"具有武装力量、法律和固定边界的政治体从很早就存在于非洲大陆"[1]12。远在古代文明时期，尼罗河流域的努比亚诸王国、麦罗埃帝国和阿克苏姆王国，就曾相继与古埃及对峙，与古希腊和古罗马并存；埃塞俄比亚至今保留、传承着古老的基督教文化。阿拉伯世界兴起后，撒哈拉沙漠中的商道、印度洋贸易圈随之繁荣，西非地区继加纳王国之后，出现了马里、桑海诸帝国，东非地区出现了斯瓦希里城邦国家，有的一直延续到16世纪；南部非洲、刚果河流域和黄金海岸也曾出现过津巴布韦高原诸王国、刚果王国和阿散蒂帝国等。黑格尔（G. W. F. Hegel）、牛津大学现代史教授休·特雷沃尔－罗珀（Hugh Trevor-Roper）所持的非洲历史"空白论"，已被证明是一种欧洲中心主义主导下的无知和偏见。不过，古代非洲国家形态的历史积淀相对单薄，也是事实。从时间维上看，除埃塞俄比亚外，"黑非洲"没有一个国家从古至今长久传承不

---

[*] 本文发表于《自然辩证法研究》2016年第7期，作者张永宏，云南大学教授、博士生导师，主要研究方向：世界史、国际政治。

断；从空间维上看，古代非洲王国、帝国的"版图"有限，广袤的非洲大地绝大部分处于"化外"。近代以降，西方殖民者罔顾非洲的自然区系、族群历史、宗教传统，在图纸上划分势力范围，不仅打断了非洲国家演进的自然进程，而且给非洲现代国家的建构留下了沉重的包袱。因此，20世纪60年代以来，非洲大陆虽然获得了在"国家"层面上的独立，但国家机器、国家认同、发展模式和治国理政思想等现代国家的基本构成要素，几乎都需要从零开始探索，面临建构国家基础的历史使命。今天的非洲，总体上是从族群社会①一跃进入现代国家时代的，其国家建构的基础不可能全盘沿用殖民遗产，也不可能完全照搬域外的模式，迫切需要重建传统与现代的连接，其中，本土社区及其所拥有的知识在国家建构进程中显示出独特的价值。非洲的探索和实践表明，本土知识作为传统文化的核心成分，反映着历史、政治、经济和社会中的哲学、认识论、伦理取向和生产、生活方式，在国家认同、制度建设和自主发展能力提升等方面具有丰富的意义和广泛的价值，是国家建构进程中可资深入挖掘、利用的宝贵财富。

## 一、本土知识为国家认同提供认知基础

当代非洲国家的版图和边界74%是殖民者按经纬线在图纸上画就的。[2]8 这一历史事实导致非洲民众对国家的认同缺乏内生基础，国家认同普遍成为国家建构进程中一个棘手的问题。非洲的实践表明，本土知识在推动去殖民化、建立国家与历史的连接、促进国民教育等方面具有广泛的价值，有助于为国家认同提供认知基础。

### （一）本土知识是去殖民化的思想武器

非洲的殖民体系早已灰飞烟灭，但殖民影响却阴魂不散、根深蒂固，

---

① 族群社会，即部落社会、部族社会，指以自然族群为基本构成单元的社会。鉴于我国非洲研究领域对"部落""部族"这两个词的使用有争议，本文用"族群"代替"部落""部族"。

对宗主国的从属性、依附性，一直制约着非洲国家的自立自强，因此，去殖民化是非洲国家认同中的一项首要任务。

在长期殖民的过程中，西方知识遮蔽、消解了本土知识的价值。本土知识是落后的，并停止了演化，需要用西方知识加以判别、改造，甚至替换，这是西方知识观统摄下看待本土知识的通常逻辑。这种逻辑一直延续到当代，沃勒斯坦（I. Wallerstein）的世界体系理论和霍布斯鲍姆（E. Hobsbawms）的传统发明理论还在巩固、增强着西方知识观范式的地位。[3]64

第二次世界大战，特别是"非洲独立年"以后，非洲逐渐意识到非洲人的解放和非洲本土知识的解放是一枚硬币的两面，难以分割开来。20世纪90年代以来，非洲学界对殖民遗产展开了更加深入的批判，认为殖民过程不仅掠夺了殖民地的土地和资源，而且征服了本土人的头脑和精神，甚至摧毁了本土人的价值和信仰系统；解放本土知识，首先需要深入批判殖民制度，正是殖民制度破坏了知识选择的多种可能性；本土知识不仅仅是表述行为文化（performative culture），更重要的是一种实践文化（practiced culture），重新启用作为实践文化的本土知识，将有助于从根本上摆脱殖民历史留下的阴影，为新生国家提供源源不断的本土解决方案；复兴本土知识系统、重建和维护本土世界观，应是去殖民化进程的核心战略和当代背景下本土人彻底摆脱殖民控制、走向自我决定（self-determination）的政治权力，应将之应用于政治和法律系统，以及政府管理、环境管理、健康、福利和教育之中。[3]63-67

（二）本土知识是连接"国家"与"历史"的桥梁

历史上，非洲"无国家社会"的特点比较突出，今天非洲国家构成的主要功能单元依然是传统族群（部落、部族），因此，非洲国家建构进程的又一项重要任务就是要重建殖民前的非洲历史，打通"国家"与"历史"的连接。

非洲具有强烈赋予本土知识复兴以政治使命的倾向，认为本土知识代表着经验、历史和"非洲个性"，是一种关于文化和传统的政治觉醒；应用本土语言和本土认知、分类文化以创造社会理解的意义，有利于把政治与历史、历史与现实的逻辑关系、时空关系链接起来，是通向国家建构的入口；只有找回主体的历史，才能找回自己的声音、语言和词汇，才能建立起独立的国家大厦。

打通"国家"与"历史"的连接，是国家文化认同的基础路径。一个国家的核心文化价值体系是刻画国家性格的各种因素的总和，包括语言、工具、技艺、知识、信仰、艺术、道德、态度、思想、行为、法律、习惯和价值等，为国民提供共同的价值系统和认识世界的框架。用历史去定义认同的文化，或把文化植入到地理环境、社会历史之中，本土知识具有桥梁的作用。例如，南非经历了数世纪对本土民众的压迫，在这样的背景之下，人的尊严、平等的实现，人权和自由的进步，社会公平的追求，反对种族主义和性别歧视等，在南非有着特殊的意义，要理解这种意义的深刻内涵，只需从本土出发重新梳理、评价历史，即可一目了然。

（三）本土知识是国民教育的必要资源

教育的根本目的是使人按其文化传统和价值系统，在理解、欣赏自己的历史、生活方式和文化特性的基础上，实现社会化。"本土"，是人赖以存在的第一空间，没有教育的本土化，"人"的社会化必然是残缺不全的。

非洲的正规教育主要源于西方。非洲教育界普遍认为，殖民教育留下了分裂、仇恨和内讧，必须改造殖民历史影响下形成的教育传统，重塑非洲教育，并加强教育与社会发展的协同共进，其中，把本土知识整合进教育系统，具有积极的现实意义。早在19世纪下半叶，泛非主义（pan-Africanism）者即提出非洲个性（African personality）、非洲群体意识（collective consciousness of Africa）、非洲社会范式（paradigm of African society）等概念，认为非洲社会应努力设计出满足自身需要的本土教育系统。[4]164

从当今的全球化趋势看，全球化把强势文化挟带到世界的每一个角落的同时，也激起了地方文化的反抗和自我强化。文化的同质化和多样化两种趋势并行不悖、并驾齐驱，教育越来越被置于多元文化的环境之中。在这样的背景下，非洲通过深入发掘本土知识、文化遗产的作用和可能性，不仅有利于在全球化进程中确立自己的身份、尊严和价值，而且也符合多元文化观的逻辑指向，有利于发挥文化多样性丰富的比较优势。[4]158

因此，从历史和现实两方面看，非洲迫切需要在教育系统的各层次中注入本土文化元素，包括价值、信仰、实践、准则、社会制度和生活方式等。近年来，非洲一些国家积极推进教育改革，本土知识已逐渐成为国民教育的基础资源，被广泛整合进教育系统。例如，在国家学历认证框架中承认本土社区中习得的知识和实践，包括提供具法律效力的认定和证明；在课程大纲说明中，突出本土知识的比重；改进教育方法，在教育过程中嵌入本土知识，吸收地方语言、知识、传说和哲学思想，以增强本土认同；关注本土问题，帮助学生获得关键的本土思维技巧，包括整体思维、直觉思维和多种多样的信息解读方式；融入当地社群，讨论民众的关切、立场和政治主张，丰富民族精神的教育等。[4]158-159

## 二、本土知识为国家治理提供制度基础

非洲现代国家形成的历史较短，国家机器远未完备，治国理政的经验、制度主要依靠本土知识系统提供基础性的支撑。

### （一）本土知识包含着冲突调解机制

非洲本土知识在消弭族际纷争、宗教裂痕方面，包含着丰富的冲突

调解机制。

　　族群冲突、宗教冲突是导致非洲动荡的主要根源。非洲族群众多，宗教与本土文化深度交叉，族群认同、宗教传统与世俗文化、政府主导的官方文化多层次交汇、多向度碰撞，深刻影响着"本土"的内涵，使本土意识与国家认同的关系更加复杂化。例如，在20世纪上半叶的塞内加尔，伊斯兰教的伊玛目、天主教的传教士、地方传统的护卫者、殖民权力的代表者都在竞争统治权，各方都声称自己更加本土、更具有合法性的资格。其实，文化的相互影响、借鉴、融合是社会演进的必然规律，对本土问题一味追根溯源，甄别谁更本土，是无济于事的，重要的是把族群、宗教中包含的秩序文化应用于现实社会管理、危机管控。非洲一些本土知识实践表明，运用族群、宗教传统化解矛盾，有利于推动地方管理体制的发展。例如，本土社区能提供应对本土危机的独特历史视角，缓和历史积怨；本土社区是人权保护的基础单位，在调节资源争端、化解利益冲突方面，具有不可替代的作用。因此，如何利用本土知识化解冲突，是非洲国家建构进程中一个有意义的视角。[4]165

### （二）本土知识包含着环境管理机制

　　非洲大陆环境危机问题越来越突出。森林资源被滥砍滥伐、土地沙漠化、土壤退化和生物多样性的减少等，造成的最严重、最直接的后果体现在粮食的供给方面，饥荒频发而且范围不断扩大。

　　在前殖民时代，非洲的财产所有权集中在一个个族群手中，自然资源的管理遵循习惯的共有原则。非洲族群的共有制通常依据血缘关系和互惠的原则经营资源、解决争端，其突出的特点是资源利用的公平与可持续。例如，东非地区玛赛人（Maasai）传统的财产关系中，土地被分成在环境条件上自给自足的若干单元，以血缘为纽带组成的族群负责协调不同季节进行放牧活动的时间和地点，以有效保障生态平衡得以维持。但在殖民过程中，殖民者通过引入财产私有制，剥夺了当地族群的资源管理权,弱化了千百年来行之有效的族群结构和功能。受此影响,后来的大多数非洲国家的法律体系,都强调国家对资源的控制和私人拥有制,传统部落所有制被挂在了空挡上,久而久之,"族群"这一非洲社会的细胞,渐渐丧失了丰富的自我管理能力。[5]82-86

事实上,在非洲,把当地族群排除在外的环境管理法律和政策,是行不通的。近年来,随着政府专控和私人拥有制的缺陷越来越明显,族群在环境治理中的作用日益受到重视。族群所有制建立在自我调节、自我规范的基础上,在建立可持续发展机制的过程中,发挥着难以替代的作用。因此,在法律框架之下授予族群团体一定的权力,使他们成为环境管理的行为主体和有机组成部分,符合非洲的实际。

## (三)本土知识包含着国家发展模式的建构机制

20世纪70年代以来,本土发展模式的成功案例不断涌现,东亚、印度、非洲、拉美,以及后来的俄罗斯都在不断探索、整理、提升自己的本土发展模式理论。本土知识承载并反映着社区的历史和文化价值,在发展上有着丰富的实践功用和理论价值,是建构本土发展策略的基础。

非洲贫困人口多、贫困程度深、生态环境脆弱、国家形成过程特殊,现代化的起始条件较差。在这样的背景下谋求发展,保护、利用本土知识有着突出的现实意义。近十多年来,国际发展机构、非洲联盟、非洲一些国家把本土知识的保护与利用列入发展计划,先后出台了一些本土知识保护与利用战略,努力探索符合实际的自主发展道路。例如,世界银行非洲地区知识和学习中心编制了《本土知识与发展行动框架》;乌干达政府发布了《本土知识与可持续发展国家战略和行动框架》,并把本土知识在减贫中的应用机制编入《乌干达国家整体发展框架》;南非政府颁布了《本土知识系统政策》;非洲第二届科技部长会议通过了"非洲科技整体行动计划",该计划把本土知识的保护与利用列入其中;赞比亚开始建设本土知识体系数据库和发展基金;肯尼亚、坦桑尼亚和斯威士兰等国建立了国家防灾、减贫方面的本土知识应用信息系统，并积极开展本土知识教育、培训和管理计划。[4]151-152 2008年全球金融危机以来，以低碳发展为核心的全球发展转型全面展开，本土知识与新能源利用、气候治理关系密切，在非洲逐渐显示出新的活力。

## 三、本土知识为国家发展提供创新基础

非洲问题的根本，是发展不足。发展包括经济、社会、文化和政治的全面发展。非洲一些国家已意识到，盲目追随西方的发展理论，并非根本之计，要在国家建构进程中形成独立的发展能力，需要大力开发基于本土知识的创新体系，发掘本土知识在促进知识生产方面的基础性作用。

### （一）本土知识促进知识生产

非洲文明对现代文明同样做出过巨大的贡献，就知识方面而言，在几何学、代数学、医学、药学、物理学、化学、外科学、宇宙学、文字、诗歌和戏剧、宗教和伦理等科学文化方面，以及棉花、黍、西瓜、可乐豆、咖啡等农作物的驯化方面，都凝结着非洲人的智慧。今天，大量非洲的本土知识遗产仍然具有自身的活力和价值，是非洲应对知识经济的挑战、促进知识生产、实现国家自立自强的基础。例如，非洲传统医疗技术不仅一直在使用，而且一些技术被重新发现、发展，有些精神病学方面的医疗方法已得到世界卫生组织的认可；数学方面，非洲存在多种计数系统和符号，被广泛应用于现代设计和游戏中；艺术方面，音乐、舞蹈、绘画和建筑领域丰富多彩的概念、技术、材料和使用方法一直启迪着后人、影响着世界。因此，非洲应把国家建构置于富有创造性的文化传统和本土知识体系的基础上，正确评价、理解和利用本土知识。正如美国科学史专家格罗雷奥·艾米格瓦里（Gloria Emeagwali）教授所指出的，欧洲哲学家，从波普到拉卡托斯、库恩和费耶阿本德都深入研究了主流科学的理性、客观性，同样，对非洲本土知识也要进行类似的研

究、批判、接受、修饰和采纳相关的概念，用新的分析结构理解本土知识，剥去以欧洲为中心的殖民化和再殖民化的影响，以凸显本土知识作为智力资源的价值和意义。[6]

其实，尽管西方知识所向披靡，但也只是人类众多知识体系中的一种。本土知识是在人与自然相互影响中发展起来的实践、陈述体系，是人类宝贵的文化遗产。联合国教育、科学及文化组织一份名为"走向知识社会"(*Towards Knowledge Societies*)的报告指出，知识社会的兴起为南方国家带来新的机遇，本土知识正在成为发展的新起点；南方国家应推进丰富的本土知识与国际知识相连接，从知识的消费者转化成为知识的生产者；不存在单一的知识社会模式，每一种社会都应倡导其本土知识的价值。事实上，现代社会越来越复杂，面对诸如人口、贫困、环境、安全、能源和社会管理等超复杂性问题，需要全方位动员各种知识，而科学与本土知识相连之处，往往是知识创新的关键起点。[7]109-110

### （二）本土知识支持国家知识创新体系建设

大多数非洲国家创立科研机构、制定科技政策始于20世纪70年代，但普遍受到教育落后、R&D投入低、专家流失严重等因素的制约，科技创新的动力体系发展十分缓慢。进入21世纪，针对非洲的实际，在联合国教育、科学与文化组织的支持下，非洲发布了"非洲科技整体行动计划"。该计划专列了"本土知识的保护和利用"行动计划，认为本土起源的应用性技术具有强交叉联结性，本土知识是创新的肥沃土地，"进一步理解和利用非洲本土知识，建设非洲本土知识数据库，加强对本土知识的保护、开发，实现本土知识在教育课程中的整合，是发展非洲科技的一个重要方面"[4]152-153,[8]。

"非洲科技整体行动计划"开启了基于本土知识建构国家创新体系的进程，在其推动下，非洲一些国家相继出台了一系列战略规划，把本土知识整合进国家创新体系。例如，南非发布了《本土知识系统政策》，并在国家研究基金中建立专门的本土知识研究基金，为本土知识研究提供跨学科研究、多学科合作和分解式探索的机遇，以丰富国家创新系统。2008年，南非在国家研究基金管理机构中专门成立了本土知识系统项目管理委员会；2009年以来，南非科技部进一步就资助本土知识的保护和利用制定了项目指导书，大力扶持本土知识与创新的连接。南非政府明确地指出，没有本土知识的输入，人类今天使用的很多有价值的医药产品将不存在；从全球竞争的角度看，南非绝不能忽视本土知识的创新价值。[9]

### （三）本土知识保护支撑国家知识产权立法

当代日益商业化的制度环境、技术环境和地缘政治环境，使知识财产的控制和管理变得越来越复杂，本土知识的保护与利用就更加困难。

非洲的知识产权保护机构主要有非洲地区知识产权办公室（ARIPO）（适用于前英国殖民地）和非洲知识产品组织（OAPI）（适用于前法国殖民地），但是，这两个组织都没有专门的本土知识保护职能，加之知识产权体制私有属性的限制，本土知识的保护和创新步履维艰。因此，非洲需要探索额外的特别保护，以发展适合本土知识保护的政策机制和法律体系，进而支撑起国家知识产权立法的大厦。例如，如何突出社区的权力及其历史贡献、主体地位，如何运用地理标识、社区权力概念补充现行知识产权管理体系的不足，如何对本土知识及其持有者的权利给予多方面的保护，如何支持建立传统知识数据库、数字图书馆及开发相关现代分类、检索工具以防止非法申请、注册专利，如何建立核定本土知识利益边界、利益共享的最低限度标准、协议制度和共享框架，如何通过立法创立本土知识记录、传播规范以促进本土知识创新与国家创新系统的衔接，等等。本土知识保护涉及的许多问题，都是一国知识产权立法不可回避的基础性问题。[4] 159-160

## 四、结论

从非洲普遍缺乏民族国家一般的形成过程这一角度来看,本土知识的意义远不止生产、生活中的实际功用,其精神价值对非洲国家建构自立能力有着多方面的意义。非洲现代国家建构的实践表明,本土知识被赋予了摆脱对西方的依赖、实现本土回归、重建发展主体地位的多重使命,是非洲国家建构进程中不可或缺的资源。殖民历史所造成的文化纽带的断裂,需要运用本土知识推动去殖民化深入展开,搭建国家与历史连接的桥梁,丰富国民教育的内涵,以促进对国家的认同;本土知识作为传统文化的核心成分,是哲学、认识论、伦理取向和生活方式的反映,其中所包含的思想和方法,是非洲国家治理的制度基础和国家发展的创新基础。

### 主要参考文献

[1] 李安山. 非洲古代王国. 北京: 北京大学出版社, 2011.

[2] 李安山. 全球化视野中的非洲: 发展、援助与合作——兼谈中非合作中的几个问题. 西亚非洲, 2007, (7): 5-14.

[3] 张永宏. 本土知识在当代的兴起——知识、权力与发展的相互关联. 昆明: 云南大学出版社, 2011.

[4] 张永宏. 非洲本土知识保护与利用战略. 国际政治研究, 2010, (3): 151-167.

[5] 张永宏. 非洲发展视域中的本土知识. 北京: 中国社会科学出版社, 2010.

[6] Emeagwali G. African Indigenous Knowledge Systems (AIK): Implications for the Curriculum. http://www.africahistory.net/AIK.htm [2015-02-05].

[7] 张永宏. 本土知识与科学知识: 差异、联系和互借. 思想战线, 2010, (6): 104-110.

[8] African Union (AU) Commission and the New Partnership for Africa's Development (NEPAD). The Consolidated Plan of Action for Promoting Science and Technology across Africa. http://www.nepadst.org/doclibrary/pdfs/doc27_082005.pdf

[2013-01-06].

[9] Department of Science and Technology, Republic of South Africa. "Indigenous Knowledge Systems". http://www.dst.gov.za/publications-policies/strategies-reports/reports/IKS_Policy%20PDF.pdf/view?searchterm="indigenous%20knowledge%20systems"[2014-04-02].

# 论本土知识的数字化处理<sup>*</sup>

胡立耘

本土知识（indigenous knowledge）是特定区域内特定群体所具有的传统知识。在广义上，本土知识包括基于传统的各种技能、观念、经验和文学、艺术表达，以及在此基础上的革新与创造；在狭义上，本土知识则主要指与本土生存和发展相适应的技术、经验和认识。不同的机构及学者从各自的角度对本土知识进行了界定[1]。与本土知识相关的术语还有本土知识系统、传统知识、地方知识等。在一般意义上，这些概念被互换使用[2]。有学者认为，本土知识甚至可与文化知识、民间文化交替使用[3]。本土知识作为与科学知识并行存在的知识，是本土人民文化认同和传统承继的依据，是本土社区可持续发展的重要基础，并在农业、医药、自然资源管理、环境保护、生物多样性等方面具有科学创新价值。

20世纪70年代以来，世界银行（WB）、联合国教育、科学及文化组织（UNESCO）的联合国本土人民工作组（WGIP）、世界知识产权组织（WIPO）等国际机构纷纷出台与本土知识有关的相应规定、文件，并

---

\* 本文发表于《图书馆建设》2016年第3期，作者胡立耘，云南大学教授、硕士生导师，主要研究方向：图书馆学与情报学。

积极支持本土知识的数字化。世界银行发起了本土知识计划,建立专门的数据库收集本土知识实践经验[4]。WIPO 开设了传统知识网关,登记各国的传统知识数据库以供检索[5]。UNESCO 建立了本土知识最佳实践数据库(IK best practices),收录本土知识案例[6],在世界记忆项目、非物质遗产项目中也可看到对本土知识数字化保存的强调。2002年,国际图联(IFLA)和国际出版机构联合会(IPA)继 UNESCO 的《保存世界记忆宣言》发布后,发布了《永久保存世界记忆:关于保存数字化信息的联合声明》[7];同年12月,IFLA 发布了《本土传统知识宣言》,明确指出,应保存、推广、传播本土知识与传统知识,并维护本土人民的本土知识使用权利与知识产权惠益[8]。美国、中国、澳大利亚、新西兰、俄罗斯、菲律宾、印度、韩国、乌干达、南非等国纷纷启动了本土知识数字化项目。本土知识数字化出于多种目的,有的是为了对本土知识进行知识产权保护,如印度的传统知识数字图书馆(TKDL)的建设;有的是旨在将本土知识纳入国家知识系统中,如南非的本土知识国家战略;有的是为了科学研究、文化产业建设、地方经济振兴等。本土知识数字化项目由多方驱动,有的是从下至上的本土诉求,由社区自身建设,由本地人参与收集、使用和学习本土知识;有的是商业驱动,由企业,如医药机构负责;有的是学术驱动,由学术机构组织;有的基于资源发现的目的,由文化收藏机构或数据服务公司进行公共或商用数据库开发。

本土知识数字化包括对本土知识的收集、选择、描述、存储、传播等各方面。与科学知识的客观、可验证、普适、易编码等特点不同,本土知识具有整体性、即时性、直观性、口头性、经验性、在地性、代际延续性等特点,这些特点导致本土知识数字化并非如科学知识数字化一样客观、无损地直接收集与转换。因此,尽管本土知识数字化具有科学知识数字化类似的流程与方法,但是,在数字化过程中需充分尊重本土知识的独特性,体现本土知识在其所处的文化生态系统中的实际情境。

## 一、本土知识的收集

### （一）本土知识的资源形态

本土知识的传承与传播主要有三种形态：文献形态、非物质形态、实物形态。文献形态是指承载在各种载体上的记录，包括民族文字资料及由田野调查者、旅行者、研究者等以各种技术手段记录下来的文献，类型多样，既有报刊、图书、古籍、手稿、抄本、相片、地图、拓片等书面文献，也有录音、录像、电视节目片段等模拟型及数字型文献。非物质和实物形态的本土知识，是通过口头传统、生产技术、生活习俗、交际仪礼、节日庆典、宗教仪式、表演艺术、社会风俗、手工技艺等非物质形式，或通过如民居、雕塑、碑刻、设施、服饰、器具、工具、工艺品等物理形式承载的活形态知识。

如何收集口头资源的本土知识是本土知识数字化的关键。口头资源由口头传统和口述历史组成。口头传统是由长者和能人传递的特定族群的文化传统，记录这种口头传递的故事，可保存个人、家庭、社区和社会的信仰、实践等基本知识。口述历史记录了叙述者个人及所处社区的各种事件和事务的记忆、经验、反响，是一种被广泛使用的方法，用以了解本土人民关于文化、经济、教育、健康、家庭、自然资源及社区管理等丰富的历史与文化传统，提供对未曾被以文献方式记录的事件的重构。数字技术的普及使口头文化和实物文化能及时被记录并以接近原样的方式得以呈现和传播，通过数字技术，口头资源以音频或视频方式进入文献系统，可保存更加丰富的信息。例如，可捕获面部表情、身体语言、姿势等在传达语言和文化中具有重要意义的细节，提供语言以外更真实、更生动的内容。数字化的本土知识既具有口语、展演或实物的直观性，又能像文字符号一样跨越交流的时空限制。

### （二）本土知识数字化资源的收集

本土知识与文化传统、历史变迁、日常生活、宗教信仰、自然资源密切关联，既包括传统故事、歌曲、舞蹈、仪式等形式的文化遗产，又包括传统医药、食品、农业实践、传统工艺等方面潜在的可专利化的知识，需要设计合适的方案来选择、说明、记录、描述和传播这些知识，避免触犯文化禁忌，防止内容被滥用和误用。例如，档案馆和图书馆拥有大量关于本土知识的描述，大部分是在过去对本土人民进行管理而产生的，在这些文献中，本土人民被对象化，本土人民自己的声音被忽略了。大量人种志研究、旅行者故事、官方报告等，在记录、选择、编辑和翻译过程中被导入编纂者自己的观点，以他者的眼光呈现，其中有价值的部分虽具客观性但并非中立，虚构的部分甚至把本土人民描写为异国情调的或野蛮的另类，包含着知识权力对本土知识的压制。这些资料即使记录了本土人民业已被异质文化的干扰或部分失传的语言或文化，但仍不可作为关于本土人民的真实的观点被接受。在搜集过程中需要甄别过时的、种族主义的、贬低的、性别歧视的、滥用的和不正确的表述。

本土知识数字化资源的收集过程中应特别注意的问题包括三个方面。首先，应征得本土知识持有者的许可和信任。数字化项目应考虑本土人民的利益，得到本土社区的认同，与社区达成互信；关于数字化项目中的内容选择标准、权重，应咨询本土专家，得到社区的支持，由他们决定选择哪些本土知识进行记录，以及决定如何将他们的知识呈现、传递，以保证本土资料的安全性、真实性、整体性。其次，鼓励社区参与，在项目设计中的规划与审定、项目进程中的决策与选择、项目评估中对项目成果的利用与反馈等环节，都应吸纳本土成员的参与。让本土人民在参与过程中，评价、补充相关内容，在已有收藏的基础上附加更多的本土价值，激发本土人民尊重和利用本土知识，促进本土人民的能力建设。最后，以各种形式和媒体创建和共享本土知识。不同社区应因地制宜地选择和收集本土知识的方式，有些本土知识需要以图表绘制，有的需要用视频呈现，有的以口述历史传递，有的通过表演，有的则需演示。有时通过社会服务项目——如 Web 课程、展览、制作广播节目和印刷出版物等——收集。也可采用故事、歌谣、短剧等方式获取本土知识中的关键信息。例如,通过采用数字故事讲述的方式使本土人民"自己讲述自己"并上传到网络数据库,既有利于自我记录与发布,又有利于分组协同学习。又如,使用 iTunes 或类似工具,由用户自己通过计算机及辅助设备记录歌谣、故事和技艺展示等。

### (三) 本土知识的存储方式

识别和优化所获取的本土知识资源,需要对用于记录和存储数据的各种数字技术和环境加以比较和评估。针对本土知识的口头特性,声像数字记录装置,如数字摄像机、数码相机、录音设备,是获取本土实践、技巧、歌谣、语言、故事和舞蹈等的基本工具;扫描仪常被用于照片、手稿、地图和历史文献的数字化;3D 扫描适于产生物体的三维数字图像。但有许多问题需要考虑,例如,声音可保存为 WAV 和 MP3 文档,视频内容可采用 QuickTime、MPEG-4、MPEG-2 等多种格式,存储介质可以是 DAT、CD、DVD、存储卡、硬盘,记录环境有录制间、田野情境、表演现场之别,内容可原样呈现也可适度编辑。如何选择,需要依赖于特定项目分析及社区需求分析,需根据数字文档的物理存储机制,使数字文档保存策略能在符合社区的实际条件的基础上,尽可能达到通行、兼容、可用。此外,数字资源的长期保存,还应充分考虑记录的数字迁移,及时对数字文档格式加以转换。

## 二、本土知识数字化中的信息组织

### (一) 本土知识数字化中的语言选择

为了体现社区参与,本土知识数据库的设计要求优先考虑本土语言。应尽可能以本地语言收集和呈现本土知识,必要时对所收集的内容进行翻译。在本土知识数据库中,可通过词汇表实现本土语汇/其他语种及方言/正式用词的转换,为跨语言信息检索打下基础。例如,"中国中药专利数据库及其检索系统"（CTCMPD）开发了中英文双语系统[9]，并在该数据库中嵌入了中药材词典数据库以便进行中药材名称的拉丁文、英文及中文检索，被认为是传统知识数据库领域的典范之作，得到了 WIPO 及美国专利商标局的高度评价。另外，由于理解本土知识需要文化情境，除了编制不同语种的词汇对照表外，有些无法准确翻译的词汇或内容应加以注释或链接相关的图示、动作示例、说明材料，以便跨文化信息检索。

（二）本土知识数字化中的元数据

本土知识的信息组织既要考虑通用性又要充分考虑本土知识的特点。对数字化对象进行描述的元数据设计应尽量选择复用或改造通行的元数据方案，在本土知识数字化中常用的描述元数据方案包括 MARC、DC、EAD、LOM、TEI、VRA、CSDGM 等。数字化的本土知识系统可存储在不同的机构或数据平台中。例如，既存于本土社区，又存于学术机构或其他利益相关方，还可能整合进图书馆或其他收藏机构的数据平台，应尽可能考虑元数据标准及互操作。例如，伊利诺伊大学厄巴拉－香槟分校开发的用于文化传统领域的数据库，采用了 OAI-PMH，收集了 39 个机构的元数据，目前包括了超过 200 万条 DC 元数据记录。[10]

在考虑与标准化元数据兼容的同时，应根据收藏对象及收藏的本地需求调整元数据。例如，本土社区，亲属关系、年龄层次、社会角色分工等具有特定的意义，设置权限元数据可支持这种概念体系，使数据库的资源在社区既能得到最大限度的传播，而又具有文化适当性。所谓文化适当，是指遵从本土民族的习惯法、文化禁忌。例如，有些神圣内容不能为本族外人所知晓，有些内容只在男性长者中传承，有些歌谣不能在家庭异性长者面前歌唱，男人不能观看女人所举行的某种仪式等。系统设计时，需根据本土文化传统、习惯法和知识产权要求，咨询本土社区的传统拥有者，规定本土知识库中资源被查看、下载、修改和编辑等操作的权限。用户是否为特定社区或部落成员，在社区或部落中的地位、角色、性别，与资源中描述的人、动物或物体的关系等特征，都是决定其权限的参考因素。澳大利亚的 Pitjantjatjara 社区设计的 Ara Irtitja 档案与传统知识系统的一个重要特征就是采用权限元数据反映由性别、家庭谱系、部族关系等构成的限制来决定用户检索系统的不同层次，以满足资料的文化敏感性[11]。

在本土知识系统设计中，还可考虑用户贡献元数据的机制，允许本土社区成员以自己的语词来标注特定资源，上传资料，添加文字说明或口头说明的录音。尤其是添加用户的声音录音，允许人们以自己的词汇和语言表述自己的故事，对文化程度不高或不同语种的用户利用数据库表达其观点十分有利。

此外，本土知识数据库将元数据与地理信息系统结合，有利于更好地揭示本土知识的特定内容。加拿大北部本土土地资源使用信息系统项目即为一个成功案例[12]。土地不仅与本土人民的生存与生活相关，而且是他们的精神与文化传统的一部分。建立基于社区地图的数字化项目，有利于描述和管理本土边界，明确社区的土地、渔猎领地所属权，对社区的自然资源进行管理，还可用来标记具有文化意义的地点或风景，记录动植物分布及本土生物多样性知识，进行森林防火管理[13]。

（三）本土知识系统的词汇控制

为了提高检索效率，保证本土语言的跨语言检索和跨文化理解，在本土知识数据库建设中，有必要开发和使用基于本土知识系统的分类表和主题词表。本土知识系统的词汇控制可通过开发特定的词表或类表，也可对已有的受控词表作相应的改进。例如，澳大利亚的《ATSI 叙词表》(*ATSI thesaurus*)) 拓展了美国国会标题表（LCSH），补充了与本土知识领域相关的词条及词表结构，高度本土化的则增用一些本土语词及增加分类号[14]，其修订版为《AIATSIS 叙词表》(*AIATSIS Thesauri*)，AIATSIS 即澳大利亚原住民与托雷斯海峡岛民研究所，是致力于研究、收藏、出版澳大利亚本土文化的机构，《AIATSIS 叙词表》提供主题词表、语言词表和地名词表。在语言词表方面,《AIATSIS叙词表》列出了250多种澳洲特有的语言,包括不同语言的各种拼法及其语支;地名词表中有本土地名及非本土的对照名称。语言和地名词表与地理空间关联,可提供地图浏览功能,依照本土视角的地理知识进行本土称谓和家族历史检索。该词表已为澳大利亚各图书馆所使用[15]。又如,新西兰国家图书馆、国家图书馆协会、全国毛利图书馆与信息工作者协会共同开发了《毛利标题表》(Māori Subject Headings,MSH)运用于各图书馆。2008年,新西兰国家图书馆与Taranaki部落合作,开发了Taranaki毛利数字档案馆,该数据库除采用了《毛利标题表》外,还增加了该部落的方言的相关词汇,以便人们用毛利语检索资源。所有关于毛利人的出版物,包括早期出版的相关材料,都依据该词表标引了主题词,并纳入编目系统中[16]。

（四）本体及概念图

本土知识与现代科学知识是两个不可通约的本体,当一个知识系统被包容或解释成另一个知识系统时,会导致不兼容,如关于时间、空间、宇宙的概念等。对本土人民而言,人造传统、人文传统与自然环境相互关联,一个文化物件的描述、分类与其传统不可分离,如物候历中动植物的作用,巫术或法事中道具的意义等,与现代科学文化语境是全然不一致的。在本土语言中,一个语词可能是一个人的名字,也可能是地名、仪式行为、物件,或者是人与图腾的某种特定联系。一个人或人群在不同的语境中可被指称为不同的名字。因此,神话、亲属关系、土地归属等尽管有不同的视点,当相互关联构成了语义之网。在数字化过程中,本土知识可能被简单化和重新组合,造成对传统知识的理解破裂,因此,在本土知识数据库建设中应充分考虑本土人民关于他们与世界的联系的表达方式,凸显与本土文化相关的内涵与意义。构建本土知识本体有利于呈现本土社区的文化-技术联系,反映本土观念及文化的复杂性。出于特定的文化情境和利益立场，不同的本土社区在环境状态、农业和森林、基础社会服务、语言文化艺术等方面各具特点，应设计特定的本土知识本体，定义相关概念，指引各种概念之间的联系，以便信息组织达到更为准确的效果。

由于部分本土人民识读能力有限及认识事物与概念具有直观性，在信息组织过程中，还可用视觉化技术揭示本土知识中特定的文化内容。在数据库中，对于与本土文化和观点相联系的关键内容，如图腾、神圣仪式、亲属关系等，用地图、家谱、概念图等多种形式的视觉呈现，并辅以相关图片、文献、多媒体资源及其他网络收藏的链接[17]，在数据库和网站设定认知地图，揭示本土文化中各种知识元素相互关联。具体做法是邀请本土人民链接图片、舞蹈、声音、地点、故事线和踪迹，形成一个有意义的网络[18]。设计认知地图必须了解该本土社区长期以来积淀下来的宗教、哲学、伦理、规范等组成的规则，反映本土社会中不同的学习方式，尊重本土社区中不同层次的知识／诀窍拥有者的意见，体现知识链接在特定的社会文化逻辑中所产生的意义。类似的认知图方式还有深图技术（deep mapping），如斯坦福大学的 Michael Shanks 的团队编制软件 Traumwerk 用于深图开发[19]。深图将不同的地图技术组合起来，如将航空图、照片、田野工作记录组合在同一个场景上呈现不同意义的基层，在地图上将历史与现在、口述资料与回忆资料、文献与个人感受等任何关于特定地方的材料并置和交互，以记录和描述该区域。

## 三、开发本土知识管理系统

### （一）本土知识管理系统的特点

一个成功的本土知识管理系统应具有符合本土社区的实际情况，具有以下特点。

简单的用户界面。许多潜在用户计算机素养有限、键盘操作能力有限、识字少，应有简单直觉的、用户友好的界面。

健壮性。预设用户没有足够的计算机经验，系统应能承受多种非预期的输入及其他操作，易于恢复。

安全性。由于本土知识中存在神圣或秘密内容，应保证数据库的使用与网络传输有可靠的安全机制。

弹性。系统应全面考虑在本土社区中与传统相联系的相关概念，并提供相应的管理工具以便提供最大的弹性可修改相关设置，使软件易于定制。

动态发展的可适应性。本土知识系统和基础架构应有弹性和实用性，能可持续发展，整合新的技术。

互操作性。软件工具应建立在国际标准上以保证各数据库间可互操作，以及在不同平台和操作系统上运行，以便达到最大程度的共享。

低成本。尽量使用便宜的、免费的、开源的、可组合的、广泛为本土和草根社区所接受的软件。一般采用一系列的开源软件加以组合，或改造免费数字图书馆软件，如 Fedora Commons、dSPACE、Greenstone 等常被用于本土知识管理系统的开发。

（二）本土知识数字化管理系统实例

用数字化手段记录、保存、利用本土知识的成功案例不断涌现。Stevens 对澳大利亚、加拿大和美国的本土知识管理项目进行了考察，表明可采用不同的方法和工具来管理本土知识，以保护口头传统和信仰系统，并分析了基于本土的数字化项目所存在的技术条件、安全性、可获取问题及其解决方案[20]。美国的史密森纳美洲印第安国家博物馆的文化中心开发了一套经济、简单和健壮的软件工具来描述、标注和管理多种类型的本土知识的数字和物理对象，其检索、浏览和演示界面提供了丰富的用户体验[21]。在澳大利亚的坤堪（quinkan），研究者与当地长者一起合作以数字化保护岩画艺术，开发了名为 Matchbox 的编目系统，使用被修饰的 DC 元数据来描述资源[22]。另一个具有代表性的本土知识管理软件是 IKM（Indigenous Knowledge Management），该软件系统是一套开源软件系统，成本低、简单而健壮，提供 DC 作为缺省的元数据框架，扩展了权限元数据。可供本土社区开发、维护和保存本土知识并定义与本地习惯法相符的获取限制和权限管理。搜索界面支持本土社区获取内容的需求及用户交互需求，除了提供基于文本或关键词检索、浏览多媒体资源外，还可开发与地图、时间表、年谱、词表或本体关联的检索机制，并提供注释和讨论工具，最大限度地允许用户根据其自己的意图创造性地关联和注释资源集合[23]。基于本土需要的 TAMI 则独具特色，TAMI 即代表文本（text）、声音（audio）、电影（movie）和图像（image），这是一个保护北部澳大利亚本土语言、文化和环境的本土知识数据库项目。其基本特点是没有预先设定元数据框架及分类范畴，检索方式是对所有资源略图的浏览，相对于常规的数据库。TAMI 缺乏框架和结构对数据库中的数据进行预期关联，看似缺乏逻辑，但它依据的是本土的认知和产生知识的方式与结构，用户成为设计者，检索、收藏、下载、编辑所需资源，并可对收藏进行分类及标注关键词。TAMI 最大限度地允许用户根据其自己的意图创造性地关联和注释扁平化的资源集合，即使文盲和文化程度低的人也可使用它[24]。

## 四、设立本土知识资源中心

本土知识资源中心有两种类型，一种是在本土社区设立的为本土人民提供服务的中心，一种是本土知识资源的收藏与研究的中心，两者相互关联。

### （一）基于社区的本土知识资源中心

基于社区的本土知识资源中心负责获取与收藏丰富的本地历史和社区传统，在澳大利亚，本土社区常常给它们的本土知识中心以本地语言命名。例如，Wujal Wujal 社区把它们的知识中心命名为 Binal Mungka Bayen 知识中心，有 68% 的社区成员使用该中心，并开发了识字和识数方面的教育项目[25]。本土知识资源中心的核心任务是识别、收集、记录、存储本土知识并提供给本土人民检索、传播与利用。通过建立本土知识资源中心，数字内容被集中和呈现，这些内容有的来自本土收藏，有的来自私人或机构的捐赠，有的原先被图书馆、档案馆、博物馆、教堂、社区成员、人类学家收藏，后被返还给社区。在数字时代，一些本土知识学术研究机构、文化收藏机构将馆藏本土知识资源数字化后，以数字复本的方式回流到本土社区，这被称为虚拟返还。虚拟返还使得更多的本土资源为本土人民重新拥有。

建立基于社区的本土知识资源中心需要分析社区需求和中心的目标，以决定用何种合适的软件来支持本土知识库的建设。例如，澳大利亚北部地区的一个本土社区 Warumungu 开发了名为 Mukurtu Wumpurrarni-kari 的档案，系统包括相片、数字视频、声音文档，以及文化物品的数字图像、文献等，其根据文化敏感性进行了相应的权限限制。用户可对资源加以评论和叙述，即使计算机技能低的人也能使用该系统[26]。

（二）本土知识资源的收藏与研究中心

本土知识资源的收藏与研究中心一般设立在大学、研究机构或文献收藏机构中。Warren 等勾画出了本土知识资源中心的基本功能，包括：本土知识文献化、使所记录的知识被存储和为人们所利用、设计教育材料并开展培训工作、使更多的人了解如何记录本土知识、促进国家和国际网络的信息交换[27]。

本土知识研究资源网络建设是传播最佳实践的有效途径，越来越受到人们的重视。例如，著名的国际性本土知识网站——国际研究与咨询网络（Centre for International Research and Advisory Networks，CIRAN，http：//www.nuffic.nl/ciran/），旨在增进国际本土知识网络的信息交换，资源按主题、地区、信息来源加以组织，包括了本土知识项目、最佳实践、相关组织和网络、电话、会议等内容；本土网（Native Web，http：//www.nativeweb.org）是一个国际性的非营利教育组织，旨在用电信技术传播世界各本土地区、本土人民、本土机构的信息，研究本土人民对技术与互联网的使用，提供资源、指导和服务来促进本土人民使用信息技术，以及本土和非本土人民的交流；本土人民相关问题与资源网（Indigenous Peoples Issues & Resources，http：//indigenouspeoplesissues.com/）整合了期刊、视频、电影、声音记录、会议、工作坊等资源，覆盖北美、南美、澳大利亚、非洲、欧洲、中东、东南亚、中亚等地区。此外，还有农业与乡村发展本土知识中心（Centre for Indigenous Knowledge for Agriculture and Rural Development，CIKARD，http：//iitap.iastate.edu/cikard/cikard.html）、世界本土知识研究中心（Centre for World Indigenous Studies，http：//www.halcyon.com）、本土门户（Indigenous Portal，http：//www.indigenousportal.com）等。

## 五、结语

本土知识数字化建设是发现、评价、保存、推广本土知识的重要手段，对于促进本土发展、保护本土权益、弘扬传统文化、丰富人类知识体系等均具有重要作用。本土知识数字化有利于协调传统与现代、本土与全球、本地与西方的多元张力，实现本土知识的有效保护和全面利用。

数字化系统并非客观的转换工具，本土知识的数字化并非简单地将本土知识作为一种知识集合纳入信息系统以使之合法化并整合到科学系统的框架内。本土知识数字化蕴含了关于真实世界及知识的本质的特定的文化与历史的设定。文献的重新媒体化、时间的变迁，都可能导致材料的意义的变化和重新改变。计算机上的信息与实践中的知识并不是一回事。本土知识数字化并不是作为过去的存留而被冻封式保存，而是要把它放在当代及后世的时间轴上，联系全球背景来考量其与本土利益需求的相关性。其首先探询的是本土人民关心和期望的是什么？如何保护本土人民最为关切的本土知识？其次才是本土知识有什么用？如何利用？这要求从知识、历史、文化、传统、法律、规范、技术等多种视角，广泛地思考不同的文化和知识传统及其所联系的社会机构、本土人民政治和文化语境等问题，从而使数字化成果既能在本土社区充分发挥作用，又能在全球知识系统中彰显其独特价值。

## 主要参考文献

［1］张永宏.本土知识概念的界定.思想战线，2009，（2）：1-5.

［2］Boven K，Morohashi J. Best practices：using indigenous knowledge. http：//www.Unesco.Org/most/bpindi.htm［2015-08-11］.

［3］Agrawal A. Indigenous knowledge and the politics of classification.International Social Science Journal，2002，54（173）：287-293.

［4］World Bank. Indigenous knowledge program. http：//www.worldbank.org/afr/ik/what.htm［2015-09-21］.

［5］WIPO. Online databases and registries of traditional knowledge and genetic resources. http：//www.wipo.int/tk/en/resources/db_registry.html［2015-09-21］.

［6］UNESCO. The Management of Social Transformations（MOST）Programme. http：//www.unesco.org/new/en/social-and-human-sciences/themes/most-programme［2015-08-20］.

［7］国际图联和国际出版社协会筹划领导小组.永久保存世界记忆：关于保存数字化信息的联合声明. http：//archive.ifla.org/V/press/ifla-ipa02-cn.pdf［2002-06-27］.

［8］International Federation of Library Associations. IFLA statement on indigenous and traditional knowledge. http：//www.ifla.org/publications/ifla-statement-on-indigenous-traditional-knowledge［2015-09-21］.

［9］China Traditional Chinese Medicine Patents Database. http：//221.122.40.157/

tcm_patent1/englishversion/help/help.html［2015-07-21］；中国中药专利数据库及其检索系统系统简介. http：//chmp.cnipr.cn/chineseversion/help/help.html［2015-07-21］.

［10］Shreeves S L, Kaczmarek J S, Cole T W. Harvesting cultural heritage metadata using the OAI protocol. http：//chaos.vtls.com/oai_docs/OAI_shreeves.pdf［2015-09-21］.

［11］Ara Irtitja Project. http：//www.irititja.com /about_ara_irititja /index.html［2015-09-21］.

［12］Schwartz J. GIS applications and indigenous land use information in the Canadian North：An Evaluation. Ottawa：National Library of Canada, 1995.

［13］Hunter J. The role of information technologies in indigenous knowledge management. Australian Academic & Research Libraries, 2005, 36（2）：109-124.

［14］Moorcroft H, Garwood A. Aboriginal and Torres Strait Islander Thesaurus. Canberra：National Library Australia, 1997.

［15］AIATSIS. Pathways：gateway to the AIATSIS thesauri. http：//www1.aiatsis.gov.au/［2015-09-21］.

［16］Mohi J H, Roberts W D. Delivering a strategy for working with Māori, and developing responsiveness to an increasingly multicultural population：A perspective from the National Library of New Zealand. IFLA journal, 2009, 35（1）：48-58.

［17］Cohen H. Data diversity and visual knowledge：Exploring the emergent models for indigenous databases in Australia. 8th International Conference on Diversity in Organisations, Communities and Nations. Montréal, 2008.

［18］IAPAD Community Mapping PPGIS, PGIS, CiGIS and P3DM Virtual Library. http：//www.iapad.org/bibliography.htm［2015-08-20］.

［19］Shanks M. Traumwerk［EB/OL］http：//documents.stanford.edu/michaelshanks/81.

［20］Stevens A. A different way of knowing：Tools and strategies for managing indigenous knowledge. Libri, 2008, 58（1）：25-33.

[21] National Museum of the American Indian (NMAI). http://www.nmai.si.edu/ [2015-09-20].

[22] Nevile L, Lissonnet S. Dublin Core: The basic for an indigenous culture environment? // Bearman D, Trant J. Museum and the Web 2003: Proceedings. Toronto: Archives & Museum Informatics.

[23] Christie M. Words, ontologies and aboriginal database. Media International Australia Incorporating Culture and Policy: Quarterly Journal of Media Research and Resources, 2005, 116 (8): 52-63.

[24] TAMI-a database and file management system for indigenous use. http://www.cdu.edu.au/centres/ik/db_TAMI.html [2015-08-20].

[25] Taylor S. State library of queensland library services: Overcoming barriers and building bridges. Australian Academic & Research Libraries, 2003, (4): 280-281.

[26] BBC News. Aboriginal archive offers new DRM. http://news.bbc.co.uk/2/hi/technology/7214240.stm [2015-08-20].

[27] Warren D M, von Liebenstein G W, Slikkerveer L. Networking for indigenous knowledge. Indigenous Knowledge and Development Monitor, 1993, 1 (1): 2-4.

# 本土知识集成在水环境优化中的可行性探讨*

吴合显

## 一、乡村社区聚落的"三废"湿法处理的紧迫性

加速我国西部乡村社区聚落建设已成为美丽乡村建设的关键构成部分,而我国对美丽乡村建设的快速推进,社区聚落的"三废"就地快速脱污,并加以循环利用的技术建构及集成示范推广,自然成了亟待突破的攻关课题。其中,受地理环境所限,我国喀斯特地区的乡村社区聚落,由于地理环境所限,所产生的"三废",特别是液态废物,很容易向地下溶洞和伏流渗漏,直接对长江中下游和珠江中下游的水体质量构成严重威胁,并将危及长江中下游和珠江中下游广大地区大中城市的水体安全。

此前,有关"三废"处理和资源再生的研究不仅数量浩繁,而且各自都有特定的理论意义和应用价值。但在付诸于应用时,都不可避免地需要认真考虑与社会文化的结合,并能切中实验区的特定地理环境需要,而有关技术选用和技术整合集成的研究,则相对不足,以致即使是那些

---

\* 作者吴合显,吉首大学民族学与人类学研究所博士研究生,主要研究方向:本土知识与生态学。

效用极高的单项技术，在投入实践应用时，都会碰到这样或那样的社会难题，从而限制了相关技术的应用成效。比如，将农作物秆蒿集中焚烧，回收热能和灰肥的成套技术，以及集中后通过干馏手段回收化工品和灰肥的技术。一则因为农村劳动力缺乏，喀斯特山区交通极其不便，回收的成本高而难以付诸应用；二则这样的回收技术，管理难度较大，技术要求高，在农村技术人员无法配套的情况下，也难以付诸实践；三则这类加工都会产生 PM2.5 尘埃和有毒气体，环境风险太大也不适宜在偏远的喀斯特山区推广。

上述两项回收技术，本研究通称为"干法处理"。在干法处理不能满足我国喀斯特地区需要的情况下，本研究主张利用本土知识集成，通过"湿法处理"，去实现废物的减量化，即主要通过有水环境下的降解去回收能源，或者形成再生饲料。

## 二、人工湿地的概念与分类

人工湿地最早是由澳大利亚的 Mackney 于 1904 年提出的，它是指人工建造和监督控制的、工程化的沼泽地。[1]人工湿地污水处理工艺起源于联邦德国。1953 年，联邦德国的 Max Planck 的研究所的 Dr. Kathe Seidel 首次采用人工湿地净化污水，实验发现种植芦苇能去除大量有机和无机污染物，通过进一步实验发现污水中的一些细菌，如大肠菌、肠球菌、沙门氏菌在种植了芦苇后消失了。湿地是一种类介于陆地和水域之间过渡的生态系统，对水体生态环境的净化起着十分重要的作用。[2]由于其独特的环境保护和生态修复功能，享有"地球之肾"的美誉。人工湿地系统在模拟自然湿地的基础上对自然湿地的污水净化能力进行了强化，该系统一般由人工基质（多为碎石）和生长在其上的沼生植物（芦苇、茭白、菖蒲等）组成，是一种独特的"土壤－植物－微生物"生态系统，利用土壤、人工介质、植物、微生物的物理、化学和生物三重协

同作用,对污水进行处理的一种技术。[3,4]

按照污水的流动方式,可以将人工湿地污水处理系统分为四种主要的类型:表面流人工湿地、潜流人工湿地、垂直流人工湿地和潮汐流人工湿地。不同类型的人工湿地对污染物的去除效果不同,并有各自的优缺点。[3]

(1)表面流人工湿地。这种类型的人工湿地与天然湿地类似,污水在人工湿地的表层流动,水位较浅,一般为 0.1～0.6 米,其对污染物的去除主要依靠位于水面以下植物根茎的拦截作用及根茎上的生物膜的降解作用。但该湿地不能充分利用填料及植物根系的作用,去除污染物的能力有限,受季节影响较大,冬季水面会结冰,夏季易产生异味,蚊蝇滋生;同时存在占地面积大、水力负荷率小等缺点,但这种湿地造价低、操作简单、运行费用低。[5]

(2)水平潜流人工湿地。这种类型的人工湿地因污水从一端水平流过填料床而得名。它由一个或多个填料床组成,床体填充基质,床底设防渗层,防止污染地下水体。在水平潜流型人工湿地中,污水在湿地床内部流动,一方面可以充分发挥基质及植物根系的作用;另一方面,由于污水在基质表层以下流动,因此,该湿地保温效果好,很少有恶臭和滋生蚊蝇等现象。[5]

(3)垂直流人工湿地。在垂直流人工湿地中,污水从湿地表面纵向流向填料床的底部,床体处于不饱和状态,氧气可以通过大气扩散和植物根系泌氧进入湿地系统,其硝化能力较强,可以处理氨氮较高的废水。但垂直流人工湿地对有机物的去除能力不如潜流型人工湿地。垂直流人工湿地由于具有较高的净化效率和相对较小的土地需求等优点而受到人们的欢迎。[5]

(4)潮汐流人工湿地。潮汐流人工湿地是近年由伯明翰大学提出的,在这种湿地系统中,湿地床交替地被充满水和排干,在向床内充水的过程中空气被挤出,床的基地材料逐渐被淹没。当湿地床完全被水所饱和以后，水就全部被排出，在排水过程中新鲜的空气被带入床内。伯明翰大学的最新研究成果表明，当水被排出湿地床、有机污染物留在基底内时是氧消耗量最大的时刻。因此，在排水过程中进入的新鲜空气可以看做是去除污染物的氧源。通过这种交替的进水和空气运动，氧的传输速率和消耗量大大提高，极大地提高了湿地床的床理效果。[6,7]

## 三、国内外"三废"的脱污处理技术应用现状

城市生活生产"三废"的脱污处理技术是当代城市化快速推进的新型工程技术课题。农村社区聚落的快速推进所派生的"三废"就地循环脱污处理，则是我国近年来才兴起的重大配套工程课题。国内外目前已有的城市污水处理可以大致分为"理化工艺"和"生物工艺"两大类。其中，生物工程脱污对本研究具有直接的借鉴价值和指导意义。

人工湿地污水处理技术在国外已有20多年的发展历史。[8]国外较为成熟的生物脱污技术工程可以以德雷克燃料石油公司（Delek Fuel and Gas Station Company）[9]、以色列集体农庄（Kibbutz Lotan）和欧米茄污水处理厂（Omega Wastewater Treatment Plant）的脱污技术为代表。[10]这三项技术工程的优势在于，主要采用了生物湿法手段，脱污效能较为理想，并可以实现就地脱污，而且能确保常年运行。其缺点在于技术匹配和协调管理难度极大，建设成本高昂，在生活污染物循环利用方面，又不能资源化，并就地形成生产能力。其中包含的高科技手段，在我国广大农村的社区聚落建设中难于推广。因此，本研究需要转换研究思路，借助我国喀斯特地区各民族的传统脱污手段和相关的本土技术加以集成匹配去消除上述缺陷，使之有利于在我国乡村社区聚落建设中顺利推广，特别是在喀斯特地区的乡村社区聚落兴建中，在短期内确保获得快速的推广。

历史上，国内外处理生产生活"三废"和维护水体质量的一般性做法，是将污染物分散到广阔的农田和牧场中，靠生物手段自然降解脱污。对密集的城市污水，20世纪中期以前大多是凭借稀释法处置污水，以维

护城市的运行。在我国的历史上，对城市和农村则是通过人为配置湿地，去实现生物法就近脱污，比如，在城市中营造荷花池，配置城中园林就属于此类。在农村则是通过不同耕地利用上的配置，特别是旱地、水田和牧场的配置与轮换使用，并辅以引污水灌溉的方法，用生物办法实现污水就地脱污。这样的传统生物脱污办法的优势在于成本低廉、管理容易、脱污效能容易达标。但缺点在于脱污时间太长，土地的占用量过大，不容易与现代密集的乡村社区聚落配套，而且劳动力占用量大，在农村劳动力紧缺的今天，很难机械照搬延用。

为此，克服上述不足自然成了本研究的攻关难点。克服难点的关键手段集中体现于如何将固体有机废物，特别是液态废物，通过"生物湿法"转换为饲料，或者通过沼气发酵加以降解回收能源，即如何将目前通行的干法处理纳入"生物湿法"处理的框架内，统一用湿法处理，实现就地资源化和无害化，以期规避干法处理带来的"二次污染"。

## 四、本土知识集成在水环境优化中的应用

我国西部的喀斯特山区，同时又是众多少数民族聚集区，当地各民族的传统产业结构本身就具有农、林、牧、渔综合并存的优势。喀斯特地区苗族、侗族和布依族文化中蕴藏着丰富的本土生态知识、技术和技能，而且至今仍未失效。发掘和利用各民族传统已有的知识和技术，力争与本研究探索的技术集成相互兼容，使这样的技术集成尽可能做到与当地各民族已有的生态产业联网运行。

因此，本研究的内容并不在于对成熟的单项技术简单选用或升级换代，而在于针对喀斯特山区自然与生态结构的特殊性。在正确认识当地社会文化与本土知识特征的基础上，本研究结合当代我国水环境治理的整体紧迫要求，以乡村社区聚落为实验单元，去探讨已有"三废"脱污技术的选用、消化吸收和匹配组装，以确保成套的技术集成能够直接为

乡村社区各族乡民乐于接受并能够娴熟掌控，并产生相应的生态效益和资源再生能力。

本研究在已有对"三废"进行处理的单项干法和湿法技术的基础上，出于尽可能降低"二次污染"的需要，将习惯于通过干法处理的有机固体废物纳入湿法处理的规范，并尽可能扩大转换为牲畜饲料的比例，以此完成一贯到底的湿法处理技术体系。在确保这一路线贯彻时，将本土知识和技术纳入乡村社区、生产生活循环体系和技术集成的范畴，加以吸收、创新和验证，使之与现代的单项技术接轨，成为简洁易行、效益稳定、能够为当地各族乡民娴熟操作、大面积推广的技术。

考虑到喀斯特社区的地貌特点和空间拓展的实际困难，本研究将人工湿地做"立体式"建构，即在喀斯特地区的陡峭坡面配置立体式的人工湿地。此前，对湿地生物脱污法，学术界已根据水流方式的差异，将人为建构的脱污湿地分为自由表面式、潜流式、垂直式和潮汐式四种模式。在此基础上，本研究将上述四种模式加以优化配置，统一纳入立体人工湿地去加以组合应用，以期它能达到脱污效能、降低能耗和用地的目标，并与相应的产业转型相配套。

根据喀斯特地区的地形状况，本研究采用碎石垒砌垄的方式，使垄沿等高线平行排列，在垄之间形成脱污床体，使这样建构起来的碎石垄，可以支持配置不同生物属性的植物，从而使此前互有区别的四种人造湿地的优势得到放大。这一研究内容的技术来源不仅有现代湿地建构的技术，还有机地包容进多项各民族的本土知识和技术，形成新技术集成，更好地服务于喀斯特山区的乡村社区聚落建设。然而，这样构建的碎石垄尽管造价低廉，而且能够处置大量的建筑废料，但其脱污效能和支持不同生物属性植物生长的能力到底有多大仍待研究。

在碎石生物坝中进行"架田"建构。"架田"是用漂浮材料为载体，在捆绑固定的载体上浇灌淤泥，使之保持在水面以上，从而构成漂浮的可耕地的一项传统技术。这一技术在世界范围内获得了众多报道，证明直到今天仍旧不失其利用价值。因此，本研究有意识地将这项技术引入厌氧塘的建构过程。一方面，利用它的遮蔽作用，确保厌氧塘的有效；另一方面，还可能产出优质的生态农产品。鉴于喀斯特山区的特殊性，以及当地各民族传统产业对当地的适应性，本研究在人工湿地下游构建"架田"于厌氧塘之上，并尽可能加深厌氧塘的深度，以确保厌氧塘的有效性，并能发挥储集水资源、防范干旱的附加效能。

## 五、水体脱污技术路线

本研究的工艺流程主线可以总称为"生物湿法处理"，工艺特点是突出仿生原理。其靠多物种的复合并存，通过其生命活动使生产生活污水中所含的各种有机污染物，就地降解为无机盐，被高等植物吸收，最终实现水体的基本脱污。同时，回收有用的可再生资源，形成新的生产能力，并与当地的传统产业联网，使"三废"处理与产业的升级换代融为一体。其技术路线构理如图 1 所示。对其相关技术要求与功能仅分别说明如下。

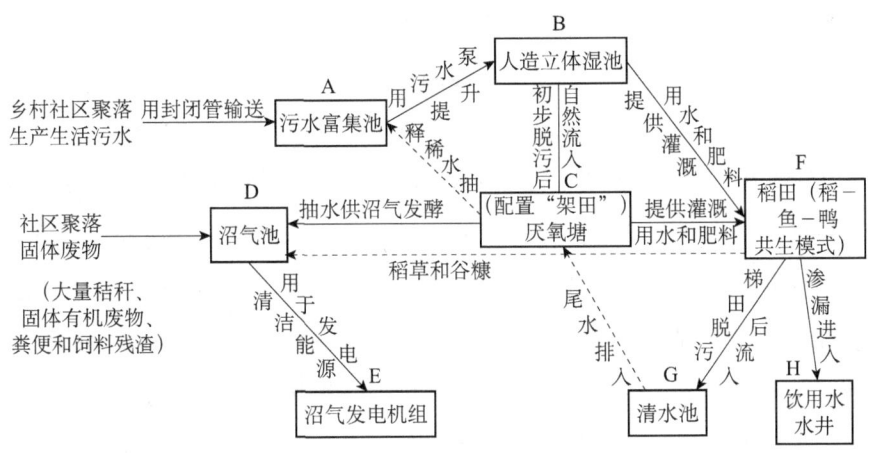

图 1 水体脱污技术路线构理图

注：整套工艺的关键装置由七个部分构成，分别是：A 为污水富集池、B 为人造立体湿地、C 为厌氧塘、D 为沼气池、E 为沼气发电机组、F 为稻田、G 为清水池、H 为饮用水水井

（A）污水富集池。配设高压污水泵，其基本功能是富集来自社区聚落的生产生活污水，以备正式实施生物法脱污，同时在富集静置过程中，可以使大块的固体物料下沉，以免影响污水泵的正常工作。若污水黏度过高，需要酌情加水稀释。稀释用水来源于C厌氧塘。在这一技术单元中，污水的运行全部管道化，污水富集池需要加盖密封，以防异味气体挥发，污染环境。污水富集池的设计容积大致控制在每户0.2立方米的容量即可。

（B）人造立体湿地。其是湿法生物脱污的关键装置。其建构施工必须坚持如下五项技术原则：①整个生物脱污床的建构，坚持利用原有的荒坡坡面去完成布局。脱污床修建过程中，不允许大幅度地动土。特别是禁止用炸药或其他手段炸平坡面，以防表土下隐蔽的地漏斗被凿穿，导致污水下泄进入溶洞，造成技术目标的落空。②脱污床上方应设置分流池调控污水流量和流向。由分流池控制流量和流向。脱污床尽可能按等高线平行排列布局，每条脱污床的末端需装置截留闸，截留闸的位置要错位设置，使污水在重力作用下的流向能沿脱污床曲折绕行，尽可能拉长污水流经的距离，脱污床宽控制在4～5米，脱污床底部需要留足1米宽的平底过水通道，确保污水能缓慢浅程流过其底部。③脱污床与脱污床之间的垄，由竹筐或塑料绳网填塞卵石或建筑废块堆砌而成，高度不超过1米，基宽在1.5米左右，顶宽0.5米左右。脱污床底部可加入10～20厘米厚的淤泥，使污水在脱污床中自流时，既可以沿脱污床末端的截留闸垂直下泄到下一级脱污床，也可以从垄上石缝间侵滴到下一级脱污床，实现充分曝气。④建构时力求稳固，能抗击重力的作用，确保在运行过程中不至于垮塌。同时，需要在垄上规律性的配种柳树和芦苇，并确保成活后能旺盛生长。利用这些植物的生长尽可能地吸收降解后形成的无机盐，支持污水脱污。同时发挥加固碎石垄的作用。⑤在沟垄和沟底混合种植各类湿生植物，包括菖蒲、莎草等挺水植物，水藻类的沉水植物及苔藓类的附生植物。在垄顶石缝中可以配种旱生的灌丛或藤蔓类草本植物。利用这些植物的生长，为厌氧菌和好氧菌提供生命物质，从而支持多种生物属性不同的微生物生长，去降解污水中的有机污染物。

这一装置的功能在于通过多物种的复合生长将污水中的有机污染物降解为无机盐或者分子量小的有机物，使污染物经过降解、吸附和吸收及低等动物的摄食，从而实现污水中原有污染物总含量降低70%。在运行过程中，要求污水通过全部装置的自流时间不少于48小时。而且在运行中，每一条脱污床污水自流48小时后，需排空闲置12小时，以确保好氧菌保持一定的生长规模。因此，这一装置的技术建构已经兼备了污水自由流、潜流、垂直流和潮汐流四大优势。因而，其脱污性能可望超越此前已有的类似装置。实际效能是否能达到更理想的目标，有待试运行后，凭收集到的科学数据去加以验证。

（C）厌氧塘。其由较邻近地漏斗的烂泥田或其他低洼地段改建而成，功能是让初步脱污后的污水在这儿得到充分的沉淀，并得到进一步的厌氧菌降解，使残留污染物形成腐殖质和泥炭沉淀到池底，使水体得到进一步的净化。为了确保沉降环境的避光和绝氧，在厌氧塘水面上要建构"架田"，用浮体扎成排筏，在筏上铺上芦席，再浇上泥土，用于种植蔬菜或牧草，使整个厌氧塘的水面不暴露在阳光下和空气中，为水体厌氧微生物的生长提供良好的条件，并在"架田"上形成一定的生产能力，同时发挥吸收水体无机盐的功能，使水体可溶物含量得到有效的降低。

由于喀斯特山区地表截留大气降水的能力低下，地表的间断性缺水成为制约地表植物茂盛生长的关键因素。因而，提升地表对大气降水的截留能力，直接关系到产业的发展和生态的优良，因而，本研究中的厌氧塘设置，除了发挥水体净化和资源回收两层功能外，还需要承担水资源的调控功能。为此，厌氧塘不仅需要较大的面积，还需要有尽可能深的水体储氧深度，使之在提高厌氧水平的同时，发挥水资源的储氧潜力，以满足缺水季节的水资源调控功能。与此同时，在水面配置"架田"还能提高隔绝氧气的效率。出于扩大储积水资源的需要，还可以视需要设置多个厌氧塘，并与人造立体湿地脱污完后的水保持联网。在洪水季节，还可以提前排空厌氧塘，以备接纳更多的洪水。

对厌氧塘的池底沉积物，还可以定期抽取加工为固体废料，满足农田牧场的废料需求。此外，由于厌氧塘中水体含有较高的铵态氮，水体还可以作为饲料和氨化处理之用，以确保厌氧塘与畜牧业生产联网。同时，厌氧塘储备的水资源还可以随时作为稻田生产的辅助水资源和废料资源，并与稻田生产联网。

（D）沼气池。有关沼气生产的技术规程和管理规章，在我国已臻成熟。具体的技术安排无需追源。而本研究配置沼气池的作用定位却另有考虑。鉴于本研究意在适用于喀斯特山区，因而沼气池的功能主要是用于对固体废物处理的调控，而不是作为固体废物处理的主体技术装备。喀斯特乡村社区聚落的农、林、牧固体有机废物主要是通过氨化法或者堆积发酵法去处理并转化为饲料的。何况，在喀斯特山区，有大量的溶洞可以作为饲料发酵和储积场所去加以利用。沼气池处理的固体废物主要集中于三大类：一是聚落附近的稻田产出的大批量秸秆；二是社区聚落的固体有机废物；三是在舍养季节集中起来的粪便和饲料残渣。之所以需要通过沼气池处理则是考虑到在社区周边原料容易富集，而且缺乏堆放场，更是考虑到节约沼气原料减低运输成本的需要。

沼气池发酵所需要的水，可以抽取厌氧塘储积的水源。沼气的尾水可以直接往厌氧塘排放。沼气渣可以与厌氧塘的沉积物混合制成有机肥料，供农田和牧场使用。为了确保沼气池的轮换运行需要，沼气池需要设置两套交替运行，还需要配置沼气储气罐，以确保稳定地供气。

（E）沼气发电机组。本研究为湿法脱污循环利用，水体的运行必须投入较大的电能，因而需要将沼气池发酵产生的清洁能源用于发电。作为整个脱污循环体系的主要动力来源，并兼备用电调峰功能，发电机组视能量投入需要启动，不需要连续运行。

（F）稻田。喀斯特山区各民族早就形成了建构梯田的传统，并养成了稻－鱼－鸭共生的生产模式。这样的生产设施和生产模式本身就具有循环体系的禀赋。本研究则是将生物湿法脱污体系与这样的生产模式相联网，以提高资源再生利用效益和环境维护效益。具体联网方式体现为可以根据稻田生产的需要，直接从 B 人造立体湿地尾端和 C 厌氧塘提供灌溉用水和废料，提高稻田生产的效益，并发挥规避缺水的风险，并让梯田稻－鱼－鸭生产模式进一步发挥水体脱污功能，提高水质。稻田产出的稻草和谷糠直接应用于沼气，作发酵原料使用，以利最大限度地降低化肥和农药的使用量。而稻田产出的稻米、鱼和鸭又能实现稳产和可持续运行。

（G）清水池。清水池修建于梯田的最低处，其功能在于储积经过梯田脱污后流出的清水，以满足当地居民的一般性用水。使用后的尾水可以排入厌氧塘。

（H）饮用水水井。针对喀斯特山区缺乏饮用水的现实需要，需要考虑在稻田的下方挖掘饮用水水井，使稻田中的水资源可以通过地下渗漏进入饮用水井。富集后，以满足居民饮用水之用。

本研究设计的物质能量循环体系密集分布于喀斯特乡村社区聚落周边，既利于管理，又有利于生态景观的配置。其物质的循环可以覆盖相关社区聚落，能够关联到农田、牧场和林地，带动整个地区的有机能量和物质循环。同时其可以发挥彻底使污染物无害化的生态维护功能，真正实现了可持续应用与发展。

## 六、总结

本研究引入了人造立体湿地脱污集成装置，并在厌氧塘中配置了"架田"，使得所有的脱污过程都保持不同属性的生物物种和谐并存，并做到能茂盛生长。从而使得厌氧、好氧脱污和生物对营养物质的回收，可以在极有限的同一空间范围内并行完成，投资量小，管理简单，运行成本低廉，脱污效能高，而且稳定可靠。且当地乡民凭本土知识和经验，稍加培训后，即可娴熟操作运行。脱污成效与西方先进水平相似，但投资和运行成本可以得到大幅度的压缩，而且能形成适合人居的优良生态环境，还能兼顾到能够形成一定的生产能力，并能与已有的传统产业协调联网，推动传统产业的创新。

另外，本研究整套技术设计能较好适应喀斯特山区的自然地理特性。施工时尽可能不动土，确保已有地理结构的稳定性，能有效地防范污水往溶洞下泄，给下游造成污染；同时又能与当地已有的农、林、牧生产实现高效的结合，推动传统产业的升级换代，有效地发掘和利用当地的本土知识和技术技能。对传承相关地区非物质文化可以发挥积极作用，还能克服喀斯特山区自然结构中的诸多不利因素，能降低劳动力的投入，能缓解喀斯特山区的水资源匮乏等不利因素。整个系统的运行无需排放有毒的和有异味的气体，能降低大气尘埃的排放，有利于全国大气质量的提高。

最后，本研究高效落实了资源的就地再生利用。水体污染物在生物降解的过程中，能够给配置的植物和动物提供养分和食物，使之形成生产能力，能够支持当地农业、畜牧业和林业产值、产量的提升，形成真正意义上的生态产业，最终实现完全不使用化肥和农药，还能够建构成农、林、牧的复合产业体系。彻底净化后的水不仅对溶洞无害，而且如果协调好相关的社会观念后，甚至还可以形成清洁水源。这样的技术集成完全可以达到旅游生态景观建构和维护的各项要求，具体体现为立体化的湿地生态景观，能满足休闲观光的需要。

## 主要参考文献

[1] 张奎.人工湿地污水处理技术的研究.工业水处理，2007，27（8）：16-21.

［2］白晓慧，王宝贞，余敏，等.人工湿地污水处理技术及其发展应用.哈尔滨建筑大学学报，1999，32（6）：88-92.

［3］常玉华，郭健.人工湿地处理农村生活污水应用研究.能源环境保护，2012，26（6）：36-38.

［4］张晟等.人工湿地在处理小城镇生活污水中的应用.环境科学与管理，2006，31（9）：62-65.

［5］曹杰.人工湿地对农村生活污水的处理效果研究.浙江大学硕士学位论文，2007：2.

［6］孙红杰，杨少华，崔玉波，等.人工湿地在农村生活污水处理中的研究与应用.吉林农业大学学报，2013，35（3）：328-333.

［7］应俊辉.利用人工湿地处理农村生活污水的研究.安徽农业科学，2007，35（4）：1104-1105.

［8］焦璀玲，王昊，李永顺，等.人工湿地在水环境改善方面的应用.南水北调与水利科技，2010，8（2）：83-86.

［9］Tackett C. The world's most beautiful wastewater treatment plant. http：//www.treehugger.com/green-architecture/omega-center-sustainable-living-eco-machine-living-building-water-treatment.html［2014-04-04］.

［10］Ayala US. Water and Ecology. http：//www.ayala-us.com［2014-04-04］.

# 科学仪器与科学实践的地方性
## ——基于上海市某物理实验室的人类学考察*

卢卫红　刘　兵

科学的实践与文化研究方向的出现，使得人们对科学的关注从"表征"转向"实践"。"科学知识的地方性"成为科学实践研究的一种新的科学观，在这种科学观之下，科学的哲学、文化研究把研究的关注点放到了对科学实践场所和实践过程的考察之中。在对实践场所的考察中，实验室被赋予了重要的地位，而在实验室实践过程中，科学家最重要的实践工具是各种各样的现代科学仪器。因此，研究实验室实践对科学仪器的关注是一个非常重要的方面。

## 一、科学实践与科学仪器

起源于西方的现代自然科学的发展的每一步，都和科学仪器的发展

---

\* 本文发表于《自然辩证法研究》2016年第7期，作者卢卫红，同济大学副教授，主要研究方向：科技人类学，科学文化研究；刘兵，清华大学教授、博士生导师，主要研究方向：科学技术史、科学文化传播。

紧密相关。在传统科学哲学那里，科学即是表征，因此科学实验没有得到足够的重视。到了科学的实践与文化研究阶段，学者们的研究中凸显了科学仪器（物质力量）的重要性。

拉图尔的实验室研究已经为实验室中的重要角色——科学仪器赋予了重要的意义。在拉图尔看来，"使这些仪器显得重要的事实在于，没有它们，任何'它们所涉及的'现象都不可能存在"[1]。不过，在拉图尔那里，科学仪器的作用是"记录器"，即记录数据的工具。科学仪器本身并不具有独立于人的力量，科学知识仍然是最后被编码出来的数据及被发表的论文。

在皮克林看来，在科学实践中，人类力量和物质力量是一种共舞的状态，两者互相交织和融合，而科学事实正是在这种交织和融合中冲撞的突现。他强调物质力量的重要性，认为"科学实践必须包括物质性力量的作用"[2]122。皮克林通过莫柏哥追寻夸克、建造设备的实验历程，说明科学实践具有"物质力量和人类力量共舞的特性。作为典型的人类力量，莫柏哥组装、启动他的仪器，然后放弃他的主动角色，被动地静观将要发生的事情——尽管借助于显微镜。与此对应的是角色转换：物质世界自行其是"[2]92-93。这段话也隐含了一种含义，即物质力量或者科学仪器，具有独立于行动者的力量。

科学实验哲学的代表人物哈金，在其研究中强调了科学仪器的重要性，并把科学仪器分成不同的类型，包括用于实验对象的制备的仪器、用于"改变和干预对象"的仪器、用于"决定和测量对象"的仪器（哈金称之为"探测器"）及"数据制造器"等。各种科学仪器被哈金称为"物质性的黑箱"[3]，本文在考察中也涉及科学仪器的不同类型。

另外，其他学者也强调科学实验仪器的独立地位，如新实验主义倡导者罗伯特·阿克曼主张，"应当将仪器作为一个独立的要素来考察，并将过去笼统所称的'实验'分解为'仪器'与'数据'两个领域，以理论、数据、仪器三者辩证互动来理解科学知识的增长"[4]。

可见，在皮克林、阿克曼等看来，在科学实践过程中及科学知识增长中，科学仪器具有独立的地位。这些论断或主张凸显了科学仪器的重要性，也表明了对科学仪器进行研究的重要意义。

同时，科学家的日常实践体现在和科学仪器打交道的过程之中。在科学仪器的使用中，使用者本身不是价值无涉的，而是处在特定的社会和文化环境之中的。这些因素使得科学仪器的使用方式具有了地方性的特征。

## 二、科学实践的地方性

中国现代科学发展有着与西方不同的社会和文化语境，对中国的科学实验室实践进行考察，对于我们更加深刻地理解科学实践的地方性具有重要的意义。

### （一）实验室的选择

人类学田野调查的特点是选择一个特定的田野地点，进行长时段、参与性的深入考察。有别于社会学式大范围的定量研究，人类学的研究一般不追求研究结果的普遍性，而是强调个案和深度。已有的经典实验室研究，包括拉图尔、伍尔加和特拉维克[①]等的研究均是选择在某一个或几个实验室进行深入的考察。由于可能出现的对于本研究基于一个实验室的考察是否能支撑所得出结论的质疑，笔者在此处特做一说明。

本文所考察的 T 实验室是上海市某高校的一个物理实验室，笔者从 2014 年年初进入该实验室，基于人类学的视角，采用参与观察、深度访谈等方式对该实验室进行田野考察。在进入实验室之后，随着访谈和参与观察的深入，笔者逐渐把研究对象确定为"科学仪器"，并把重点放在

---

[①] 拉图尔和伍尔加的《实验室生活：科学事实的建构过程》考察的是美国一个神经内分泌学实验室；特拉维克的《物理与人理：对高能物理学家社区的人类学考察》主要考察了日本高能加速器研究组织（KEK）和美国的 SLAC 国家加速器实验室。

实验室中科学仪器的使用方式,以及科学仪器与科学研究对象的选择等方面上。

在确定T实验室作为本研究的考察对象时,笔者主要考虑到以下两个方面。

第一,实验室具有考察价值。在田野地点的选择上,要考虑其是否具有研究价值。近些年来,随着国家各项人才引进计划的实行,海外科研人员回国创建实验室,领导实验小组成为一股热潮。这类实验室的研究人员具有海外工作经历,其实验室的创建、运行会体现出一些不同的特征。本文所考察的实验室建设于2011年,实验室创建人和科研人员为海外归国人员,实验室的这种背景,一方面,有利于比较国内外实验室仪器使用方式上的差异;另一方面,实验室的历史较短,比较便利于考察实验室的建设及发展,追踪其从建立之初发展至今的过程,有利于展示实验室中科学仪器对科学研究方向的影响。

第二,具有开展实验室研究的可行性。田野调查要具有可行性,由于各方面的条件,笔者能够比较方便地进入到T实验室之中进行长时段的参与性考察。这也是本研究选择T实验室的重要原因。

同时需要说明的是,基于研究的需要,除了作为核心考察对象的T实验室,其所在学院的其他几个相关实验室和科研人员也在本研究的考察之中。

(二)科学仪器使用方式上的地方性特征

T实验室所在的学院为了纳米材料研究方向的建设,近年来从海外招聘了若干研究人员,分别作为实验室负责人建设各自的实验小组。这些研究人员的海外工作地点包括欧洲、美国、日本和新加坡等,基于这样的背景,笔者在这部分的研究中所涉及的访谈对象,并不仅限于T实验室研究人员或学生,也包括和T实验室人员具有相似背景的其他研究小组的科研人员。因此,此部分的研究结论来自对同在一个学院的几个实验室的考察，也在某种程度上代表了该学院纳米材料实验室在科学仪器使用方式上的特征。

在访谈中，笔者针对这一点所设定的问题之一是"对比你所工作过的国外实验室与目前工作的实验室，你觉得两者在科学仪器使用方式上存在着哪些差别"。在谈到这个问题时，被访的科研人员基本上表达了类似的观点，即现在的实验室和其工作过的实验室在科研仪器使用方式上存在着明显的差别，这些差别体现在科学仪器的公共平台建设、使用仪器的规训方式，以及科学仪器的管理和使用方式等方面上。

**1. 科学仪器的公共平台建设**

大部分科研人员在讨论上述问题时都提到了科学仪器的公共平台建设，以及与之直接相关的科学仪器的共享性问题。比如，在新加坡某高校实验室工作过的一位科研人员表示：

> 仪器使用方式方面，国外平台建设比国内要好。可能是基于我们现在的环境，也不能说是整个中国。国外大的平台建设要好一些，老师和学生对公共平台的使用率会高一些，然后自己实验室的设备就自己搭建，自己用。这个来讲的话，就是平台建设要差一些，一些大的平台比较缺少。（问：是不是可以理解为供公共使用的大型仪器比较少？）是的，比较少，就是有一些也不开放。（程××，2014年10月11日）

在美国某实验室工作过的一位科研人员也谈到，其工作过的美国实验室和目前的实验室最重要的差别体现在大型仪器的共享层面。他在访谈中提到：

> （这里）设备的共享性更差。比如在美国，有大型的共享设备，在使用之前，会对使用者进行培训，让使用者自己去使用，去操作，出了问题才参与解决。在国内，大型设备则是由专门的技术人员来操作的。国内如果需要使用某项设备，则要交出样品，由专门的技术人员来操作，这就可能导致效率低下。也

就是说国外的是管理，而国内的是操作。（张××，2014年3月26日）

这位科研人员除了提到设备共享性之外，所提到的操作问题也和下面的规训方式和管理方式直接相关。

**2. 使用仪器的规训方式**

"规训"一词涉及很多的含义，本文使用的"规训"是皮克林在其《实践的冲撞》中提到的一个概念，涉及科学实践中科研人员和机器互动方式的培训与形成。笔者在对一些博士生，包括新参加工作的青年教师的访谈中发现，在所考察的实验室里，规训的方式是传统的"作坊式"传授。师傅教徒弟，师兄带师弟。这一点涉及规训的方式不同，而在发达国家，基本上是有专门的人员来进行实验操作的传授。一位青年教师提出：

> 我们这里主要还是师傅带徒弟的方式，实验技能掌握都是导师指导，或者是一个学生得到训练之后，再去带别的学生（传帮带的方式）。（时××，2014年5月7日）

在田野工作中，通过参与观察的方式，笔者注意到一般是由有经验的博士生来带硕士研究生及参与实验的本科生。

**3. 科学仪器的管理和使用方式**

这一点和仪器的公共平台建设及规训的方式都直接相关。在法国某实验室工作过的研究人员提到，目前，中国很多实验室与发达国家相比，其实设备本身已经没有太大差别了，至少没有质的差别，关键是设备的管理和利用率：

> 在国外，技术员不会经常性地做实验，或者不会经常性地帮学生做实验，但他负责培训，就是学生来了，把你教会。这就涉及技术员不操作仪器，他把学生教会了，这样仪器的利用率才能上去。……国内的问题呢，就是技术员只要你给我样品，然后我帮你做。（赵××，2014年7月29日）

前文提到的在新加坡工作过的科研人员也表达了同样的看法：

（公共平台）基本上就是对全系的老师和同学全部开放。然后是有专门的人管理，管理人员对科研人员进行培训，拿到上岗证，只要预约，随时可以去操作。（问：国外管理人员的工作不是替你做？）不是替你做，他只是负责管理和培训。（程××，2014年10月11日）

这里涉及和科研仪器打交道的另一个群体——技术人员，在不同文化背景中扮演的不同角色。在访谈中，科研人员提到，他们之前所工作过的外国实验室，大型设备平台建设和管理比国内要好，技术员的职能主要是维护仪器及对科研人员（包括新入职的工作人员及新进入该领域的学生）的实验操作进行培训，而在国内实验室，技术人员的主要工作则是做实验。

当然，科研人员所在的不同国家的实验室之间也不尽相同，但通过对不同对象的访谈，发现他们在和当前所在实验室进行比较时，均提到上述这些差异。所以，我们可以说，与所涉及的发达国家的实验室相比，以上的差异的确存在且具有典型性。科研仪器使用方式的这种地方性特征会对科学实践产生直接或间接的影响。

### （三）研究对象和实验手段的选择：基于科学仪器的博弈过程

这一部分主要是围绕科学仪器，考察T实验室的建设、发展过程，重点是通过这个过程中科研人员各种考量、策略的改变，以及对研究对象和实验手段的选择，展示科学是一个涉及各种因素的实践过程。需要说明的是，由于在考察中，科研人员会使用不同的词汇，如"研究设备""实验设备"等词，所以下文中出现的这些词汇均是指科学仪器。

**1. 科学仪器的购买**

一般来说，实验室在初期建设的时候都会根据团队主要研究人员的研究背景、研究兴趣及其所得到的经费支持进行相应的实验室建设，主要表现为在力所能及的情况下进行实验室的基本装修和实验设备的购买。实验室的基本装修是实验室得以运行的基本保证。

本文所考察的T实验室是一个和材料相关的实验室。它们装修的实验室本身也是一个固定的实验设备。例如，实验室里面基本供电设备、水管和气路的设计，都是根据当前或者以后实验室所要进行的工作和预计要购买的设备进行相应的规划。在装修的同时，实验室会根据研究人员的研究兴趣和所获得的经费支持进行相应的研究设备的购买。实验室基本实验设备的购买是个博弈的过程。在没有限制的情况下，研究人员当然希望尽量多地购买实验设备——哪怕这些实验设备是目前不需要的。但是在现实情况中，由于研究人员所获得经费支持的限制，他们就会在所需要的实验设备的购买上进行博弈，经过艰难的斟酌最后选择自己所购买的设备。

本文中的T实验室就优先购买了一些材料制备的设备，这些设备可以满足该实验室基本实验的需求，进一步的实验还需要和外部合作完成。另外，对于一些特别需要的研究设备，研究人员也会在力所能及的基础上，自行设计一些设备，这样可以极大地降低科研经费的损耗，但是，这会使科研人员花费较大的精力在本来也许不需要去做的事情上。在建设之初，T实验室主要购买了一些物理的和化学的材料制备设备，以及进行性能测量的一些电学和光学表征设备。

**2. 研究对象的选择**

在实验室建设初期，研究人员本身的研究兴趣主要是想进行单个纳米材料的精细加工工作。这个研究需要高精尖的研究设备，如原子力显微镜、扫描电子显微镜、透射电子显微镜及拉曼光谱等方面的设备支持。但是这些设备的花费很高，该实验室没有能力购置，而且实验室所在的单位没有相应的研究平台，如果研究人员坚持本来的研究方向，就不得不向别的单位请求合作。这个合作过程需要别的单位的配合，考虑到别的单位的研究情况，研究人员如果坚持这个研究，那么就可能会花费较长的时间进行排队等待或者远途旅行。这会使研究人员在时间上的无谓花费增多，也会使有限的经费支持花费在差旅费上。

为了提高实验室的研究效率，研究人员根据自己的研究背景及该实验室可以快速便捷利用的研究平台的实际情况，在经过摸索之后，很快调整了自己的研究方向，改而进行大面积纳米材料的研究。他们把实验对象瞄准在大面积石墨烯上。和一维的纳米材料相比，大面积石墨烯可以经过一定的材料处理，利用较便宜的光学显微镜就可以进行观察，而光学显微镜该实验室已经具备。

方向改变，意味着研究人员可以通过自己的光学显微镜和有限次地向外单位请求原子力显微镜、扫描电子显微镜和透射电子显微镜的合作支持，就能够进行相关的研究。除了光学显微镜，表征石墨烯相关研究的另外一个重要工具是拉曼光谱仪，这个该实验室可以较方便地进行使用（可以借用学院其他实验室的这一仪器）。通过调整，研究人员找到了自己的短期研究方向——这个短期研究方向和该研究人员的研究兴趣和长远的研究目标并不矛盾（这完全是研究人员的背景知识所决定的）。

通过以上内容可以看出，研究人员通过一系列博弈，选择了相应的研究实体对象，下面研究人员就要对相应的性能研究进行取舍。进行量子现象的研究，应该是石墨烯等二维纳米材料研究的重点，但是，量子现象的研究需要昂贵的低温设备，这个也是该实验室所不能进行的。由于该实验室已经具备电学性能表征设备，通过对自己现有经费的综合考量，研究人员又购买了相应的光谱表征设备，最终把制备的石墨烯用于透明电极的应用研究上——这个研究所需要的是材料的制备、电性能和光学性能的表征，经过一系列的建设，该实验室已经具备了相应的研究设备。

### 3. 具体研究目标的确定

确定了自己的研究对象，并不意味着就可以发表论文。比如，T实验室虽然确定了研究对象，但是，在国际上这个领域已经有很多的研究小组，而且在石墨烯透明电极的研究上，化学材料方面的研究人员更得心应手，而该实验室研究人员主要是以物理学为背景的。

为了发挥自己的优势，研究人员最后把落脚点选择在和半导体材料的结合上，通过普通的实验手段制备大面积的器件。这个考量是基于该实验室现有设备基础上的。他们研究该器件的电学和光电子行为，最终发表了一篇优秀的研究论文。在研究过程中，他们发现了该研究过程中存在的问题，进而进行了改进，从而发表了一系列的研究论文。

因此，研究人员在经费受限的情况下，研究对象很大程度上是根据研究人员的背景进行选择的，而在研究兴趣上研究人员有时候不得不进行一些转移。一旦进入一个研究领域，研究人员会在研究过程抓住研究对象所出现的问题，进行思考、改进，多途径考证，从而有可能从一篇论文开始，然后获得一系列论文。T实验室正在原研究课题的研究基础上，通过已经取得的研究成果，正在进行进一步的相关研究工作。需要指出的是，他们在研究过程中研究平台得到了改善，除了进行现有的研究以外，他们把研究精力一部分投入其他精细的研究中去。

但是，原有的研究设计由于国际研究热点的转移及国际上研究的推进，已经变得不太重要，所以该实验室并没有实施几年前所做的研究设计。

从上述内容可以清楚地看出，研究人员在进入一个科研单位之初，由于所能获得经费的限制，在科学仪器的购买上要经过艰难的斟酌；而所能配置到的科学仪器在某种程度上影响着科研人员研究方向的选择。正如上文中所述，T实验室在建设之初的设想是做单个纳米材料的精细加工工作，但是仪器（研究人员特别提到公共平台建设的不足）、经费的限制使得该小组转向大面积纳米材料的研究；在确定研究方向之后，科学仪器又进一步影响着对材料性能研究的取舍和选择；同时，为了发表论文，科研人员又根据科学仪器使用的便利程度，最终确定研究的落脚点。

这说明研究对象选择的每一步都涉及经费、科学仪器等各方面的博弈和调整。当然，科学研究对象的选择和改变也受到其他诸多因素的影响，包括研究人员本身的研究背景、国际研究热点的改变等。

## 三、关于科学研究逻辑起点的讨论

在传统的科学观看来，科学研究起源于问题，随着对科学的研究从表征转向实践，关于科学研究起源的观点也发生了改变。

### （一）科学研究的逻辑起点：科学研究起源于机会

在科学实践哲学看来科学并非起源于问题，而是起源于机会。劳斯对此进行过专门的讨论，他通过对科学史上天体物理学的一个案例的分析，指出"研究方案的最初起因并不是问题，而是机会"。他继而指出"许多科学研究的开展并不是因为人们觉得需要解决当前理论中已知的困难，也不是因为人们想要揭露诸如此类的困难，而是因为他们想要利用现有的资源：设备、技术、训练有素的人员以及相关的科学成果"。"与此相关的问题是，我们在现有的条件下能做什么，而不是为了克服当前理论中存在的冲突必须做什么。"[5]92 本文所考察的 T 实验室对研究对象的选择和劳斯所说的科学研究依赖于"在现有条件下能做什么"的观点是一致的。

吴彤也就科学研究"始于机会还是始于问题"进行了专门的研究，他在研究中通过对历史和现实案例的分析，提出"研究的起点与其当下资源、仪器设备等研究资源所能提供的研究机会密切相关，而且研究机会一而再、再而三地制约和修改着研究目标和问题"[6]。在这个意义上，本文对 T 实验室的研究分析中也体现了机会对研究目标的"制约"和"修改"。

### （二）研究机会的组成

在劳斯等学者关于"问题"和"机会"的讨论中，机会并不是一个清晰界定的概念。比如，劳斯提到机会包括"人员、技能和设备"[5]97，吴彤提到"资源、仪器设备"。因此，我们可以说机会是一个涉及各种因素的笼统的概念，人员、仪器、资源等因素共同构成了机会。那么，这些因素之间存在着怎样的关系呢？

在笔者看来，这几种因素并非并列关系，而是存在着某种逻辑关系。比如，是什么决定了物质设备这个因素，结合本文的研究，问题就是科学仪器的获得受到哪些其他因素的影响？这其中的关系在之前的研究中，通常是没有被讨论的。本研究认为是实验人员的背景决定了所能获得的资助，而这又决定了科研人员所能获得的实验仪器设备，所获得实验设备又在某种程度上影响了科研人员所能进行的研究课题，并影响到科学研究的结果。然而，实验人员的背景又是一个不那么容易清晰界定的因素。

除了以上所说的研究机会的组成之外，本文在以下几个方面对已有研究进行了拓展：①已有关于科学仪器的研究尚未特别关注不同文化之中科学仪器在使用方式上的区别，以及可能对科学研究导致的影响；②劳斯等使用的案例多为科学史上的案例，本文采用人类学田野调查的方式，直接对一个具体实验室进行考察和追踪，并进行理论上的分析，可看作是对已有研究的一种补充。同时，从"地方性知识"的角度来看，本研究运用了人类学民族志的方法，体现了人类学的"地方性知识"概念在某种情境下和科学实践哲学的"地方性知识"概念在本质上的一致性。

在上述意义上，本文既是对科学实践地方性案例的丰富，也是对已有研究的进一步推进。当然，本研究只是一个起点，实验室实践之中还涉及更多丰富的内容需要探讨，比如说科学仪器与科学规训、中国科研仪器管理方式形成的原因及产生的影响、科学实践中各种因素之间的关系等，这些问题都有待进一步地深入研究和探讨。

## 主要参考文献

［1］布鲁诺·拉图尔，史蒂夫·伍尔加.实验室生活：科学事实的建构过程.北京：东方出版社，2004.

［2］安德鲁·皮克林.实践的冲撞.南京：南京大学出版社，2004.

［3］伊恩·哈金.实验室科学的自我辩护//安德鲁·皮克林.作为实践和文化的科学.北京：中国人民大学出版社，2006：31-69.

［4］王延锋.理论、数据与仪器——析罗伯特·阿克曼关于知识增长的三维辩证互动模式.自然辩证法研究，2012，（10）：111-115.

［5］约瑟夫·劳斯.知识与权力——走向科学的政治哲学.北京：北京大学出版社，2004.

［6］吴彤.科学研究始于机会，还是始于问题或观察.哲学研究，2007，（4）：98-104.

# 传统生计对水资源的高效利用与精心维护的完美兼顾*

罗康智

## 一、引言

从 2007 年以来,笔者有幸参与和主持了多次有关少数民族传统生计的田野调查,调查范围涉及中国西部 8 个省(自治区)、9 个少数民族。①在汇总和对比所获资料的基础上,笔者清晰地注意到这些少数民族的传统生计,对所在地的水资源确实做到了高效利用与精心维护的相互兼容。但笔者在梳理前人对水资源维护与利用的研究成果时,发现存在着一个共性的倾向,那就是仅关注液态水资源的存在与变动,较少关注气态水资源的存在形式和变动,以及气态水资源和液态水资源的相互转换机制。更值得一提的是,这些研究在一定程度上忽略了不同民族的传统生计在这方面表现出来的差异,以及这样的差异将会导致水资源维护与利用上

---

\* 作者罗康智,凯里学院研究员,研究方向:生态民族学。
① 调查对象涉及贵州、广西、内蒙古、甘肃、宁夏、青海、云南和湖南 8 个省(自治区)中的侗族、苗族、蒙古族、回族、东乡族、撒拉族、保安族、藏族和土族等民族。

的不同后果。

以此为依据,水资源的流失显然不能仅仅局限于液态水资源的观察和测量,还必须留意气态水资源的动态过程并展开观察和分析,才能全面地反映一个地区,乃至全国水资源的动向,也就是说,水资源的流失应当有两重含义:其一是液态水资源的流失;其二是气态水资源的流失。只有将上述两个方面的测量数据综合起来,并联系其间的相互转换机制,才能较为全面地反映水资源的储备、再生和利用状况,也才能成为准确评估我国水资源现状的依据,并从中探索出维护和利用水资源的民族文化对策来。下文将以个案的形式对这一问题进行阐述,以求方家斧正。

## 二、侗族高山梯田的营建对水资源维护与利用的生态智慧与技能

中国的侗族生息在亚热带山地丛林生态系统中,这里气候温暖潮湿而多雾,降雨量虽然充沛,但地表崎岖不平,相对高度反差很大,以至于这里的液态水资源在重力的强烈驱动下,很容易顺着高山急流汇集到山涧盆地中,而位于坡面上的耕地却得不到有效的灌溉。为了避免水资源的无效流失,他们不得不与不利的地形地貌作斗争,化不利为有利。为了更好地揭示侗族对水资源的维护与利用之间的依存关系,笔者将以贵州省黎平县黄冈侗寨为例,展开进一步的说明。黄冈侗族行政村的辖地海拔差异很大,最高海拔超过1000米,最低海拔仅400米左右。除了海拔高度差异较大外,境内还纵向平行着四条山脉,每条山脉的坡面坡度通常都大过30°,有的甚至高达80°。① 面对这样的自然现实,无需通过复杂的科学计算,光凭常理就可推知,这一地区的水资源流失必然极其严重。但我们在调查过程中却发现了一个惊人的结果。在当地侗族文

---

① 文中引用的数据,没有特殊说明的,均由黄冈居民的口述资料和我们团队的实地勘测综合所得。

化的调控下,这里的侗族乡民却能将水资源有效地储存在分布于陡坡上的稻田中,彻底满足居民的生产生活所需。当然要做到这一步,其原因是多方面,其中最主要的一个原因在于,他们在不同坡度的地方沿着等高线构建了层层梯田,以便层层截留大气降水,储备在不同的海拔高度,用于满足水稻种植和鱼鸭放养之用。因而这里的高山梯田实质就在于通过人力去建构起立体的湿地生态系统,以化解水资源维护与利用之间的尖锐矛盾。

经调查,接下来还会碰到另一个难题,这里稻田的灌溉用水如果仅靠垂直降水和泉水供给远远达不到水稻生长所需要的用水量,因而很难保证稳定的收成。带着这样的问题,我们团队对这里的梯田进行了实地勘测后发现,黄冈侗寨的梯田全部镶嵌在森林中,这些山区森林所处地带,都处在冷暖气流交汇的多雾带,在海拔 500～900 米的坡面上,一年中的晨、昏浓雾天气高达 180～250 天,在这样的地段从下午 5 时到次日 9 时相对湿度都高于 85%,密漫的浓雾碰到林草枝叶都会凝结为水滴回落到地面形成明水。从调查的结果来看,这里的稻田之所以能够正常地产出,除了依靠垂直降水灌溉以外,更多的是利用昼夜温差在森林中形成的雾滴通过水平降水的方式去弥补水资源截留和储养的困难,确保梯田的巨大供水需求。

以黄冈侗寨的调查为依据,我们查证了 20 世纪中期的相关文献资料,从而注意到在当时除了侗族外,我国西南地区的其他 6 个百越民族,水族、毛南族、仫佬族、壮族、布依族和傣族,也和侗族一样,都靠建构高山梯田实施稻鱼鸭复合种养去改良液态水资源容易流失的不利环境因素,也要靠森林富集水平降水,去缓解高山梯田供水的不足,而且都收到了对水资源高效利用和维护的理想结果。如果进而注意到,当时的珠江中上游各百越民族,以及部分汉族、苗族和彝族也从事这一传统生计,他们所拥有的高山稻田总量多达 60 000 000 亩[①],而稻田的储水深度最高

---

① 1 亩 = 1/15 公顷 ≈ 666.7 平方米。

都可以达到0.5米以上，这将意味着每亩高山梯田就可以储水333立方米，其暴雨季节的储洪能力将高达200亿立方米。珠江中上游的全部高山稻田的总储水量几乎相当于长江三峡水库的总储水量[1]。正是因为上述各民族的传统生计充分地发挥了水资源截流和储养的功能，所以，在20世纪50年代鲜有现代水利工程建设的情况下，珠江的水量还能保持全年平稳，沿江的大中城市，如柳州、梧州和广州等地均很少遭逢水灾的威胁，当时的人们更不知道还有海水倒灌等灾害。但是到了今天，尽管现代水利工程越修越多，但是珠江流域的水患灾害却愈演愈烈。究其原因，全在于我们的水资源管理思路过于依赖单纯的工程技术，而传统生计对水资源的截流和储养功能却遭到了人为的贬低，这正是化解我国当前"水荒"需要汲取的历史教训。

## 三、复合种养对水资源维护与利用的启示作用

与侗族高山梯田水域系统的水源储养能力相似的事例，在滇、黔、桂三省毗邻地带的喀斯特山区也可以找到。这片山区分布范围将近17万平方千米，其中一半以上土地的基岩和砾石出露率高达60%以上，计算表明至少有近5万平方千米的土地地表纯粹是基岩和砾石，属于学术界所称的重度石漠化灾变区[2]。众所周知，石灰岩本身不具备水资源储养功能，然而生息在这一地区的苗族、瑶族和仡佬族的传统生计中，一直执行藤蔓类农作物和丛生类农作物相互混合栽种的习惯，其目的在于使农作物在生长的过程中能最大限度地将这些裸露的基岩和砾石彻底覆盖起来，不至于暴露在灼热的阳光之下。从而使得在基岩和砾石表面可以长出一层厚厚的苔藓层将所有基岩与砾石包裹起来，苔藓层一旦形成，原先不具备水资源储养能力的基岩和砾石，其吸水量可高达苔藓层干体重的15～20倍，饱和蓄水量每公顷可达70吨，可以部分地替代土壤发挥水资源截流和储养功能[3]。基于同样的理由，这几个少数民族的传统

生计也能够发挥巨大的额外水资源储养功能，不过这恰好是当前类似研究工作长期忽视的事实。如果对这样的事实不做出公正的认识和报偿的话，我国水资源匮乏的困境就会失去一项化解的可行对策，珠江流域的"水荒"也将难以得到有效的化解。

### 四、砂田种植对水资源维护与利用的启示作用

当然，由于侗族的生息地带年均相对湿度极大，由此而实现的水源储养功效似乎并不明显，但若换到我国干旱的西北地带，情况就大不一样了。从循化到银川河段黄河两岸的黄土高原台面上，生息着5个信奉伊斯兰教和藏传佛教的6个少数民族，它们是回族、东乡族、撒拉族、保安族、藏族和土族。这些少数民族早年的传统生计中都有营建砂田或拉沙压盐的农耕体制。此前，西北农业大学的农事专家们早就对此做出过充分的肯定，认为这样的农耕方式是干旱地带最富成效的农耕模式之一，因为砂田或者拉沙压盐对水资源的储养能够发挥不可替代的关键作用。但与此同时，他们又指出这样的耕作模式与现代农业不相兼容，因而在现代化建设中不可避免地要被淘汰掉[4]。

随着我国经济的飞速增长，有关部门可以动用的能源与日俱增，致使这一地区执行的农业决策发生了逆转，从鼓励营建砂田转而倡导"提黄灌溉"淘汰砂田。而政策执行的后果直接体现为黄灌区的土地盐碱化，黄河水量的日益萎缩。近些年来，黄河下游的季节性断流在一定程度上与上述农耕决策的转变直接相关联。上述地区年蒸发量是年降雨量的3～15倍，全部大气降水若不实施有效的储养，完全被无效蒸发掉，也就是以气态流失的方式从地表彻底消失而无法加以利用。因而，上述决策的短视及对现代科学技术的"迷信"也就不言而喻了。有见识的农学家通过统计表明，在上述地区提取1吨黄河水，可能形成的农业产值仅是下游1吨黄河水形成产值的1/5。或者说，在上述地区提取的1000千

克黄河水中，仅有150千克的水资源发挥了生产效益，而近700千克的黄河水资源是在漫灌的过程中因当地蒸发量太大而被蒸发进入大气，以气态的方式完全流失掉的，另有150千克的灌溉用水则以地下水补给形式返还给黄河。后两项累加的结果表明，提取1吨黄河水，其中的85%是花了钱，没有发挥任何效益，同时又白白地浪费了可贵的黄河水资源。

相比之下，若鼓励上述各民族乡民延续砂田耕作模式，其生态后果就会截然不同。由于砂田表面覆盖着厚厚的鹅卵石，土壤中储积的水资源可以经过"毛细管"到达地表，又由于"毛细管"被鹅卵石层截断，汽化而成的水蒸气只能充斥在鹅卵石的空隙间，而不会散逸到大气中去，这就使得水资源的气态流失降到了最低限度，几乎可以确保每一滴黄河水都用到农业生产上，而且还能有效地防范土壤的盐碱化灾变。以至于仅靠每年深秋时节暴雨中渗透地下的水资源就足以支撑玉米或其他农作物实现稳产和高产。在年均降雨量仅350～500毫米的干旱地带也能正常从事固定农业耕作。这一结果已经突破了国际上非灌溉农业正常经营的极限，而且是当前的现代科学技术都难以突破的极限，而这些民族凭借传统生态知识，就能在不提取黄河水的前提下，做到单靠有限的大气降水，达到持续稳产、高产的固定农业生产目标，我们还有什么理由低估砂田种植的价值呢？

笔者在甘肃省临洮县仔细观察和测量一处砂田的地下土层结构，结果却意外发现，在深达1.2米的探方中依次叠压着七层砂田铺垫的鹅卵石堆积层，每层鹅卵石堆积的厚度都为5～20厘米，鹅卵石层之间还有厚薄不等的黄土层相间，各黄土层的颜色又各不相同。据田野访谈资料获知，旱砂田每铺设一次，可以持续使用60年，这表明单在这一区段，砂田种植至少已经稳定延续4个世纪以上。从相间黄土层的颜色差异看，400年间，当地曾经历过周期性变动的旱情，还经历过沙尘暴的洗礼，也曾经历丰雨年份的浸灌。然而，当地乡民的先辈从实践中认识到，铺设砂田是当地实施固定农耕的最佳适应手段，因而砂田得以超长时间稳定传承。这一传承事实表明，砂田在抑制气态水源流失方面，不仅成效显著，而且经得起气候波动的冲击。相比之下，提黄灌溉地段，持续时间不到10年，地表的盐碱化已经十分明显。两相对比的结果，孰优孰劣也就不言自明了。

目前有学者建议，从以色列引进电脑控制的滴灌技术，以此消除提黄灌溉的负面作用。然而，以色列的滴灌技术虽然先进，但投资成本和维护费用都高得惊人，而收到的成效并不比砂田高。而且新建和维护都需要专门的技术人员和专门的设备，在普及上难度更大。砂田的铺设，虽说付出的体力劳动量很大，但当地各民族乡民都能独立操作，推广的社会制度保证更其理想。总之，砂田抑制气态水资源流失的功效即令是当今世界上最先进的滴灌技术，也未必能表现出明显的优越性来。最值得强调之处在于，在河套地区推广砂田种植模式可以完全不依赖提取黄河水而实现稳产，这就可以为黄河下游居民节约更多的水资源，能够最大限度地解决华北平原当前面临的"水荒"问题，因而对缓解我国水资源匮乏更具深远意义。

## 五、浅牧对水资源维护与利用的功效

与砂田相似的传统对策，在内蒙古草原也可以看到。蒙古族牧民在荒漠草原从事放牧时，都是实施"浅牧"，也就是说让牲畜觅食后剩下的牧草残株，以枯草的形态长期保留在地表上，并使牲畜粪便铺撒在草原表面。单就表象而言，似乎牧草资源的利用很不充分，但实情并非如此。在极度缺水、风蚀作用又非常强烈的内蒙古西部荒漠草原上，降雨量低与蒸发量大相互叠加，水资源的气态流失现象极为严重，加之无论动用什么样的材料去实施地表覆盖，其成本都太高，而保留牧草残株则是在生产过程中自然实现的。这样一来，资源利用与维护得到了巧妙的耦合，从而使得降低气态水资源流失的努力，被巧妙地融入了生产过程中而得以完成，由此而实现了维护成本的最小化。与此同时，分散铺设的牲畜粪便在下雨时，都会转化为腐殖质，再混合强风带来的沙尘后，可以自然形成覆盖整个草原的风化壳，更大限度地发挥抑制水资源气态流失的作用。

千百年来，蒙古草原的生态稳定正是凭借这一传统生产模式而得到了巧妙的维护。因而在今天不管是出于农耕的需要，还是出于兴建城镇的需要，破坏已经形成的风化壳，或者清除枯萎的牧草残株，都是草原利用的大害。遗憾的是，这种有害的利用办法直到今天还没有引起学术界的应有关注，这显然不是一种理智的做法。正确的做法还需要借鉴传统的知识和技术，当然也需要引进相关的现代科学技术去增加地表植物残株的存在量，同时加厚风化壳，扩大风化壳对地表的覆盖面，受损的草原生态系统才可望得到恢复。

当前，我国的宏观生态维护正处于一个自相矛盾的格局之中。一方面，内蒙古草原，地表风化壳大面积受损，地表植物残株被人为清除，从而为沙尘暴的肆虐提供了起沙的温床；另一方面，华北平原的农耕区却在大量焚烧农作物秸秆以清理耕地，结果也是在为沙尘暴提供沙源。与此同时，城市生成的生产生活污染物又不断地流入江河污染地表水源。两相叠加的结果造成最终使得本来干旱的蒙古草原更趋于干旱，而华北平原的沙尘暴却久治不愈，又造成了水资源的严重污染。如果能借鉴传统的蒙古族浅牧作业经验，将华北平原农耕区的作物残株动用现代运输手段搬运到蒙古草原给牧民做牲畜饲料，将生产生活污水运输到干旱的蒙古草原浇灌荒漠化的草原。那么，蒙古草原上的生态恢复将会随着风化壳的形成和地表残株的保留而快速落实，同时又净化了华北平原的水质，还能收到根治沙尘暴的生态维护成效，一举而三得。如果这样的建议得以实现，那么看似无解的雾霾天气，就可望得到有效的根治。

## 六、启示与讨论

传统的水文学一直高度关注液态水资源的流失，却对固态和气态的水资源缺乏必要的关注。气象学尽管也关注气态的水资源流失，但立足点却在于期盼它转化成液态水资源，提供丰沛的大气降水。冰川学家关注冰川也和气象学家一样，仅是关注冰川可以转化为液态水资源，或者关注冰川的存在如何影响风向、风速和气温，如何形成成雨条件。这些现代科学的研究取向如此进行定位并非全无道理，事实上，水资源本身就有液、气、固三态并存，三态之间又可以随温度、压力而相互转换。但对人类来说，只有液态的水利用起来最为方便，固态的水要被人类所利用，就必须投入大量的能量使其融化，这样用起来不划算。对气态的水而言，要利用起来更麻烦。气态的水含量太稀薄，又流动无常。时至今日，人类要加以利用仍然苦无良方。因而，从人类中心主义的立场出发，重点关注液态水资源的消长、流失也就无可厚非了。可是地球表面液、固、气三态的水资源分布却极不均衡，对于大多数地区而言，关注液态水资源就足够。但对特殊地区而言，光关注液态水资源却远远不够，麻山就是一个典型的特例。

麻山所处的喀斯特山区，地表土壤极度稀缺，土壤能够发挥的保水功能微乎其微。加之，大气降水大多数只能截留在岩石表面，或者富集在薄薄的土层表面。降雨一旦结束，不出半个小时，岩石表面的水就会完全蒸发掉，不出两天，土层中所含的液态水也会全部蒸发掉，这简直是雪上加霜。保水能力最低的喀斯特山区，以气态方式流失的水资源反而比得到利用的水资源要多得多，更有甚者还在于那些裸露的基岩和砾石，由于比热比水小得多，在阳光的暴晒下会持续增温，阳光下的岩石表面可以升高到75℃，并把表层空气加热到45℃，这更使得水的蒸发速度快得惊人，这更加剧了喀斯特山区的缺水程度[5]。喀斯特石漠化山区的生态恢复难以实现，其原因正在于此。

麻山的苗族乡民不懂得气象学、水文学，但他们对水资源的气态流失却心知肚明，他们有足够的经验和智慧控制水资源的气态流失。他们大面积匹配种植各种藤蔓类和丛生灌木替裸露的岩石"撑伞穿衣"，尽可能地降低阳光照射所引发的超常升温。并在植物的枝叶与裸露石头之间形成一个稳定的大气层，即使有风吹过，流失的水蒸气也会十分有限。不仅对野生植物这样做，他们的农耕也实施复合种植。藤蔓类、丛生类、直立类的农作物，在他们的手中得到了合理的匹配，将水资源的气态流失降低到最低限度，这正是他们生态知识和智慧的精华所在。如果说他们对自己的家园做到了惜土如金的话，那么不妨进一步说，他们也做到了惜水如金。遗憾之处仅在于，他们的这些生态知识在现代的气象学和水文学上却没有立锥之地。如果不对现行的水土流失的概念稍加展拓，对气态的水资源流失也不加以充分研究，那么麻山乡民的生态知识和智慧就很难为世人所理解和认同，世人对水土流失的理解也有欠全面。当前生态恢复不能尽如人意，关键正在于生态维护的思路有待更新。

早年，笔者在麻山从事民族调查时，一位苗族乡民这样问我，我们这儿的石头为什么天天清晨都要"出汗"？当时笔者无言以对，读了相关学者的调查资料后，笔者才恍然大悟，麻山乡民的智慧正在于借助露水来浇灌庄稼，利用基岩降温快的特点，去凝结大气中的水蒸气形成露滴，以此补充水资源贮养的不足。当然，要做到这一点需要有一个前提，那就是按苗族乡民的传统方式实施复合种植，否则的话，露水也会很快被晒干，起不到"灌溉"作用。至此，笔者总算明白了苗族乡民总是说，"他们这儿的庄稼不怕它白天蔫，晚上肯定会活过来"这一质朴表述的真实含义了。原来，他们是借助露水种庄稼，试问不关注气态水资源的利用，能全面反映他们的高超智慧和技能吗？

从麻山出发，我们进而想到黄河中游的黄土高原台地上东乡族、撒拉族所种植的砂田，耕地表面铺上了厚达5～20厘米的鹅卵石层，其功效同样是减少水资源的无效蒸发，靠鹅卵石的夜间降温，凝结露水去补充液态的水资源。还有蒙古草原上,蒙古族牧民总是实行游动式浅牧,放牧后都要留下连片的牧草残株不加利用,在同一地段的停留期都要尽可能短,为的是防止牲畜的践踏,破坏地表的风化壳,其智慧与知识的核心同样在于,给大地穿上衣服,降低水资源的气态流失。看来,这三个地区生息的民族尽管各不相同,所处的环境也不同,但他们对水土流失的理解和有效控制,却有异曲同工之妙。妙就妙在他们都超越了现代气象学、水文学对水资源流失的理解,懂得了水资源气态流失的危害,并做到了有效控制,都知道苔藓层或是风化壳可以局部替代土壤发挥水资源储养功能,并落实到生态行为中,使苔藓层和风化壳得到精心的维护。这样一来,既造福了自身,又造福了周边地区的各民族。明白了这一点后,我们不得不说,现行的水土流失概念确实存在着严重的局限,亟待展拓其内涵,重新对其加以定义。只有这样做,上述各民族的生态知识和智慧的科学价值才能得到公正的评估,有缺陷的生态维护思路才望可得到匡正,我国的生态维护才能做得更好。

## 主要参考文献

[1] 罗康隆,杨庭硕.传统稻作农业在稳定中国南方淡水资源的价值.农业考古,2008,(1):61.

[2] 王世杰,李阳兵,李瑞玲.喀斯特石漠化的形成背景、演化与治理.第四纪研究,2003,(6):657-666.

[3] 贺琼,朱瑞良.苔藓植物——植物的"迷你王国".科学,2010,(4):41.

[4] 陈年来,刘东顺,王晓巍,等.甘肃砂田的研究与发展.中国瓜菜,2008,(2):30.

[5] 田红.石漠化带生态恢复的难点及文化对策研究——以麻山苗族本土生态知识发掘利用为视角的分析.吉首大学硕士学位论文,2009.

# 蒙古民族植物学研究的历史与未来

## ——以人类学研究的视角及方法*

聂馥玲

## 一、蒙古民族植物学研究的背景及发展历史概要

### （一）蒙古民族植物学研究之开端：《内蒙古植物志》的编写

国外对内蒙古地区植物资源的考察可追溯到18世纪，但国内现代学者对内蒙古植物的考察研究主要开始于20世纪50年代。具有代表性的事件是《内蒙古植物志》的编纂和出版。陈山先生对这段历史有着非常清晰的记忆：真正系统地对内蒙古植物资源的研究是新中国成立以后的事。新中国成立以后，内蒙古的植物学研究中内蒙古师范学院（现在的内蒙古师范大学）、内蒙古大学、内蒙古农牧学院（现在的内蒙古农业大学）三家单位起到了中坚的作用。……内蒙古师范学院是1952年成立的，之后我们植物分类的老师们开始研究怎么写《内蒙古植物志》。从1952年开始搜集标本，查阅资料，做准备工作，并组织编写了《内蒙古植物

---

\* 作者聂馥玲，内蒙古师范大学教授，主要研究方向：科学史、少数民族科技史。

名录》。在此基础上，于 1977 年出版了平装本的《内蒙古植物志（第三卷）》，到 1998 年两版共 8 卷《内蒙古植物志》全部编完。[①]《内蒙古植物志》产生了较大的影响。俞德浚在给《内蒙古植物志》第一版作序时指出"试就各省地方植物志出版情况比较，《内蒙古植物志》的完成，不论在速度上和质量上，都占有优先的地位"。该书也引起国外同行的关注，苏联科学院科马罗夫植物研究所的格鲁波夫撰文"评《内蒙古植物志》"，指出：

> 《内蒙古植物志》共记载 2167 种维管束植物，属于 131 科的 660 属，其中有 1 新属（*Inshania*，十字花科）和 34 新种。……种按其顺序在检索表中列举出来，而属内和科内（少数科除外，如禾本科、菊科）分类单位的划分多数情况下没有在检索表中体现出来。每一种，除拉丁名外，还有中名和蒙名。……在总体上指出了种在中国和世界的分布，并给出了关于种的概括性的和不系统的生态发生学方面的资料。有时记载了植物的经济价值，尤为突出地阐述了种的分类学位置及其亲缘关系。

> 关于内蒙古的植物区系只是在早先有一些零散的、不完整的资料，8 卷《内蒙古植物志》的问世，填补了亚洲植物区系的空白。与此同时出版的还有《内蒙古植被》(1985)，其中有对该区域的地植物学描述况）。这样，我们对内蒙古的植物王国就有了全面的了解。[1]

同时，他也指出了《内蒙古植物志》存在的问题：

（1）应该说《植物志》的作者们没有种及种内分类单位划分的统一概念。有些作者分出了许多变种和变型，另一些作者则从整体上、大的方面来看待种。对种的范围的确定应该具备合适的处理方法。

（2）漏掉了一些种，且没有科的拉丁名作者，也没有属的

---

① 对陈山先生的访谈，参见：王玉泉.民族植物学在内蒙古的发展.内蒙古师范大学硕士学位论文，2011：14-15.

引证文献[①]。好些情况没有引证基本异名。拉丁名的错误相当多。

（3）植物插图很好，也很准确，但有时印刷不太好，模糊，线条不太清晰。

这里值得注意的是，从（1）中提出的"没有种及种内分类单位划分的统一概念"的问题可以看出作者是用西方植物学的分类标准来衡量的。如果作为民族植物学早期的探索来考察，应该强调的是地方分类学的重要性及其合理性，这一点已经有民族植物学学者指出。[2,3]

## （二）对于蒙古民族植物学的发展与研究的思考

《内蒙古植物志》的编撰完成为蒙古民族植物学的建立和发展奠定了坚实的基础，也成为后期内蒙古民族植物学研究的重要工具。但同时也发现经典的植物学知识与民间传统知识之间的差异，很多考察、调研遇到的问题很难用标准的理论来解释。很多民间形成的朴素的知识与经验经过千百年来的实践，蕴含着丰富的科学道理，具有很强的实践性。但传统文化已随着全球化的进程在逐渐消失。如何研究并保护这些民间的植物学知识，成为内蒙古植物学研究者需要考虑的问题。陈山认为："在摸清了内蒙古范围内的植物科、目、属之后，我一直在想下一步的发展方向，这时我开始思考植物和人的关系。结合地区特点和我们的优势，我考虑到了民族植物学，它是研究人和植物之间文化关系的学科。"[②]针对这个问题陈山在1984年东北三省与内蒙古自治区植物学会在呼和浩特召开研讨会时做了一个题为"应该重视民族植物学的发展"的报告，论证

---

① "文化大革命"时期，内蒙古的植物学研究也受到了冲击。从陈山先生的访谈中得知，在"文化大革命"时期，很多人是开完批斗会，就会进入工作状态，晚上还要学习拉丁文。《内蒙古植物志》之所以出两版是和内蒙古的辖区变化有关系的，在编第一版二、三、四卷的时候，内蒙古所辖只有四盟二市，东部和西部很多地区都不是内蒙古的辖区，再加上当时的指导思想是为工农兵服务，所以编得比较通俗，没有加入文献。在编写第二版时，很多工作都要重新做，在编撰过程中，我们高标准要求自己，所有收录的植物没有标本是不收录的，所有的图都是参照标本或实物自己绘制的，没有一幅抄用和借用的图。大量的标本主要是通过我们几次大的考察搜集来的。

② 对陈山先生的访谈，参见：王玉泉. 民族植物学在内蒙古的发展. 内蒙古师范大学硕士学位论文，2011：14-15.

了在内蒙古开展民族植物学研究的重要性，指出蒙古族在长期的生活和生产实践中，利用植物资源积累了丰富的经验，这主要表现在饲用植物、药用植物、蔬菜植物、茶用植物、食用植物和生产用植物等方面。[4] 陈山的报告还提出了民族植物学的主要研究内容[5]包括：

（1）研究不同民族所利用的植物之种类、分布、有用成分；

（2）研究不同民族所利用的植物之土名（包括民族名）、中名与学名的一致性；

（3）总结不同民族利用当地野生植物的传统经验（即特有经验）；

（4）研究不同民族所栽培之植物的同时要深入研究其野生近缘种，进而寻找新的种质资源；

（5）深入研究不同民族有关民族植物学的文献典籍。

1988年，哈斯巴根和音扎布以蒙古文发表了《试论蒙古族认识和利用植物的文化》，探讨了蒙古族认识和利用植物传统知识及经验的基本框架与研究内容。

可以看出20世纪80年代，重点论证了内蒙古民族植物学研究的意义，初步思考了其研究内容。不难看出，这些思考体现了对原住民的植物命名，以及利用植物的传统经验的重视。

1995年，内蒙古师范大学民族植物研究所成立，为研究者提供了专门研究蒙古高原或蒙古民族的民族植物学的平台。1996年，陈山研究员在《蒙古文化与自然保护》一文中首次提出了"蒙古民族植物学"（Mongol-ethnobotany）这一学科名称，指出内蒙古的民族植物学学者要从国际化的角度研究植物学与蒙古族之间的关系，并通过实例论证了"蒙古族民族植物学"是蒙古文化的重要组成部分。陈山在2000年发表的《蒙古高原民族植物学》一文中再次使用"蒙古民族植物学"一词，进一步论述了蒙古民族植物学的研究内容：

（1）深入研究蒙古族民间蒙药植物的传统知识，了解蒙药文化、蒙药植物种类及药效成分，为开发新药提供科学依据；

（2）深入研究蒙古族民间饲用植物的传统文化知识，了解蒙古族对饲用植物的命名、分类、评价、利用及保护的传统文化，为发展高效畜牧业提供新饲料；

（3）深入研究蒙古族民间资源植物利用的传统知识，了解蒙古高原植物产品的实用价值和文化内涵，为开发新产品促进当地经济发展提供新线索；

（4）深入研究蒙古族民间的植物传统文化，了解蒙古族植物文化的丰富的科学内涵，保护植物文化的多样性，借鉴蒙古族传统的植物文化为草原生态环境建设服务；

（5）加强培养民族植物学研究的高级专门人才，重视培养蒙古族民族植物研究工作者，健全民族植物学研究机构，促进民族植物学学科发展。[6]

上述研究内容突出了蒙古民族植物学在社会文化方面研究的重要性。2002年，陈山在《论蒙古民族植物学》短文中指出"民族植物学的重要组成部分'蒙古民族植物学'是植物学的一个重要的、新的学术增长点"，并进一步提炼了"蒙古民族植物学"的研究内容[5]：

（1）蒙古民族植物蒙古原名文化研究；

（2）蒙古民族食用植物传统知识研究；

（3）蒙古民族饮食植物传统知识研究；

（4）蒙古民族药用植物传统知识研究；

（5）蒙古民族饲用植物传统知识研究；

（6）蒙古民族兽药植物传统知识研究；

（7）蒙古民族有用植物传统知识研究；

（8）蒙古民族植物崇拜传统知识研究；

（9）蒙古民族民俗植物传统知识研究；

（10）蒙古民族植物与生态环境传统文化研究。

上述研究内容除突出蒙古植物学的分类、命名及其蕴含的传统知识及其文化的研究之外，还强调对蒙古民族植物的象征意义的研究。

（三）蒙古民族植物学研究的方法

1987年，中国科学院在昆明研究所成立了民族植物学研究室，学科带头人为裴盛基。1997～2000年，内蒙古师范大学毕业并留校工作的哈斯巴根师从裴盛基攻读中国科学院昆民植物研究所植物学学科民族植物学研究方向的博士学位，博士学位论文题目为"内蒙古阿鲁科尔沁旗蒙古民族植物学的研究"，2000年，获理学博士学位，成为内蒙古第一个民族植物学研究方向的博士。同年，内蒙古师范大学民族植物研究所培养的第一个硕士研究生金山毕业。他的硕士学位论文研究了蒙古族对饲用植物的传统命名和分类系统，使蒙古民族民间植物命名与分类的研究又向前推进了一步。2000年，哈斯巴根在美国纽约出版的《经济植物学》（Economic Botany）上以第一作者的身份发表了学术论文《内蒙古阿鲁科尔沁旗蒙古族牧民饮食中的野生植物》（Wild Plants in the Diet of Arhorchin Mongol Herdsmen in Inner Mongolia）。[7] 这些可以认为是蒙古民族植物学研究专业化的标志。

如果说蒙古民族植物学初创时期的领军人物陈山等重点论述蒙古民族植物学研究的意义，规范研究内容，2000年之后便开始强调该学科的研究方法。

中国民族植物学的研究从起步开始就借鉴和采用了美国通用的民族植物学研究的基本方法，即调查、记载、描述和编目等常规方法。蒙古民族植物学的研究情况也类似，而且特别注重蒙古民族在分类、命名，以及利用植物方面的地方性特色。在上述研究内容的框架下，蒙古民族植物学产生了大批研究成果，但大都是对内蒙古区域内植物分布、分类、命名及相关文化的研究，对研究方法强调得较少。2000年之后，在新一代的学科带头人哈斯巴根的影响下，蒙古民族植物学开始强调民族植物学的研究方法，在论文中多数都会提及"应用民族植物学的研究方法"。

例如，2002年哈斯巴根在《民族植物学在内蒙古的发展及其研究意义》一文中论述了民族植物学的方法，并特别强调了人类学研究方法的重要性："民族植物学的研究关系到一定地区的人与植物界的全面关系，包括作用在物质文化和精神文化上有意义的植物。因此，民族植物学的研究首先涉及植物学和人类学。植物学和人类学的交叉和有机结合成为民族植物学最根本的学科基础。人类传统文化的多样性和植物的多样性决定了人类和植物之间互相作用关系的广泛性和复杂性。因此，研究人与植物之间相互作用关系必然要运用多学科和跨学科手段，融合自然科学和社会科学的许多领域才能做出科学的结论。"[7] 在这一思想指导下，一些具体案例研究将上述研究方法具体化。

（1）运用访谈（interviews）方法，包括信息报告人（informants）的选择、漫谈式对话（open-ended-conversations）、半结构访谈（semi-structured interviews）和信息记录入档等。其中，信息报告人的选择采用了关键报告人（key informant）方法，即选择民间医生、年长农民等拥有丰富传统药植物知识的当地人作为访谈对象。

（2）采集访谈过程中所涉及的当地药用植物，并制作证据标本（voucher specimens）。运用植物分类学的方法进行分类和鉴定，从而确定植物物种。

（3）把访谈和证据标本的综合资料按民族植物学编目的方法进行整理，包括植物民间名、学名、汉名、药用部位、采集季节、使用方法、功能主治和证据标本号。[8]

此方法正是经典民族植物学的研究方法。但可惜的是在文章中没有体现这种方法的具体应用，没有进行深度描写，解释人与植物复杂的、多维度的关系，而是直接给出了研究成果及编目内容。其他的研究也采取了类似的处理方法。[9,10]

最近几年的研究中也可以看到似乎更加强调文化人类学研究方法的应用：有些案例也不同程度从宗教、文化、语言方面对内蒙古地区不同少数民族关于植物的认识及当地人与植物的关系进行了研究分析。但是这样的研究的确很少。

另外，蒙古民族植物学还引入了定量研究的方法。例如，哈斯巴根与淮虎银合作撰写的《民族植物学研究中的定量方法》一文，而且在哈斯巴根的一项研究中指出内蒙古阿鲁科尔沁旗南部的柴达木苏木，由于该区域面积大，植物种类相对贫乏，人口分散，植被类型一致，当地民间植物利用方法基本相同，但不同植物的利用价值不同，所以引入定量分析法，对植物的利用价值进行了定量分析与区分。[8]

## 二、国外民族植物学研究的基本情况

国外早期民族植物学的研究，是在人们对诸"原始"民族的自然知识所表现出来的兴趣和对考古遗址中发现的植物遗存所进行的思考这两种因素的共同驱动下出现的。在这一背景下，1875年，美国学者鲍尔斯（S. Powers）提出了"土著植物学"（aboriginal botany）一词；1895年，哈斯巴根（J. W. Harshberger）首次提出了"民族植物学"（ethno-botany）一词。他这样界定了民族植物学的研究目的："阐明不同部族以食物、住所和服饰等为目的，对植物进行利用的文化环境了解以前有用植物的分布情况……；帮助确定古代对植物产品进行贸易和交换的商业路线……为新的植物系列产品尤其是纺织品提供可资参考的建议。"

哈斯巴根的这种了解原住民植物利用的文化，了解植物分布情况的研究目标成为经典民族植物学的研究范式。自20世纪50年代起，特别是到了70年代，民族生物学的研究被看作是理解并阐明不同社会群体独有特质的途径之一。目前，这一领域的研究主要表现为两大趋势：其一是阐释所有文化的普遍规则和共同特征，如美国的伯林（B. Berlin）；其二则恰恰相反，其所强调的是，诚如英国学者埃伦（R. Ellen）1993年所言，对每一特定文化中那些能"折射出文化、认知进程和物质世界之间互动关系"的生物分类进行深入的描写。另外,在自然科学史方面,民族生物学的方法也使得阿特朗(S. Atran)在80年代末所进行的研究中,明确提出了自然科学史本来应该是民间自然知识史的事实,从而更新了人们对自然科学史的传统视野。[11]

哈斯巴根对民族植物学的研究更多在于如何使用植物的层面上;同时强调西方科学体系的植物分类,而这一传统一直延续至今。随着民族植物学的发展,研究的重点不再只从植物应用角度入手,而是关注非西方文化、性别和生态等多维度。20世纪80年代后期,民族植物学的研究方法发生了转向,如表1所示[12]。

表1 20世纪80年代后的研究方法转向

| 主要时间 | 背景 | 趋势 | 研究方向转向 |
| --- | --- | --- | --- |
| 20世纪80~90年代 | (1)趋向科学化的植物研究<br>(2)科学训练的植物学家寻找新的植物,掌握使用方法,研究原住民与植物的关系<br>(3)一种植物的两种命名:原住民对植物的命名及植物科学体系的拉丁命名法 | 依赖文本的描述性研究不再成为主流研究,科学与地方两种维度下的植物的区分 | 原住民社区观察记录型的参与式研究,比较研究 |
| 20世纪90年代 | 民族植物学被视为人类学和植物学的交叉,植物化学方法逐渐成为重要研究方法之一 | 人与植物间的关系远比科学替代方法重要 | 植物化学方法文本对比研究 |
| 21世纪 | (1)植物的社会文化认知层面的研究增多,通过植物的象征意义理解当地文化和世界观<br>(2)社会差异、阶层差异、性别差异、民族差异和组织差异等均导致对植物的不同理解<br>(3)强调人类学家与植物学家的合作研究<br>(4)生态学背景下人类行为的研究逐渐加强 | 承认植物与信仰、文化等深度关联及植物认知的差异源自多种原因的探索,生态学维度研究成为主导的重要研究 | 当地语言记录植物的名称及拉丁名标注的双命名法社会差异研究植物多维度研究和合作式研究 |

与此相对照,蒙古民族植物学的研究基本上介于表1中的第一个时期与第二个时期之间,即寻找新的植物,研究原住民与植物的关系,重点在于如何利用植物;注重原住民对植物的命名,植物科学体系的拉丁命名法,对应关系的编目及其研究;同时强调民族植物学作为人类学和植物学的交叉学科及其各自方法的综合使用。

与此同时,蒙古民族植物学还对植物与信仰、文化等方面也有研究,进入21世纪之后,蒙古民族植物学还开始采用了定量化的研究方法,而民族植物学研究呈现实验化、定量化的研究趋势也是国外民族植物学研究方法的变化之一。

从上述的对比分析可以看出，蒙古民族植物学的研究与国外民族植物学的研究相比，上述第一阶段的研究非常丰富，第二个阶段的研究提出了人类学方法及其他学科方法的重要性，但在具体的研究实践中体现得比较有限，第三个阶段有零星的涉及。整体上，蒙古民族植物学的研究还处在较为初级的研究阶段。

## 三、小结：人类学与蒙古民族植物学的研究

民族植物学作为植物学和人类学的交叉学科，通过上述蒙古民族植物学的梳理与分析，如何在植物学的研究中体现人类学的理念、视角和方法成为蒙古民族植物学研究中的首要问题。

吉尔兹作为文化人类学的奠基之人，他从对"人"与"文化"的理解出发，为人类学写作构筑了认识论与方法论的基础。在认识论方面，吉尔兹的"文化-解释"逻辑在其特有的人观与文化观之上，表达了他的民族志写作原则："解释理解的释解"（explication on the interpretation of the native's understanding）；同时，他提出了"地方性知识"（local knowledge）的认知角度。在方法论上，吉尔兹提出以'深描'（thick description）作为符号手段的践行策略"。尤其在方法上"对人类学家而言，民族志写作就不再是对原始事实进行捕捉之后，将之化为面具或雕塑带回家的行为，而是在理清本地人如何理解当地发生的事件之后，对之进行的民族志表述，其有信服力的解释使我者与他者之间通过科学的想象得以视界融通"[13]。

通过上述分析，我们可以看到蒙古民族植物学，乃至中国民族植物学的研究对上述理念与方法的应用都是非常有限的。研究文献中基本没有体现"解释""深描"，同时在"人"与"文化"的关联中"人"的认

知及其理解的特殊性也少有体现。尽管研究者的意识是好的，但人类学方法似乎只是一顶帽子，似乎只是"对原始事实进行捕捉之后，将之化为面具或雕塑"陈列在了研究成果中。

笔者个人认为，上述人类学研究的认识论和方法论上的应用需要一定的专业训练。国外一些有分量的民族植物学的研究成果很多是人类学家作出的，如上述提及的 Brent Berlin 即为美国人类学家。

正如有些学者指出的："民族生物学的调查必然一方面要求对将要命名的自然客体（动、植物）进行科学的界定；另一方面，也要求正确记录这些客体所有的本地名称，它不仅包括动、植物本身的名称，也涉及其作为整体的名称，如分类、技术等方面的名称。因此，它事实上意味着对诸如民族志学、语言学和博物学等多方面知识的综合运用。对任何一个单独的研究者而言，这些知识都不可能集于一身。"（乔治·梅塔耶）这也是进入 21 世纪强调人类学家和植物学家合作研究的主要原因。即使是这样也只是"有可能揭开调查对象之历史维度的冰山一角"。

1944 年，美国新墨西哥州州立大学的卡斯特塔尔（E. L. Castetter）在发表于一份自然史杂志上的文章中指出"当时的民族生物学并非一门严格的科学或学科，而是一个由同时受过生物学和民族学训练的学者所进行的能为各自的研究带来贡献的调查领域。而这一点是任何严格意义上的生物学家和民族学家都无法胜任的"（乔治·梅塔耶）。

从与蒙古民族植物学相关的学科设置来看，蒙古民族植物学是生物学一级学科下面设置的植物学二级学科的一个研究方向。蒙古民族植物学的研究者也都是在西方生物学、植物学的乳汁哺育下成长起来的，基本上没有接受正规的人类学的研究训练。因此，国外 20 世纪 40 年代民族生物学（包括民族植物学）所暴露出的问题，在今天的蒙古民族植物学的研究中似乎仍然存在。从人类学的认识论和方法论上看，如何使人类学的研究方法作为民族植物学最基本的研究方法之一真正渗透在民族植物学的研究实践中，拓展民族植物学的研究空间、丰富研究内容，为人与植物之间的多元关系提供深刻的解读等，是目前亟待解决的问题。

另外，本文的研究也促使我们思考早期博物学的两个传统——林奈及布丰的研究传统，林奈的双命名法，关注分类问题，致力于对自然秩序的建构；而布丰则认为人为分类体系并不是自然界中存在的事实，博物学的目标不是建立人工分类体系，而是找到自然界自身运作的秩序，这个秩序是有机体的秩序，体现在诸事物的联系之中。在我们看来，尽管林奈的研究成了主流植物学研究传统，被主流植物学的研究者所追随，但在科学的文化多元的框架下，布丰的研究传统也同样重要，而且我们认为布丰的研究传统正是民族植物学应重点关注的。因此，解决上述蒙古民族植物学研究中的问题，除了目前民族植物学的研究者的探索之外，更需要多种学科背景的学者参与。例如，科学实践哲学、自然科学史，甚至如少数民族科技史的研究者参与，通过多角度对民族植物学的探索，可以揭示更丰富的少数民族与自然打交道的独特的认知方式，以揭示不同地方性知识的独特性。

## 主要参考文献

[1] В. И. 格鲁波夫. 评《内蒙古植物志》. 干旱区资源与环境，1991，(3)：117-119.

[2] Berlin B. Ethnobotanical Classification: Principles of Categorization of Plants and Animals in Traditional Societies. Princeton: Princeton University Press, 1992.

[3] Raven P H, Berlin B, Breedlove D E. The origin of taxonomy. Science, 1971, 174: 1210-1213.

[4] 陈山. 应该重视"民族植物学"的发展. 植物杂志，1985，(5)：10-11.

[5] 陈山. 论蒙古民族植物学//陈山，哈斯巴根. 蒙古高原民族植物学研究（第一集）. 呼和浩特：内蒙古教育出版社，2002：18-19.

[6] 陈山，满良，金山. 蒙古高原民族植物学//李承森. 植物科学进展. 第三卷. 北京：高等教育出版社，2000：245-251.

［7］哈斯巴根.民族植物学在内蒙古的发展及其研究意义//陈山,哈斯巴根.蒙古高原民族植物学研究.呼和浩特:内蒙古教育出版社,2002:20-28.

［8］王玉山,哈斯巴根.内蒙古科左中旗蒙古族民间药用植物的研究//陈山,哈斯巴根.蒙古高原民族植物学研究.呼和浩特:内蒙古教育出版社,2002:179-182.

［9］哈斯巴根.阿鲁科尔沁旗蒙古建筑和技术与工艺用野生植物的民族植物学研究//陈山,哈斯巴根.蒙古高原民族植物学研究.呼和浩特:内蒙古教育出版社,2002:216-220.

［10］哈斯巴根.蒙古民间植物应用价值的定量民族植物学研究//陈山,哈斯巴根.蒙古高原民族植物学研究.呼和浩特:内蒙古教育出版社,2002:221-224.

［11］乔治·梅塔耶,贝尔纳尔·胡塞尔.民族生物学.李国强译.世界民族,2002,(3):61-71.

［12］吉日嘎拉,龙春林.20世纪70年代后民族植物学学科发展史评述.中央民族大学学报(自然科学版),2012,(3):5-12.

［13］王立杰.民族志写作与地方性知识——格尔茨的解释人类学理论与实践.北方民族大学学报(哲学社会科学版),2009,(1):102-106.

# 以内蒙古民族植物学为对象的地方性知识案例研究

任玉凤[*]

民族植物学是研究人与植物相互关系的学科，与植物学不同，植物学仅是把植物的分类、发育、结构、种群、生境等作为研究对象，虽然在定义中也提到人类利用的问题，但主要研究植物本身，而民族植物学的研究重点是以人为核心，研究人是如何认知和利用植物的。不同地区的自然条件、植物资源、社会制度、礼仪、习俗、信仰、价值、生活方式和文化传统不同，可能会有不同的人与植物的关系。因此，民族植物学家在研究人与植物的关系时，自觉或不自觉地运用了文化人类学的方法，发现或挖掘地域性本土植物知识，民族植物学是地方性知识的一个重要来源和表现形式，所以，在地方性知识的研究中，分析民族植物学家的工作，是一个很好的进路。

根据笔者查阅和整理的文本资料和对民族植物学家进行的访谈资料发现，目前，在文化人类学的地方性知识观中研究民族植物学家的成果和工作比较缺乏。本文主要对内蒙古民族植物学家对内蒙古不同地方的

---

[*] 任玉凤，内蒙古大学教授，主要研究方向：科学史、少数民族地区科技史。

当地人与植物的认知与利用关系的"深描"为对象，对学界已从其他视角分析的民族植物学的民族性、地方性、知识的本性、文化意蕴、植物学化等问题进行文化人类学分析，试图提供一个关于地方性知识的案例研究。此研究对民族植物学、地方性知识的深入认识可能有一定的理论和现实意义。

## 一、内蒙古民族植物学研究的科学背景

对内蒙古地域性植物多样性认知，最早既不是来源于植物学家也不是来源于民族植物学家，而是在鸦片战争时期开始于一名俄罗斯籍的军人的探险活动。当然对于他的探险活动动机有对大自然的热爱和掠夺资源的不同说法，但对在《内蒙古植物志》上记载的内蒙古高原特有的新物种、新属几乎是他发现的这一点是共识的。他在后来的考察中得到皇家学会和一些组织的资助，五次来到中国，采集到内蒙古地区性植物标本，经植物科学家鉴定，都是新的发现。很多人认为"没有他的开拓，内蒙古区域性植物知识还处于愚昧状态"[①]；或者说，对蒙古高原区域性植物的了解不知要推迟多少年。这个考察对内蒙古通过实地采集标本来认识内蒙古地区植物多样性的传统和历史的形成有重要的影响。

从仅对内蒙古地区植物多样性的认识发展出对原住民与植物关系的研究，是在国内外民族植物学发展的背景下开始的。内蒙古民族植物学的研究是国内外民族植物学研究的思路和方法在内蒙古地区的延续。

### （一）国外民族植物学研究简析

国外民族植物学研究的定位，在不同的时期是有所变化的。1895年，美国宾夕法尼亚大学的植物学家哈斯巴根第一个提出"民族植物学"概念，指出民族植物学是研究土著民族利用的植物，通过研究他们用作食

---

① 对内蒙古植物学家曹瑞的访谈，访谈者任玉凤，2013年12月26日下午，曹瑞办公室。

物、衣着、住房材料的植物，阐述土著民族文化的地位，揭示植物的分布和传播的历史状况，确定古代贸易的路线，并可能为现代制造业提供某些原型知识。[1] 1898 年，民族植物学被界定为与人类文化相关联的植物研究。1916 年，民族植物学不仅只是记载植物的用途，而且也包括在传统习俗和礼仪中表现出的对这个环境的认知等内容。1932 年，民族植物学不仅包括部落的经济植物学，而且也包括所有关于植物的传统知识。1941 年，美国植物学家琼斯（V. H. Jones）认为，民族植物学是研究早期人与周围环境中植物之间关系的科学。[2] 其后，1978 年，美国民族植物学家福特（R. I. Ford）把民族植物学定义为"研究人与植物之间直接相互作用的科学"[3]。1985 年，民族植物学被界定为是研究人与植物的全面关系的科学。1994 年，民族植物学被界定为所有涉及植物的、描述当地人与环境之间互相作用的科学。[4]8 从上面有代表性的定义看，民族植物学在发展过程中有以下两个变化。

（1）研究对象的变化，从植物到人与植物的关系。考查、记载原住民地区的在书本中未有的植物种类及利用方式的传统知识，到关注当地人与植物的关系，即将重点从当地植物移向"当地人"。从人与植物"之间关系"到"直接"到"全面"再到"相互作用"的关系，逐渐"远离"植物学的研究核心内容，与传统科学的植物学相区分，而使其研究内容与人类学学科有了交集。

（2）学科定位，从对经验、本土知识的研究到强调"学科"的科学定位。在研究对象上强调"关系"，而在研究关系的成果上又强调科学性。民族植物学研究植物与人的关系，因植物而生发的人与人的关系。这种以"人"为主的民族植物学研究与同样以"人"为主的人类学的研究，在后来的发展中有了很大的差异。尽管人类学后期的发展有很多分支学科，但其焦点更加关照知识的多样性、文化意蕴和地方性，而在民族植物学的发展中却从地方性到科学性的强调。

对于民族植物学的研究方式，笔者上面所介绍的植物学和民族植物学的研究起源于人类学家、博物学家、探险家的活动。对植物认知的方式，无论是植物学家还是民族植物学家都是用的调研方法。但调研内容不同，植物学家的采集标本无关乎这个植物是否与人有关。而民族植物学采集和调查的植物是与当地人生活有密切关系的植物。所以，对原住民的访谈、记录是他们研究的最基本的方法。通过田野调查、自己看、采访、问答形式、采集标本、鉴定等来了解本土植物知识的研究思路和方式一直沿用至今。

（二）国内民族植物学研究简析

把民族植物学研究引入国内的是中国科学院昆明植物学研究所裴盛基，1982年，他在《热带植物》杂志上发表了论文《西双版纳民族植物学的初探》。紧接着，1983年，盛诚桂在《植物杂志》上发表了论文《民族植物学——一门古老的植物学恢复青春》。1984年，陈山在一次植物学学术会议上做了《应该重视民族植物学的发展》的报告。国内民族植物学的研究一开始就与西方不同。民族植物学研究自1986年开始就一直是"先进的西方人研究落后的非西方人"的学科，延续了近100年。我国的民族植物学研究从一开始就是本土学者研究本土文化与植物，并明确提出：民族植物学是研究人与植物界全面关系的一门交叉学科。[5]6 在其后近30多年的发展中，在研究理念上，选择对象、确定研究内容和方法上是对国外民族植物学的延续与扩展。

内蒙古民族植物学研究即是在国外和国内民族植物学发展背景下展开的，又是国内最早开始地域性人与植物关系研究的少数民族地区。

## 二、内蒙古民族植物学家对地域性人与植物关系的研究

1995年1月9日，专门以内蒙古民族植物学研究为主要对象的研究机构——内蒙古师范大学民族植物研究所正式成立，建立了以内蒙古师范大学哈斯巴根教授为带头人的学术团队。我们通过对学术团队的教授

和研究生的访谈，查阅他们出版、发表的学术著作、论文及硕士学位论文，以及对其他高校的植物学家访谈的辅助资料，来了解内蒙古民族植物学领域的地方性知识问题研究。

（一）植物本土知识的调研

内蒙古地处高原，有独特的地貌和自然条件，区域、气候、植被不同，植物类型就不同，植物的多样性和特有物种极为丰富，但有很多在《内蒙古植物志》和当代植物学文献中并没有记载。民族植物学家只是研究与当地人生活有密切关系的植物的本土知识。

有关文献的调研。他们对古籍中所记载的早期蒙古族利用植物的传统知识进行考察。例如，《蒙古秘史》《御制满蒙合璧文鉴》古籍反映蒙古族在当时认识和利用植物的水平。[6]古籍中记载的植物种类和用途与现在的有差异。民族植物学作为研究人与植物的科学具有显著的民族性、突出的地域性和时空差异性。[7]508古代文献典籍揭示特定地区、特定人群、特定时期与植物的关系，反映不同文化背景的人群与植物的关系。典籍文献考证是民族植物学的研究内容。

选定区域的田野调查。他们首先选择地区，考虑植被、地貌、典型草原等有特征的地区，植物类型不同，当地人与植物的关系就不同。先后在额济纳、呼伦贝尔、阿巴嘎旗、科尔沁右翼中旗、库伦旗、扎鲁特旗、阿拉善、锡林郭勒、巴彦诺尔等地区进行田野调查。对调查者的要求是，有植物学和调查方法方面的知识，了解所到之地的民族习俗、礼仪等。对被调查者的选择，最好是没有受过现代科学文化教育的当地老人及老蒙医等，因为他们知道并描述的书本中未记载的知识更有地方性。调查过程如苏亚拉图教授所描述的"我们访谈时，看到一个植物，可能知道它的用途，两种情况，先坐那唠嗑，你们吃哪些用哪些植物。条件允许，有些人确实了解很多，让他领着我们走，随着走到什么地方看到的东西告诉我们它叫什么植物，有什么用途，我们若认识，就知道在植物学里的名字。若拿不准的话，就采标本，编号，用途记好。回来再鉴定。还有一种办法，是我们到周边看，先采上植物，后碰到老人后，让他看，叫什么，有什么用途，在叫名字当中分类学的知识就出来了。有时，接近的物种有些分不清。如额济纳旗的白刺和枸杞，在分类学上比较远，但长形状比较接近，就是果实颜色不一样，当地人的命名很接近"①。即为调查者或者先到所选择的地区了解该地区有哪些书本上没有记载的新植物，或者从民族秘史中了解那代人在那个环境下吃过什么、喝过什么，然后，找当地老人去访谈，让老人回忆曾经用过的记忆中的可能现已消失的植物知识，或者，干脆让当地老人带领到田野去边看边说当地特有的植物知识。对访谈做详细记录。再有就是采集访谈到的植物标本。回来进行鉴定、分类，对植物的成分进行分析，对当地人给出的植物传统本土知识进行解释。

　　选定某个植物的田野调查。他们进行的这类调查也比较多，如葱属野生植物。选择调查地点有通辽、赤峰、锡林郭勒盟、鄂尔多斯、阿拉善地区的 37 个旗、镇、苏木；用随机抽样法，访谈当地牧民、农民、兽医、乡村医生、教师和干部；漫谈式访谈（open-ended interviews）利用各种机会与当地人接触，了解和记录他们对当地野生葱属植物的命名和利用情况。证据标本采集与鉴定，到调查点后先采集周围的野生葱属植物，制作标本后用于访谈，邀请当地人一起到户外或离家更远的草原、山坡、山沟等地方，让当地人辨认所见到的葱属植物种类的同时采集证据标本。从内蒙古不同盟（市）旗采集当地蒙古民族食物利用较广泛的野生葱属植物作为分析样品。然后，进行维生素 C 含量测定、野韭菜花酱营养成分测定。[8]

### （二）植物本土知识的文本整理

　　内蒙古民族植物学研究团队通过上述过程和方法，获得内蒙古不同

---

① 对内蒙古师范大学苏亚拉图教授的访谈，访谈者任玉凤，2014 年 1 月 7 日，苏教授办公室。

区域性原住民对一些当地野生、特有植物的民间命名、分类、用途的本土知识，或者当地人的认知和利用与书本记载不同的地方性知识。内容涉及蒙古族传统茶用植物知识、阿鲁科尔沁旗蒙古族民间茶用植物知识、鄂尔多斯高原蒙古族食用野生植物传统知识、"蒙古韭"的营养成分认识与利用的知识、蒙药材阿布嘎（莽菜）的食用和药用及植物文化、草麻黄资源的认知与利用、锡林郭勒典型草原地区蒙古族民间药用植物知识、冷蒿的蒙古族利用、东乌珠穆沁旗蒙古族的冷蒿文化、阿拉善盟蒙古族牧民食用野果植物的知识、科尔沁左翼后旗蒙古族传统植物学知识的研究、草地葱属植物的认知与利用、额济纳蒙古族传统野生食用植物及其开发利用的知识、锡林郭勒典型草原地区蒙古族野生食用植物传统知识等。

他们以著作或论文文本形式记录、整理和展示了鲜为人知的内蒙古不同地区的本土植物知识。例如，野生葱属植物：通过对葱属野生植物的民族植物学研究，发现内蒙古的葱属植物共有37种、4个变种及2个变型，主要分布于内蒙古高原中部、东部及周缘山地。研究结果表明，搜集到的38个蒙古族民间名称分别对应12个葱属野生植物种，表明蒙古族命名葱属植物的多样性特征；内蒙古蒙古族传统食用的葱属野生植物共有10种，食用方式与方法多样，具有一定的民族特色；蒙古族民间药用葱属野生植物共有8种，主要用于饮食疗法当中；葱属野生植物是蒙古族十分重视和利用较多的牧草，用作特殊饲料的种类共有6种；葱属野生植物经常出现在蒙古民歌、诗歌、民间禁忌当中，表现出植物多样性与文化多样性的关系。[8]

在植物学家及民族植物学家看来，这些工作及研究的最大意义是，他们的调查与文本把流失的传统知识用文字的形式放在那里，有些东西你不去研究，它还在，但慢慢地可能就失去了。由于他们的民族植物学研究，就把这些东西留下来了。

## 三、对内蒙古民族植物学的地方性知识观分析

在笔者对内蒙古民族植物学家进行访谈时,无论是教授和研究生都特别强调对本土植物进行研究必须具备植物学知识,但分析他们的调研方式和文本内容发现,一种超越传统的科学的植物学知识观渗透在他们的研究中。

### （一）发现植物学知识主流之外的植物本土知识

内蒙古民族植物学考察的野生植物、野生蔬菜、茶用植物、草麻黄、冷蒿、草地葱属植物、野果等,是与当地人的生活相关联的植物。这与植物学研究的区别在于,植物学家不管植物有无用处,采到一个标本,就会记录到植物志中,他们关注的是植物的结构、发育、生境等。而入民族植物学家法眼的首先是当地人过去或现在在吃或在用的植物,当地人对该植物怎么命名、怎么分类、怎么用,是他们研究的重点,围绕着这些基本问题展开研究,进而获得书本中未记录的植物本土知识。

比如,关于野生蔬菜的民族植物学研究,从关注常年干旱的自然环境中当地人的独特的生活方式,了解到野生蔬菜资源,温带草原植被中、草甸草原上的、典型草原上、荒漠草原上的野生蔬菜的多样性,野生蔬菜可食部位有根、幼苗、嫩芽、嫩茎、嫩茎叶、嫩叶、花、花序、果实的知识。

又如,鄂尔多斯高原蒙古族民间野生食用植物包括蔬菜用植物 18 种、水果用植物 21 种、调味品用植物 6 种、茶用植物 6 种、粮用植物 12 种、食疗用植物 14 种。蒙古韭、沙芥、苦苣菜、苣荬菜、蒲公英为当地民间最广泛食用的野生蔬菜；沙枣、沙棘、地梢瓜为当地民间食用最多的野果；沙蓬和白沙蒿为当地民间最广泛食用的粮用植物。其中,本文首次记录到乳苣的蔬菜用途；首次获得戈壁天门冬果实和细叶鸢尾种子的食用用途；首次获得蒙古韭、乳苣、蕤核的药用用途；首次记录到鹅绒委陵菜、二裂委陵菜和乳苣的茶用用途。[9]

再如，他们发现阿旗蒙古族民间当作茶叶利用的植物共有 14 种，作为蒙古族传统茶用植物，其中的元宝槭、东北薯、委陵菜、西伯利亚杏和华北石韦是他们首次记录于文本的。[10] 63

（二）解析当地人的植物本土知识的认知方式

内蒙古师范大学民族植物学研究团队在实际的调研中发现了大量书本中未记载的内蒙古地区性本土植物知识，当地人有其特有的认知方式和体系，如对本土植物的命名和分类远比植物学中的分类要精细得多。

素有饮茶传统的蒙古族积累的蒙古地区野茶的知识，就种类而言，当代茶知识研究中难以涵盖。边缘地区的蒙古族有自己特有的分类体系①：速敦茶（suden）(地榆茶)、杜李茶（ur11）、木香花茶（manu）、沙冬青茶（munkhargen）、山藤茶（ehair）、文冠果茶（sangdeng）、棒树茶（xid）(舍日茶)、艾菊茶（borljgen）、欧李茶（olaan）、狗蔷薇茶（nohainhoshoo）、安花茶（honqin、黄琴茶）、万年篙茶（bodorg。n）、白头翁茶（ehaganirgoi）、柞树茶（eharsn）、沙蓬茶（eholgir）、瓦松茶（S. borgenubes）、山梨茶（alimen. hai）等。[11]

对植物命名的方式。对本土植物的民间命名对应学名的关系，有二对一、三对一、四对一的情况。例如，"tagan-a" "otagana" 对应蒙古韭（Allium mongolicum Regel）；沙枣 "manghancibag-a" "zigde" "monggul cibag-a" 3 个名称对应（Elaeagnus angustifolia L.）；白草具有 "zhobleg" "xiarzhobleg" "har zhobleg" 和 "zoli ebes" 4 个名称对应 Pennisetum centrasiaticum。

就本土植物的命名的依据完全不同于植物学的种、属命名标准，如鄂尔多斯高原蒙古族民间对野生食用植物的命名，是当地根据植物体某部位的颜色或植物体某些显著的外部特征来命名的，如 "sir-a sibag"，词义为"黄色蒿"，是根据白沙蒿（Artemisia sphaerocephala Krasch.）植

---

① 此段落各种植物名括号中的字母均为该植物蒙语名的汉语拼音注音。

物体茎的颜色特征命名的;"minggan tolugaitu ebesu",词义为"千头草",是根据反枝苋(Amaranthus retroflexus L.)穗状花序多的特点命名的;"uyetu zegergen",词义为"有节麻黄",是根据中麻黄(Ephedra intermedia Schrenk ex Mey.)小枝多节的特征命名的。用动物某些特征来表达植物形态特征去命名植物,如"heriyen nidu",词义为"乌鸦的眼睛",是根据戈壁天门冬(Asparagus gobicus Ivan. ex Grub.)果实的形状特征命名的。根据植物生长习性命名,如"sibag in sozing"是根据黄花列当(Orobanche pycnostachya Hance)寄生在蒿属植物的根上而命名的。根据植物体的气味命名,如"huzi ebesu",词义为"香草",是根据亚洲百里香(Thymus serpyllum var. asiaticus Kitag.)植物体的气味命名。根据植物味道命名,如"gasiguun nogug-a",词义为"苦菜",是根据苦苣菜(Sonchus oleraceus L.)植物体的味道命名的;如"sihir ebesu",词义为"甜草",是根据甘草(Glycyrrhiza uralensis Fisch.)根的甜味来命名的。根据植物体含物质颜色命名,如"sir-a modu",词义为"黄树",是根据小檗属(Berberis)植物体含黄颜色物质命名的,以前当地牧民用小檗属植物体含的黄色物质染布;根据饮料颜色命名,如"ulagan modu",词义为"红色树",是根据文冠果(Xanthoceras sorbifolia Bunge)的枝条或树皮作茶饮时茶的颜色为红的,当地人称茶为"ulagan cai",词义为"红色茶"。[9]

　　内蒙古民族植物学家在研究中搜集和整理出所接触到的各种植物的民间命名,当地人对植物的民间命名,涉及植物外部特征、颜色、果实的形态、花或花序的形态、茎叶的形态、气味、生长习性和味道等,自有他们的一套标准。也许这套命名方式没有像植物学那样反映植物间的内在关系,但他们不以植物学命名标准进行价值判断,而是作为"不同文化在不同时期创造出来的理解自然的方式,应该在平等的基础上作为知识体系来加以比较"[12],"多元的文化和知识的存在不是哲学上论证的产物,而是田野考察中发现的真实状态"。"承认他人也具有和我们一

样的本性则是一种最起码的态度。"[13] 19

（三）承认和尊重"他者"植物文化行为

对内蒙古不同地区的植物进行考察时，除对植物的民间命名和分类方式作民族植物学研究外，主要集中了解植物资源的用途上。例如，对鄂尔多斯高原蒙古族民间传统野生食用植物知识研究，了解有多少物种，野生蔬菜的民间食用部位和食用方式。很多民族植物学家的研究，将当地人吃什么植物、怎么吃，视为文化行为，反映的是当地人的生活方式。

鄂尔多斯高原蒙古族野生蔬菜的民间食用部位主要为嫩叶、嫩茎叶和幼苗，其次为花及花序。当地民间的食用方法以凉拌和腌制为主，炒食、做汤、蘸酱较少。当地民间除采集葱属三种植物的嫩叶作蔬菜外，还晒干它们的花序代替栽培葱蒜类蔬菜作调味品。当地民间采取腌制的方法来储存野生蔬菜加工品，以延长食用时间。腌制野菜时加入适量的酸奶的做法，不仅有加速发酵的作用，而且还有调味和增加营养物质的作用。这是当地蒙古族把野生蔬菜的食用与它们本民族的传统奶食有机地结合起来的典型例子。在鄂尔多斯高原地区蒙古族民间食用野生蔬菜的另一种特色就是他们把几种植物混合起来腌制。例如，把苦苣菜的嫩茎叶与蒙古韭嫩叶和地梢瓜幼果混合腌制、把蒲公英的花葶与沙芥嫩叶混合腌制等。这种做法在内蒙古其他地区蒙古族民间没有见过。[9]

哈斯巴根等对阿鲁科尔沁、鄂尔多斯高原、额济纳等地开展了食用野生植物的传统知识研究，并对文冠果、山荆子、杠柳、小叶茶藨、楔叶茶藨、野韭与草麻黄等个别种类和葱属植物，以及野果植物、茶用植物和蔬菜用植物等资源植物进行了民族植物学研究。

笔者通过访谈调查在巴林右旗蒙古族民间共搜集到了44种野生食用植物，隶属于20科、34属。其中蔷薇科的植物最多，占总数的27.5%，其次是百合科，占总数的9%。根据民间的食用用途或食用方式方法，野生食用植物可分为粮用植物、食用油料用植物、茶用植物、蔬菜用植物、调料用植物、水果用植物 6 种主要类型。

野大麻（Cannabis：ativaf.ruderalis）。根据巴林右旗蒙古族反映，秋季采集野大麻的果实晒干、炒、磨碎、浸泡、去果皮及种皮、煮沸、浸出油。榨出的油可用于炒菜或治疗于牲畜的结症、驱虫及牛、马和驴的热症。

野韭。当地民间反映，野韭一年四季均可食用，春夏季一般采食嫩茎叶做汤或做馅，秋季采集野韭花制作"野韭菜酱"或晒干磨碎后冬天灌血肠或调味用。[14]

田野工作使他们能够逐渐熟悉当地人利用植物的细枝末节，也多多少少关注到植物的食用与习俗、观念、信仰的关系。蒙古口蘑（Tricholoma mongolicum Imai）是"索伦"和"通古斯"鄂温克人非常喜爱的常用食用菌，称为 giltarinmogo。过去，萨满在族人患病时除了举行仪式外，还常做白蘑汤给病人饮用；在牧区鄂温克人看来，白蘑是上天赐予的神圣食物，具有超过它本身价值和作用的特殊神性和威力。鄂温克人十分珍视蒙古口蘑，过去采集蒙古口蘑前鄂温克人还会举行祈祷仪式，用酒肉敬祭天神。[15]

当地人吃什么，怎么吃，怎么用的植物文化行为，在植物学家看来是细小的、点滴的、可以遗漏的东西，然而，在民族植物学家的研究中，却描绘出一幅生动的、有序的、智慧的、具有创造性的、蒙古族的生存状态、生活方式，以及隐藏在蒙古族心智和实践中的博物知识。

在植物的利用中，田野调查发现，植物学家认为只能观赏不能食用的植物，当地人在食用；在植物学上认为是有毒的植物，当地人也在食用。例如，额济纳旗的苦豆子，羊不吃，但干了以后能吃。蒙古族孩子的摇篮，他们必须用山定子而不能用其他植物制作，他们认为这种植物能结果，用于摇篮，今后子孙会更多、繁盛（这方面发现很多）等。

因此，只有从"文化持有者内部的眼界"来看他们的植物文化行为，才能理解其意义和价值。

## 四、结论

内蒙古民族植物学家通过20多年的研究，的确发现了大量书本中未记载的内蒙古许多地方的本地地域性植物本土知识，或者说抢救了将要消失的植物本土知识。内蒙古民族植物学家在对当地植物进行考察时，发现在传统植物学知识之外，还存在着各种各样未走进课本和词典的本土植物知识，而且自有一套对植物的分类、命名和传统利用方式。"世上罕为人知的极少数人使用的语言可能在把握现实某个方面比自以为优越的西方文明的任何语言都要丰富和深刻。"[16]122-123 对其尊重，是对地方性知识、文化多元性的尊重。地方性知识不但完全有理由与所谓的普遍性知识平起平坐，而且对于人类认识的潜力而言自有其不可替代的优势。

## 主要参考文献

[1] 裴盛基. 民族植物学. 科学杂志, 1985, 37 (2): 23-32.

[2] Jones V H. The nature and status of ethnobotany. Chronica Botanica, 1941, 6 (10): 219-221.

[3] Ford R I. Ethnobotany: Historical diversity and synthesis//Ford R I. The Nature and Status of Ethnobotany. 2nd ed. Anthropological Papers. Ann Arbor, Michigan: Museum of Anthropology, University of Michigan, 1994: 33-49.

[4] 吴彤. 中国民族植物学研究讨论——一种科学实践哲学的视角. 中国民族大学学报（自然科学版），2013，（1）:5-13.

[5] 裴盛基. 民族植物学研究三十年概述与未来展望. 中央民族大学学报（自然科学版），2011，（2）:5-9.

[6] 莎日娜.《御制满蒙合璧文鉴》的民族植物学研究. 内蒙古师范大学硕士学位论文，2009.

[7] 裴盛基. 民族植物学研究二十年回顾. 云南植物研究，2008，30（4）: 505-509.

[8] 包萨如拉.内蒙古野生葱属(Allium L.)植物的民族植物学研究.内蒙古师范大学硕士学位论文,2007.

[9] 额尔德木图.鄂尔多斯高原地区蒙古族民间野生食用植物调查研究.内蒙古师范大学硕士学位论文,2007.

[10] 哈斯巴根,苏亚拉图,音扎布.内蒙古阿鲁科尔沁旗蒙古族民间茶用植物的民族植物学研究.内蒙古师范大学学报(自然科学汉文版),1996,(4):62-65.

[11] 常宝.蒙古族茶文化探析.内蒙古师范大学硕士学位论文,2003.

[12] 希拉·贾撒诺夫,杰拉尔德·马克尔,詹姆斯·彼得森,等.科学技术论手册.盛晓明,孟强,胡娟,等译.北京:北京理工大学出版社,2004.

[13] 吉尔兹.地方性知识:阐释人类学论文集.第二版.王海龙,张家瑄译.北京:中央编译出版社,2004.

[14] 花尔.内蒙古巴林右旗蒙古族传统植物学知识的研究.内蒙古师范大学硕士学位论文,2011.

[15] 乌尼尔.呼伦贝尔鄂温克民族植物学的研究.内蒙古师范大学硕士学位论文,2005.

[16] 叶舒宪.地方性知识.读书,2001,(5):121-125.

# 医学中的身体之多元性：以蒙医身体观为例*

包红梅

## 一、医学中的身体之"建构"

近些年来，身体成为学术界关注的一个热点话题。身体的研究总体可分为两个方面：一个是本体论层面的生理身体，这里的身体大致等同于肉体，是我们生命的物质基础，这种意义下的身体，一直以来理所当然地成为医学、解剖学、生物学等自然科学领域的研究对象，而和人文社会科学无关；另一个是建构论层面的社会身体，即超越于本体论意义上的身体，它和社会、政治、文化、科学、技术等密切相关，并带有更多象征和符号意义的社会身体。这种意义下的身体研究，目前已经成为人文社会科学各个领域的热点，渗透到哲学、史学、社会学和人类学等多个学科。这些研究从不同的立场出发，形成了当代身体研究的多重样态，其中"从身体立场出发控诉形而上的精神压制者有之，通过身体符

---

* 本文发表于《自然辩证法研究》2015年第10期，作者包红梅，内蒙古大学副教授，主要研究方向：科学史编史学、蒙古族医学史。

号展开对权力、社会的批判者有之，深入到身体诉求内部进行拆解、剖分者有之，对身体批判进行再批判者有之……"[1]

与对待社会身体的热闹景象不同，人文社会科学领域很少有人对生理身体感兴趣，似乎认为对它的研究是生物学或医学的专利。而这一倾向的背后其实隐含着另一个更深层的假定，即认为，有一个唯一客观的物质身体存在，而且关于这一作为人的物质基础的生理身体（在医学中即所谓的"医学中的身体"）是什么，有一个唯一的标准答案，并认为这个答案就来自西方现代的生物学、解剖学和医学。这种假定在医学领域所引发的结果是，认同西医而贬低和排斥其他一切医学类型。最典型的案例属在中国发生的关于是否废除中医的旷日持久的论战。但近年来，随着医学人类学等领域的研究不断深入，人们逐渐发现，医学中的身体其实也是一种来自医学理论的建构，而且这样的建构并不唯一。

医学中的"身体"（the body in medicine），一直是医学理论和实践中最为重要的对象之一。医学中的身体的建构，也与医学发展的历史，以及在此发展中不同时期和不同医学系统中人们对于医学及身体的理解有着密切的关系。以近代西方医学为例，"19世纪的医学与其说已确定了某种单一的方向，倒不如说它是向一切有可能行得通的领域开放的。逐步展现出来的身体既是细胞的集合体，同时也是由种种物理和化学规律赋予其活动力的机体"[2]33。而且，这种对身体的建构，也是与不同医学理论中的相关理论和概念系统联系在一起的，"倘若不借助医学词汇，我们如今就再也不可能去谈论我们的身体及其功能。在我们看来，身体'自然'就是在生理和生物化学活动过程中起主导作用的诸种器官的集合"[2]5。

在近现代西方医学对身体的认识过程中，认识论、方法论的确立也扮演了重要的角色，并因之而得出了相应的关于身体的本体论看法。正像有西方学者所指出的："19世纪末出现的现代医学人类学，以及医学中科学方法的确立，主要是建立在两种信条之上的。第一种信条即相信对于医学来说，只有还原论才是恰当的方法，即人类的所有精神或生理过程都必须还原为化学过程才是可知的。但这种方法论原则在一种本体论的意义上被使用，即人类只不过是正确的科学方法所规定的东西，或是化学成分的总和，或是未知的幽灵般的实体的总和。"[3]但同一位学者，在谈及这种在医学实践中对身体的物质化的描述中，也强调"不仅观念，而且包括身体在内的物质实在，实际上都是通过实践而制造并不断地被再造的"[3]。

相应地，这种近现代西方医学对身体的"再造"，形成了一种特殊并且深入人心的身体观，即把医学中的身体简化为一系列由某些物理化学规律掌控的器官、细胞和机制。"在约两百年间，以身体碎片设限的解剖学，通过对死去物质的操控和切割，已能赋予这些断片以某种意义，且将其整合入某个可提供整体性解决的呈现方式时，为其注入生命力……直至机械论为断片带来某种新的地位，且使之成为某个零件，错综复杂的布局才使机器成了生者最喜爱的隐喻方式。"[4]255

因而，在过去像疾病和健康等被认为是客观存在的状态，也依然会受到来自社会、历史和文化等诸多因素的影响，也是建构的产物，而非绝对客观的。同样"医学语言很难只是经验世界的一面镜子。它是与对现实和社会关系体系的某种相当专门的看法相连的一套意味深长的文化语言"[5]6。这正像当代对于医学中的身体进行了深入研究的学者所指出的，在人类学的意义上，"医学是一种具有其自己的语言、姿态、习俗、仪式、空间、着装与实践的文化。在医学文化中，身体成为让文化变得有形，让身体适应文化的场所。就像在其他文化里的替代医学中关于身体的认识论一样，在正统医学中关于身体的认识论，展示了一种现象学，一种为医学所特有的全套的模式"[6]2。

不同的历史文化传统形成了不同的医学体系，而不同医学体系对身体和疾病的理解也会有所不同，或者说，它们建构了关于身体的不同的"模型"。西医并非通往身体的唯一路径，其他医学类型同样也可以从不同的侧面、不同的角度去认识和解释身体，从而形成自己独特的身体观。

因此，对身体的解释也从来没有唯一的模式。

本文所关注的身体，即是人们在传统意义上所认为的医学中的身体，但不同的是我们认为即便是被认为是这种"客观"的医学和生理学的身体，实际上也摆脱不掉社会和文化的影响，摆脱不掉被建构的命运。因而，世界上并没有对身体的统一的、唯一的认识，不同的文化传统及不同的医学传统会形成不同的身体认知。在众多的不同医学传统中，中医是被我们研究比较多的一个类型，近年来，国内外关于中医身体观及其与西方医学的差异的研究也逐渐多了起来，但对其他医学体系身体观的研究还有待进一步深入。

在这样的背景下，本文选择了被学术界这方面的研究中关注不多的蒙医作为对象，希望通过对蒙医身体观之案例的较全面的解读，展示其不同于其他医学的独特身体模型，为当下关于医学中的身体的多元性的研究提供新的案例。

## 二、蒙医身体观的三个层次

蒙医学是以蒙古族人民长期与疾病做斗争的过程中所积累的医疗实践经验为基础，不同程度地借鉴和吸收了藏医学、印度医学和中医学等理论而形成的独具特色的一种医学理论体系。它以阴阳、五元学说为哲学基础，以寒热理论，三根、七素、三秽为核心，脏腑理论和六因说为主要内容。千百年来蒙医在蒙古族人民的生存和发展中发挥了不可替代的作用，如今，它仍在广大蒙古族公众的日常生活中发挥着重要作用。其中蒙医对身体的独特理解是他们对疾病进行诊断和治疗的基础，即蒙医的一切活动，包括对疾病的诊断、病因的解释、治疗的手段等无不围绕着蒙医对人体的特殊理解而展开的。

蒙医对身体的理解，从某种程度上来讲也就是蒙医关于身体的模型，这一身体模型整体上可将其分为三个不同的层次：以七素为主的身体构架部分，即身体的物质层面；以三根为主的使身体运行的能源和动力，即身体的生命要素；以阴阳五元为主的、使身体的基本物质组成和生命要素相结合的运行机制，即身体运行的基本原理。

(一) 物质基础

在蒙医理论对身体的解释中，七素占非常重要的地位，它是"构成人体和维持生命活动的七种基本物质，食物精华、血、肉、脂、骨、骨髓、精液的统称"[7]22。它们被认为"是构成人体形态结构的最基本的单位，同时也是三根赖以存在的物质基础"[8]13。它们的主要特征是物质性的，是肉眼看的见、摸得着的物质实体。如果将人的身体比作一座建筑的话，七素就像是这座建筑的物质材料，像砖瓦、水泥、钢筋等，是肉体的框架和坐标。当然，和建筑材料不一样的是，七素不是静止不变的，它们处于不断地形成和分解的过程当中，不断地循环更替，这个过程在人的有生之年持续进行，而一旦停止，生命将终止。但作为维持生命活动的基本物质，七素的这些循环更新的代谢活动不能自己主动进行，而必须要依靠三根才能有效地运行。因此，三根是一切生命活动的动力所在，也是使物质的身体焕发生命活力的生命要素。

(二) 生命要素

三根是蒙医理论中的核心概念，指赫依、希拉和巴大干三者。蒙医认为三根"是构成人体的主要物质基础，也是人体生命活动的重要能源和动力"[9]22。身体的一切机能和生命活动都需要赫依、希拉、巴大干的参与，没有三根的作用人的身体将只是一堆没有生命的骨肉。由七素构成的人的物质性躯体，有了这三根之后才能运行起来，从而才会形成一个有生命力的、活的身体。三根的平衡能够维持生命活动的正常运行，如果三根失调，生命的正常活动就会遭到破坏，身体就会产生疾病。显然，在蒙医看来，生命的精髓不在于骨骼、肌肉中，甚至也不在于血液中，而在于这遍布全身的三根中。从这个意义上讲三根是人体的生命要素，是在肉体的框架中流动和变化着的生命物体。在蒙医理论中，三根和七素同时被认为是人体的两大物质基础，但笔者认为，和看得见、摸得着的物质实体七素相比，三根更多的是一种理论实体。用解剖学的方法我们不可能从人体中找到具体的赫依、希拉和巴大干，即便用再先进的仪器也无法检测到它们的存在。但蒙医认为它们参与一切生命活动，处处发挥着重要的作用，在身体中各自都有其循行的部位，有彼此鲜明的特性。

### （三）运行原理

有了物质基础，有了生命要素，还需要这二者相结合的方式，即人的身体内部是如何运行的，其运行的基本原理是什么？阴阳、五元学说恰好为此提供了理论支撑。蒙医将组成人体的三根、七素及脏腑都分别归属于阴阳两方面，并用阴阳相互对立，相互依存和相互转化的对立统一关系来解释身体各组成之间的关系。阴阳在人体中保持平衡则能维持正常的生理状态。如果二者一旦失去平衡，机体就会出现相应的反应，严重者导致疾病。五元学说把事物按照不同的性质、作用与形态，分别归属于土、水、火、气、空五种元素，每一种元素都有自己不同的性质和功能。蒙医学用五元的性质和性能，去归纳和类比说明人体的三根、七素和脏腑的性质及其机能活动。因此，阴阳五元学说可以说是三根、七素相联系的方式，也是蒙医理论下人体整体的构成和运行的基本原理。

归纳起来，阴阳五元学说是蒙医身体观背后的大的理论框架，从一定程度上解释了身体各构成部分的性质、性能及它们之间互动的方式。七素构成了蒙医身体模型的物质基础，三根构成了整个身体的生命要素。物质基础和生命要素用一定的方式存在和互动构成了一个作为人体的有机生命体。其中，对于三根七素的关系来说，七素相对较为被动，三根则更为能动。虽然七素也处于不断的自我形成和分解的过程当中，但它们的这一系列活动都是在三根的作用之下才能完成，没有三根的参与七素自身无法完成。另外,三根的平衡与否会直接影响七素的运动,进而影响整个身体的状态。

## 三、蒙医身体观的基本特征

蒙医眼中的身体大致由以上三个层次构成,与此同时,蒙医对身体的认知也呈现出了一些基本的特征,这些特征尤其与在西医的身体模型的比较中更为显著。

### (一)无法直接观察的三根

不同的医学在身体的基本物质构成上都有自己不同的假定,而且前面也提到,这与不同医学中所依赖的认识论和方法论密切相关。在现代西医的视野中,人的身体的物质构成有细胞、组织、器官等不同的层次,其中最为基础的物质是细胞。而蒙医是用三根、七素、脏腑来解释身体的物质构成的,其中作为基础和重点的是三根。"赫依、希拉、巴大干虽然被认为是物质,但和七素、三秽以及其他器官相比,是看不见、摸不着的、是非常精细的营养物质。"[10]116虽然细胞通常也是肉眼不可见的,但在仪器介入下,大部分会清晰可见,甚至我们也发现它有细胞核等内部结构。而三根,即便用再精密的仪器都无法被观察到。但对蒙医来说,直接观察不到并不等于不存在,更不等于感觉不到。蒙医在他的理论框架和经验基础上,可将身体的感觉与三根联系起来解释身体的运行、疾病的原因和治疗方法,这是一种与中医相似的认识论和方法论。这一点,非医生出身的一个普通公众也可做到,他们会将蒙医的理论背景和自身的身体感受联系起来解释诸多和身体、疾病有关的现象。与蒙医的这一现象不同,西医关于细胞的身体构成理论,很难和人们身体的直接感受联系起来。例如,我们通常只会感受到头疼,心脏不舒服,但不会直接地感受到细胞疼或细胞难受等状态。只有在实验的意义上我们才能够将细胞的变化和我们的身体的状态联系起来。

由于对身体的物质性构成上的假定不一样，以及对这种构成的关注点不一样，这导致两种医学理论，将理论和身体的观察相联系的方式有所不同，理论和对身体的感受相联系的方式更是有很大差异。

（二）微妙的平衡

蒙医对身体的认识中最显著的特点就是强调平衡，其中包括三根、七素的平衡和寒热的平衡等。这些要素在自身的内部或彼此之间和平共处，都保持良好的平衡状态时身体得以正常运转，保持健康的状态，而一旦其中的某一方出现偏盛偏衰，会使平衡失调，身体的稳定状态被打破，继而会导致疾病的产生。从这样的理论前提出发，蒙医治疗疾病的首要原则也是恢复平衡，即可以通过药物、疗术或饮食和行为等重新找回体内各要素之间的平衡。显然，在这里，平衡成了身体状态的至关重要的标识。

但在蒙医典籍中，虽然提到人体中三根的量分别应该是多少，如"赫依在人体内的初始量以装满自己的膀胱为限"，"巴大干是以自己手掌三捧的量"[11]59。但这一多少的衡量标准，用现代的眼光看，过于笼统和模糊，很难用现代的度量单位去准确地换算，再加上三根本身看不见、摸不着的本性，显然不太可能能精确地确定它们在身体内的具体量度。古往今来的蒙医们似乎也没有人会去纠结一个人体内的三根分别是多少，够不够正常的量这个问题，而只会关注它们之间平衡不平衡的问题。当然，由于三根具体量的无法量化，其平衡状况也就不会有一个固定的、可量化的标准，似乎一切只凭感觉来断定。通常蒙医会通过望、问、触三种诊断方法，对患者身体内部和外部发出的各类信号进行甄别，从而确定三根中到底是哪一方出现了偏盛或偏衰等不正常的情况。普通公众有时候也能通过身体的感受自我诊断身体的状况。这和西医对身体各项指标的量化测量有着明显的不同。西医通过血压、血常规、尿常规等名目繁多的检测手段来确定患者身体的状态，即在某个值以内属正常，如不在标准的值以内则属于不正常的，甚至是病态的状况。显然，对身体的健康和疾病的衡量标准不一样导致了蒙医和西医完全不同的诊断方式。

现代西医对身体的认识和判断基本上都是依靠两种方法来实现的：一是仪器观察，二是指标检测。但显然，这二者都和蒙医的注重感觉经验和身体体验的特点是截然相反的。直观性与隐秘性之间、可量化的标准与难以捉摸的平衡之间形成了鲜明的对比，也展示着不同理论背景之下截然不同的身体。而"平衡"的观念也成为蒙医认识身体的一种独特的理解方法。

## （三）自然节律与身体的变化

蒙医非常强调和关注身体在时间维度上的动态变化，以及随着季节变换而出现的相应变化。蒙医认为一年的不同季节、一天的不同时间段，人体内的三根在量上和活跃度上都有所不同，会产生周而复始的规律性变化。例如，"赫依会在夏天聚积；春天发作；秋天平息，并且在夏天的傍晚或黎明时候上升……希拉在夏天聚积；秋天发作；冬天平息，在秋天的中午或夜间上升……巴大干聚集于冬天；涌现于春天；平息于夏天，在春天的早晨或黄昏上升"[12]80-81。因此，蒙古人通常会根据季节的不同来调整饮食和行为起居等，以适应于不同季节三根的变化带来的身体的变化。同样在一天的不同时间段，三根的量和运行情况也有所不同。早晨是人体三根活动最为稳定的时候，因此，早晨被认为是蒙医把脉的最佳时间段。而人的脉象和季节变化之间也有着密切的关联。例如，春天的脉象细而跳动；夏天的脉象粗壮而悠长；秋天的脉象粗壮而短促；冬天的脉象迟缓而柔和。同时，每一个季节脉象所对应的脏腑情况也是完全不同的。此外，一个人的一生中，不同的年龄段身体所主导的三根的情况也会有所变化，"在儿童阶段，水土元素旺盛，为生长发育吸收大量的营养，相对会体现巴大干优势的特征；青壮年阶段，人的精神焕发、体力充沛、热能旺盛，相对会体现希拉优势的特性；老年则处于体热减弱，营养不良阶段，相对体现赫依优势的特性"[7]60。因此，同样的疾病、不同年龄段的人，其疾病的表现和症状是不一样的。

### (四) 心灵活动对身体的影响

关于身-心之间的关系是一个较为复杂的问题，古今中外，很多学者对其做过研究，尤其是在笛卡儿的身-心二元论模式提出之后。在医学领域，近年来，医学哲学、医学人类学中对于身-心问题的研究越来越多，尽管这些研究还远远不能说是理想地得出某种确定的结论，只是让人们越来越认识到这一问题的复杂性。对身体的解释，同样直接涉及心灵问题。

蒙医，一直就非常强调心对身的作用，认为不同的心理状态会产生不同的生命物质，对身体的整体状况产生影响。除了来源于父母的精卵中的五种元素是人体三根的直接来源之外，"贪、嗔、痴"三种心灵状态也是产生三根的重要原因之一。"因贪生欲，因欲而喜食轻涩之物，喜风大之处，因话多、劳累、过度悲伤而生赫依；因嗔生恶念，因恶念喜食热锐之物，以及生气、在热处睡觉、斗殴等行为，由嗔生怒，继而产生希拉；因痴而生错念，因错念喜食沉凉及油腻之物，加之白天睡觉、在潮湿的地方躺卧、过饱时闲坐等而自然生巴大干。"[13]79 因这三念最终可能会危及生命，从而有些蒙医典籍中将它们称之为"三毒"。三毒和三根一样是人体内与生俱来并且不可或缺的重要组成部分，主导人的心理活动。它们和一个人生、老、病、死的每一个环节都有密切的关联。而贪、嗔、痴的本质则是通过身、语、心三业呈现出来的。例如，杀人、偷盗；说谎、离间；贪婪、恶毒等皆为贪嗔痴三毒的本性通过身语心三业的表现形式。当然，三毒虽然人人皆有，但由此导致的不端行为未必人人都会出现。

## 四、讨论：医学与身体的多元性

在医学史界颇有影响的医学史家栗山茂久曾据其历史研究而明确指出："我们一般认为，人体结构及功能在世界各地都是相同的，是全球一致的真相。不过回顾历史，我们对于真相的看法便会开始动摇……不同医学传统对于身体的叙述通常有如在描述彼此相异,并且几乎毫不相关的世界。"[14]2 如前所述,传统蒙医学对人的身体有其独特的理解,显然蒙医眼中的身体和现代生物医学框架中的身体有着巨大的差别。比如,对于同样的身体,西医所强调的是实实在在的神经和血管、心脏和肝肺等各种组织和器官;而蒙医所强烈关注的是变幻微妙的赫依、希拉和巴大干的活动。

对于疾病的看法也存在同样的情形。"在生物医学中,疾病和病理都被看成是正常生理功能在细胞、生物化学、物理层面上的失常;人们假定,到底有没有生病可以通过实验室分析或其他生物或物理检查来界定和确定。"[15]341 而在蒙医学理论中,疾病更多的是被认为由于体内的"三根"失去平衡导致的,可以通过切脉来确定三者更具体的状态。而这种对于身体和疾病的不同观念甚至是完全相反的理解,也使得不同医学在治疗疾病时采取不同的方式。比如,古希腊人主张用放血来治疗各种疾病,而古代中国人则更多地采用针灸的方法。"在放血师的想法中,一个人的疾病与伤口若是恶化,一定是因为他的身体遭到过量饮食即懒散所累,体内充满腐败的残余物;在针灸师看来,活力遭虚掷殆尽之后的虚空会引致风寒的入侵。"[14]206 这种对"过剩"与"消耗"完全相反的恐惧,使得两个传统下的人们用不同的方式来治疗疾病。

同样的道理,在不同的身体观念的影响下,人们的身体体验也很不一样,同时这种身体的体验也会强化他们对于身体的认知。以蒙医为例,他们之所以能够清楚地感受到解剖学上所不存在的、精密仪器所检查不出来的"三根"及其活动,是因为他们受到了来自蒙医学理论体系的根深蒂固的影响。有了蒙医理论中关于"三根"的概念之后,带着这种概念再去审视自己的身体时很自然地感受到其活动,并且在一次一次的感受和印证中越来越强化了这一观念。

显然,无论是现代生物医学还是其他各类医学对身体、疾病及治疗的观念和实践,都是基于各自不同的文化传统和医学理论的。那么,这些医学理论体系，哪个是正确的？它们对身体和疾病的理解哪个更接近身体本身的事实？也许关键的问题在于什么是医学？从医学来看，什么是身体（和疾病）？有没有一个脱离具体的人的理解的客观身体（和疾病）？

要回答这些问题，涉及许多回答者的预设。首位重要的是：能否找到或是否存在一个超越于各种不同医学体系之上的单一标准，各种不同的医学知识体系在什么程度上是"可通约"的或是"不可通约"的，如此等等。甚至在一些比较极端的看法中，对于唯一性的客观身体的存在与认识都可能存在着争议。

在传统中，"医学，将身体铭写成一种关于客观性的话语。……在医学的领域中，身体被表述为一种客体（object）。它被检查、被触诊、被戳入、被割开。从作为一种自我的场所，身体转变成为一个被仔细观察的对象"[6]1。但也正如有学者所说，其实"不存在所谓的真实世界这么回事，在各种版本和各种世界之外，没有独一无二的、已经生成的、绝对的现实。有许多正确的关于世界的版本，有一些相互之间是不可调和的；因而如果说存在世界的话，也是存在许多种世界。一种版本并不因为它所指的世界而正确，而是由于一种正确的版本而正确。很显然，正确与否是由版本和世界之间是否契合而决定"[16]144。因此，"任何医学对另一医学都不具有限制约束力，任何医学都只是由治疗关系通向身体与疼痛的一条可能之路"[17]102。在这样的立场下，包括现代生物医学在内的各类医学体系及其相应的治疗方法，人们都很难确切地说谁对谁错、谁优谁劣，因为它们本来就分属于不同的范畴，所针对的并不是同一个"身体"。

正像有西方学者所指出的，"关于身体的知识，即使得身体成为某种被假定的东西的那种符号性实践的研究，关于身体的知识的探究，在对身体的构成的关注中得以呈现。身体并不是给定作为将医学话语安置于其上的生理学基底，相反，它是由医学话语所创造和转换的。显然，医学制造（fabricate）了身体"[6]1。从"医学制造了身体"这一论点再推论，再考虑到不同医学理论体系的存在，我们可以说，身体是被不同的文化及不同文化下的医学所建构的，医学本来就是多元的，不同的医学中建构的身体也是多元的！

　　本文所讨论的蒙医对多数人来说是个不熟悉的医学文化传统，也是典型地在不同于其他医学的自然和文化环境被建构出来的医学系统，是多元医学中的一元。它对身体和疾病有自己独特的理解，从而形成了对身体和疾病的一种不同的建构。实践表明，蒙医在其形成和发展的几千年里为蒙古族公众的医疗保健事务做出了巨大的贡献，直到现在仍然在蒙古族公众的医疗选择中占据重要的位置，发挥重要的作用，从效果的意义上讲，我们当然会说蒙医有其道理、有其合法性。我们希望，对于当下不同医学理论之下不同身体观的研究，能够促使人们对医学和身体的传统观念进行重新的审视和反思，使我们更深入地理解当下有关中医等问题的争议，对于如何看待特定民族的特殊医学知识和医学文化，特别是摆脱单一的生物医学思维模式，提倡多元的医学模式，改善现实中的医疗实践均能产生一些影响。

## 主要参考文献

［1］周瑾.从身体的角度看——中国身体观研究述评.http://www.doc88.com/p-771897094790.html［2015-08-10］.

［2］奥利维埃·富尔.医生的目光//阿兰·科尔班.身体的历史·卷二·从法国大革命到第一次世界大战.杨剑译.上海：华东师范大学出版社，2013：5-34.

［3］Tsouyopoulos N.The mind-body problem in medicine（the crisis of medical anthropology and its historical preconditions）.History and Philosophy of the Life Sciences，1988，10：55.

［4］拉法埃尔·芒德莱希.解剖与解剖学//维加埃罗.身体的历史·卷一·从文艺复兴到启蒙运动.张竝，赵济鸿译.上海：华东师范大学出版社，2013：239-255.

[5] 拜伦·古德. 医学、理性与经验. 吕文江, 余成普, 余晓燕译. 北京：北京大学出版社, 2010.

[6] Young K. Presence in the Flesh：The Body in Medicine. Cambridge：Harvard University Press, 1997.

[7] 色·哈斯巴根, 张淑兰. 生命的长调：蒙医. 桂林：广西师范大学出版社, 2008.

[8] 安官布, 金玉. 蒙医学概述. 赤峰：内蒙古科学技术出版社, 1995.

[9] 阿古拉. 蒙医药学. 呼和浩特：内蒙古教育出版社, 2010.

[10] 宝音朝古拉. 蒙医学新论. 赤峰：内蒙古科学技术出版社, 1998.

[11] 玉妥·元旦贡布. 四部医典. 北京：民族出版社, 1991.

[12] Bold S, Ambaga M. History and Fundamentals of Mongolian Traditional Medicine.Ulaanbaatar：Mongolia, 2002.

[13] 白宝玉. 蒙医生理学. 呼和浩特：内蒙古人民出版社, 2008.

[14] 栗山茂久. 身体的语言：古希腊医学和中医之比较. 陈信宏, 张轩辞译. 上海：上海书店出版社, 2009.

[15] 罗伯特·汉. 疾病与治疗：人类学怎么看. 禾木译. 上海：东方出版中心, 2010.

[16] 凯博文. 苦痛和疾病的社会根源. 郭金华译. 上海：上海三联书店, 2008.

[17] 大卫·勒布雷东. 人类身体史和现代性. 王圆圆译. 上海：上海文艺出版社, 2010.

# 后记

　　这部以文集形式呈现的学术研究,从多个角度、多个方面展示了地方性知识研究的理论视角和实践切入,体现了这一研究领域的学者努力探索的脚印;同时也体现了这些学者的共识,尊重地方性知识,并努力深入挖掘地方性知识的本性、价值和当代意义,将它们阐发出来。

　　很多人过去一直以为,地方性知识就是本土知识的代名词,"地方性知识"一词专指那些与西方普遍性知识对立的其他本土知识,我们文集里的一些文章体现的观点与此相反,认为,西方现代化的科学知识也同样是地方性知识的一种。也有人一直以为,本土知识是低于科学的知识,本书里一些文章研究也表明,本土知识不是低于科学的知识,只是与科学不同的知识。许多地方性知识在某种意义上,是对自然更为敏感的知识,是更为丰富的知识,是历时更久、更为稳定地联系着人的生活世界的知识。列维-斯特劳斯曾经指出,丰富的抽象性词语并非为文明语言所专有。……使用词的抽象程度的高低并不反映智力的强弱,而是由于一个民族社会中各个具体社团所强调的和详细表达的兴趣不同①。事实上，本土的各个民族的知识作为西方人眼中异域的知识，或者一些西方学者在他们的本土之外的异域看到的知识，同样存在着概念数目激增的现象，而这是与人们愈益经常地注意现象中种种性质，愈益细致地关心对这些性质做可能的区分这一倾向相伴随的。这种对客观知识的渴求，一样是被称为"原始的"人的思维中的方面之一，而这点经常被西方和现代人所忽视。列维-斯特劳斯指出，即使它所关心的事实与近代科学所关心的事实很少处于同一水平，它仍然包含着与后者相类似的智力运用和观察方法。在这两种情况下，宇宙既是满足需要的手段，至少同样也是供思索的对象②。

当然，本书收录的文章主要集中在"地方性知识"的研究上，仅有若干文章涉及"科学实践哲学"。科学实践哲学的一个重要方面就是知识的地方性本性的阐释，我们将在后面的研究中，把科学实践哲学的研究与地方性知识的研究关联得更加紧密一些，将以更多的精力阐发科学实践中的地方性知识特性，或地方性知识的科学实践意蕴。

作为国家社会科学基金重大项目的首席专家，我特别感谢给予本项目支持的在这个课题组内的同行，以及不在这个课题组内的其他国内专家和学者，所有这些研究不仅共同地支持了本项目的研究，而且在研究的意义上，推进了国内地方性知识研究的进程。

这些研究通过国家社会科学基金项目的助推，形成一种平台和气氛，通过提供这个平台，给了各位专家、学者和初入这个领域的研究者平等交流、研究和切磋之机会。因此，我们还要感谢国家社会科学基金重大项目的支持，感谢全国哲学社会科学规划办公室的支持。另外，我们也要特别感谢科学出版社的支持。

---

① [法]列维-斯特劳斯.野性的思维.李幼蒸译.北京：商务印书馆，1987:3-5.
② [法]列维-斯特劳斯.野性的思维.李幼蒸译.北京：商务印书馆，1987:5.

我还特别自信，本书的及时出版也会进一步推进国内的地方性知识的理论与实践研究，也会对其他领域的研究者有所裨益。

吴 彤
2016 年年底
于清华大学荷清苑